欧阳修俊 等 著

广西世居民族村落教育研究

广西师范大学出版社

GUANGXI NORMAL UNIVERSITY PRESS

·桂林·

图书在版编目（CIP）数据

广西世居民族村落教育研究 / 欧阳修俊等著. --桂林：
广西师范大学出版社，2022.1
ISBN 978-7-5598-4671-6

Ⅰ．①广… Ⅱ．①欧… Ⅲ．①少数民族－村落－乡村
教育－研究－广西 Ⅳ．①G725

中国版本图书馆 CIP 数据核字（2022）第 003740 号

广西师范大学出版社出版发行

（ 广西桂林市五里店路 9 号　邮政编码：541004 ）
　网址：http://www.bbtpress.com
出版人：黄轩庄
全国新华书店经销
广西广大印务有限责任公司印刷
（桂林市临桂区秧塘工业园西城大道北侧广西师范大学出版社
集团有限公司创意产业园内　邮政编码：541199）
开本：787 mm × 1 092 mm　1/16
印张：16.5　　字数：320 千
2022 年 1 月第 1 版　　2022 年 1 月第 1 次印刷
定价：48.00 元

序　言

悉知欧阳修俊博士的著作《广西世居民族村落教育研究》即将付梓,甚为欣慰。

2018年7月,习近平总书记指出:"要坚持乡村全面振兴,抓重点、补短板、强弱项,实现乡村产业振兴、人才振兴、文化振兴、生态振兴、组织振兴。"文化振兴是乡村振兴战略的重要组成部分,文化兴,则乡村兴,文化强,则乡村强。而乡村文化振兴的根本路径在于乡村教育振兴。乡村教育是国家教育高质量发展的"短板",也是乡村振兴的主要任务。特别是少数民族聚居区地处偏远,交通不便,其教育条件与城市有一定差距,因此民族地区乡村教育成为最需关注的领域。本书以人与自然和谐共生教育为切入点,以广西十二个世居民族聚居区的村落教育发展为研究对象,采用田野考察的方法,进行深入的调查与分析,试图寻找民族地区村落教育存在的问题,提出可行的实践策略,进而探索人与自然和谐共生教育的理路,具有重要的理论意义和实践价值。

具体来讲,一是为乡村振兴提供少数民族地区发展的现实素材。乡村振兴是当前的根本要务,促成乡村振兴,特别是民族地区乡村振兴,关键在于关注乡村文化,关注村落场域的总体发展,尤其是对文化传承与文化传播起着重要作用的村落学校的现实经历和发展经验的关注,对助力乡村振兴具有积极的意义。二是为民族地区村落教育发展提供理论指引和实践参考。本书通过田野调查,描述了村落的真实发展状况,并通过严密的学理分析,明晰不同民族聚居区村落的文化特性,以及这种文化特性对村落学校教育所产生的影响,并上升到理论层面,进而为民族地区村落教育发展提供宏观理论指导。三是为少数民族地区人与自然和谐共生教育探明理路。本书以乡村振兴战略实施为背景,以民族地区村落教育为对象,进行深入的现实考察,用扎根的方法,从实践领域获得经验和知识并上升到理论高度,最终是为了在山水相依的自然村落之中,探寻村落学校何以传承,何以延续,何以在人与自然和谐共生之中走向美好未来的合学理的路向。

本书采用"理论视角—田野考察—理论升华"的研究思路,聚焦三个主要方面的内容:首先是运用系统思辨方法建构人与自然和谐共生教育的基本内涵。村落是一个人与自然和谐共生的独特场域,在此场域中生发的人的教育活动离不开自然,甚至融合于自然之中。实际上,人类最原初的教育就是在自然之中进行的。人类如何与自然和谐相处,并在自然之中生发文化,进而以文化为载体开展教育活动,这是人与自然和谐共生教育的基本理路。人类如何有效地利用自然资源,利用自然生发的文化开展教育活动,教育活动又是如何有效利用村落自然与人和谐共生的环境的,这是人与自然和谐共生教育的发生路径。这些探讨为人与自然和谐共生教育理论做出了一定贡献。其次是基于田野调查方法明晰广西世居民族的村落教育根脉和文化基因。本书从广西十二个世居民族聚居区域选择十二个具有代表性的民族村落和村落中的学校为田野,进行深度的考察和描述。基于民族志的书写和文化记述,一方面是理解和明晰汉族、壮族、苗族、瑶族、侗族、彝族、京族、水族、回族、毛南族、仫佬族、仡佬族十二个广西世居民族村落教育的发展根脉;另一方面是从这十二个世居民族村落的学校教育之中探寻以人与自然和谐共生教育为内核的发展共相。最后是采用比较分析法明确广西世居民族村落中人与自然和谐共生的教育经验。本书以理论建构和现实考察为基础,主要是为了得出广西世居民族村落之中人与自然和谐共生教育的主要路径、遇到的问题以及如何通过相互借鉴来实现共同发展。具体通过比较不同村落教育的独特性,提取其发展的有效经验,进行交叉性比较,探索民族地区自然与人和谐共生教育的有效推进模式和基本理路。

概览全书,主要体现以下几个特点:第一,学术思想的创新性。本书阐述了与时俱进的人与自然和谐共生的教育理念,为村落教育发展提供了理论基础。共生是在百年未有之大变局背景下,解决现实社会复杂问题的一种重要的价值取向,教育亦如是。在中国广阔的乡村,正是人与自然和谐共生的重要经验汇聚之地。从这种千年既有的人与自然和谐共生场域之中提取实践经验,进而提出人与自然和谐共生教育,对乡村教育未来发展具有积极的思想引领意义。第二,研究内容的完整性。本书研究的主要是十二个广西世居民族村落的发展现状、文化内核,村落学校教育发展现状、问题与发展策略,总体上体现出"理论—实践—理论"的内容逻辑。第三,结构体系的合逻辑性。在结构体系上采用"理论—调查—理论"的论证思路,充分体现理论指导实践、理论从实践中来的研究思路和结构体系。本书以人与自然和谐共生教育理论建构为前提,形成进入田野调查的分析框架。以此为研究视角,进入田野,调查十二个世居民族村落教育发展现状,寻找问题,提出策略。在完成调查研究基础上,构建基于人与自然和谐共生的实践机制和发展经验。采用实践检验理论、在实践中完善理论的方式构建合逻辑的结构体系,充分彰显出作者严密的逻辑思路和较高的研究水平。

总之,本书在写作特点上采用理论建构和民族志的独特写作方法,将调查研究结果进行叙事性书写和理论化深描,做到叙事与理论同进同行,自然升华。本书以调查研究材料为基础,探索十二个世居民族村落教育发展的问题与策略,是在基于共生价值取向指导下的现实材料深究,也是基于田野调查的现状深描,彰显理论建构的思辨话语,实践现状的情景写实,理论与实践融合的辩证思考等特色。

我与修俊博士相识多年,他是一位很有理想和追求的青年学者,对乡村教育有很深的情怀。他出身贫寒,也是少数民族,对民族地区乡村教育特别关注和潜心研究,并取得了一系列成果,这是他的又一新成果。这些年,我们对乡村教育这一命题合作开展了一些调查和研究,我对他在教学科研中表现出来的严谨的学术精神和勤勉努力深感钦佩,这部富于思想性、学术性的专著即将出版,命我写一序言,在繁忙的行政杂务之余,将书稿初读了一遍,受益匪浅,写下这点感想。

总而言之,本书对于作者专业发展具有重要意义,对其进一步深入开展民族地区乡村教育起到奠基作用。愿作者继续努力,深耕民族地区乡村教育研究,取得更丰硕的成果。

是为序。

贺祖斌

2021 年 11 月 18 日于桂林

(贺祖斌系广西师范大学校长,教授,博士生导师,国家"万人计划"哲学社会科学领军人才,广西社科联副主席)

·目　录·
CONTENTS

·导论·
广西世居民族人与自然和谐共生教育

广西是多民族聚居的典型区域,在八桂大地上居住着汉族、壮族、京族、侗族、瑶族、苗族、仡佬族、回族、彝族、仫佬族、水族、毛南族12个世居民族。多民族聚居的广西是文化共生的典型区域,是民族团结进步的先进区域,具有文化共生的基本属性。在广西多民族聚居区域,存在着丰富的少数民族文化,多样的民族文化基因相互融合,形成了独特的文化进化方式。同时,在以山地和丘陵为主的广西,不同民族在长期与自然共生的过程中,积累了与自然和谐共生的个性化经验,形成了其独特的民族文化性格,展现出热爱和平、和谐共进、融合共生的民族品质。深入研究和思考广西世居民族人与自然和谐共生的内在机理和外在表现形式,深度挖掘人与自然和谐共生的生长逻辑,对筑牢中华民族共同体意识,实现中华民族伟大复兴具有重要意义。教育是文化传承的基础,是民族文化相互融合共生的基本策略。从教育视角审视广西世居民族人与自然和谐共生机理,能够有效延续多民族长期融合形成的中华文化,继而充分发挥教育的文化功能,最终实现中华优秀传统文化永续传承的愿景。民族地区的乡村区域是"原生"文化的诞生地,也是原始生存场域,考察和研究民族地区乡村是理解不同民族文化基因、剖析民族文化密码的有效路径。广西世居民族聚居地是多民族文化产生与发展的代表场域,其文化的生发、运行与延续具有其内在自组织性,这种文化自组织的过程就是多民族文化共生的过程。特别是人与自然和谐共生是广西多民族场域文化进化的核心特点。关于文化共生的相关研究已经充分解决了多元民族文化融合发展的内在机理问题,但这种文化形态是如何传承与发展的还需要进一步探究。教育作为文化传承的基本形式,无疑能够为共生的文化传承提供可以洞见其内在机理的突破口。因此,本研究从教育视角来考虑不同民族村落的共生教育机理,以原初的民族村落教育为切入视角,以"共生教育"为框架概念,以人与自然和谐共生为观察点,通过田野考察与个案分析的方法,试图从面入点、由点到面地深入描述广西12个世居民族村落的教育现状,深度考察和分析广西12个世居民族村落人与自然和谐共生教育机理,并以共生教育为核心理念,尝试寻求民族村落教育发展的基本问题,为民族村落文化传承和教育振兴探寻有效路径。

一、人与自然和谐共生教育的基本内涵

(一)作为共生典型的广西世居民族

"广西"的称谓来源于宋朝初期,当时朝廷在岭南设立广南道,后来废道改路,分为广南东路和广南西路,广西所在地区为广南西路,因此就简称广西路,久而久之"广西"就这样流传下来。广西简称"桂",在2 000多年前,秦始皇征服岭南地区(今广东、广西、海南全境及曾经属于中国皇朝统治的越南红河三角洲一带),重新将岭南地区划分为桂林郡、海南郡和象郡,其中桂林郡包括今广西大部分地区,广西的简称因此得名。广西也称"八桂",由韩愈的诗歌《送桂州严大夫同用南字》中"苍苍森八桂,兹地在湘南"演变过来,"八桂"逐渐成为广西的代名词。"八桂"的意思是八株树而成林,说明树木很大,枝叶茂盛。广西行政管辖区域为23.76万平方千米,管辖北部湾海域4万平方千米。广西辖区内有14个地级市,首府为南宁市。

广西世居民族组成丰富,形成聚居的有汉族、壮族、京族、侗族、瑶族、苗族、仡佬族、回族、彝族、仫佬族、水族、毛南族12个世居民族。据考古学家发现,早在十几万年前,广西土地上就有人类活动了,如"柳江人""麒麟山人""荔浦人""灵山人"等,早期广西人制造和使用打制石器与剑齿象、虎、狼、野猪等猛兽及恶劣的生存环境进行抗争,展现了广西人的顽强品质。

广西民族数量非常多,体现出大杂居、小聚居的特点。不同民族和谐共生,不同文化在这片土地上相互融合共生。这种和谐共生是在多元文化的互动和交流中逐渐形成的。广西少数民族大多有自己的语言,不同民族语言之间往往有很大差异,比如壮族、侗族、瑶族的语言差异都比较大。但由于沟通交流的需要,部分人除了学习本民族语言,还学会了其他民族的语言,即"多语重叠"。此外,人们还使用西南官话、粤语、普通话等语言进行交流。由此可见,广西是多民族多文化和谐共生的典型场域。

(二)共生教育的概念由来

1.由自然走向人文的"共生"

"共生"即"共同生存"。在探讨人与自然和谐共生教育之前,有必要对"共生"这一概念进行系统考察。共生作为一门学科或一个科学概念被提出,始于近代的西方。德国近代法哲学理论的创始人之一约翰·阿尔杜修斯逝世后,其遗留给世人的《共生学》草稿中指出,不同群体的人类如何实现一种共同生活,从此开创了西方探讨共生学及其相关问题的先河。1879 年,德国著名真菌学奠基人安东·豆·培里从生物学的角度阐释了"共生"的概念,指出"共生"是不同生物之间共栖共存的状态。其后,科学家们沿着这一概念逻辑,发现了自然界中广泛存在着的多种多样的生物共生现象:不同植物之间的共生,比如一些蕨类植物依附在某种特定的灌木或乔木上,这些蕨类植物在汲取高阶植物营养的同时,也使得被寄生对象生长得更高大、更强壮。还有诸如植物与动物之间的共生、不同动物之间的共生现象等。起初,关于"共生"概念的界定仅囿于生物科学领域,"共生"只作为一个普遍的生态现象和生物学概念为世人所理解。到了 19 世纪末 20 世纪初,"共生"才逐步被欧美学者引入社会科学领域,尤其是在文化人类学领域,"共生"理念由具象的生物物质层面深入到抽象的文化精神层面,"文化共生"的相关研究开始兴起,并备受青睐。

这一研究思维的转换不仅仅是跨学科的概念移植与创新,究其本体而言,还进一步深化和丰富了"共生"的内涵,为拓宽"共生"概念的外延提供了更多可能性。因人类也符合生物学视域下"不同生物之间共栖共存"的生活特性,而文化又是人类在长期的生产劳动和生活实践中所创造的,是一种具有相对独立性的人类社会特殊现象,故"文化共生"兼具生物学和民族学两者有机统合下的理论关照。民族学界对"文化共生"的概念界定也众说纷纭,但有许多相通之处值得借鉴。鲍曼曾经从民族共生的角度给予定义:民族的共生,是不同文化类型并且互不触犯的两个民族共同体,以各自生产不同生活必需品的传统性交换为基础的和平的共生。日本学者竹村卓二在东南亚、中国华南地区进行田野调查时,通过对高地与低地民族之间的共生的考察,得出结论:民族共生是以生态型互不相同的民族间的互不干涉为前提、互惠互补为目的,通过文化本身的力量来形成"保护者与被保护者的关系",即主、客关系。从以上观点可以看出,民族共生是异质文化群体之间的"互不触犯",即和平共存的生活样态;同时,它还可以被看作是通过资源互补的方式而持续的一种取长补短的群体关系。到了 20 世纪 90 年代,日本政治学学者山口定在其发表的《关于"共生"》一文中明确指出要区别共生与共栖这两个概念,批判了生物学的"共生"实质上是"被封闭的共存共荣的系统"。他强调共生是共存的高级状态,是一种积极的共存。而井上达夫则指出:"共生"是向异质者开放的社会结合方式。它不是限于内部和睦的共存共荣,而是相互承认不同生活方式的人们之自由活动和参与的机会,积极地建立起相互关系的一种社会结合。两者都强调了共生是异质者之间积极建立的一种关系,表征了文化共生所蕴含的能动性和交互性的一面。综上所述,文化共生突出强调多元文化的共存理念,并在此基础上发展多元文化之间的互动关系,包括异质文化之间如何相互尊重彼此的生存空间、话语权力和族群利益等,还包括不同文化系统之间如何实现平等条件下的相互交流、优势互补和协调发展,形成一种多元文化交流与互动的良好态势。

2.中国传统文化中孕育的"共生"

古今中外的历史长卷,对"共生"这一理念或与之相关的、蕴含其中的文化主张很早就有所提及。例如,中国优秀传统文化所传递出的人文精神就凸显"和谐共生"的理念。

首先,中国传统哲学中蕴含的"天人合一"思想,为发展民族地区人与自然和谐共生教育提供了强有力的思想根基。纵观这个以农业生产和农村聚落为基础的文明系统,源远流长,经久不衰。因为仰赖于农业生产,人与四周的自然环境会保持较为持久且密切的相关,这样才逐渐衍生出道家"天人合一"的思想。如庄子在继承老子论道的基础上,提出了"天地与我并生,而万物与我为一"(《庄子·齐物论》)的精神境界。这体现了人是自然中的一部分,人不能离开自然,也不能自我异化于自然之外。因此,中国自古以来的历法与教育,大都与天象物候、时令节气等自然与农耕的知识技能息息相关。而广西的少数民族大都居住在山区,自古以来就与大自然共存共生。如广西的瑶族人世代生活在高山之中,他们对土地、古树、怪兽等都有着不同程度的图腾崇拜的传统。在此种信仰支配下,瑶族人热爱大自然,从不随意践踏花草树木,深知树木对他们的特殊含义,追求在与自然和谐相处中发展生存场域。

其次,中华传统美德中具有深厚的"兼爱非攻"情怀,为构建民族地区人与人之间和谐共生关系提供了心智条件。"兼爱"是墨家的十大教义之一,其思想主张在中华民族传统文化的和谐思想中占据重要地位。墨子有云:"当察乱何自起?起不相爱。"他认为社会动荡之根源在于人与人之间不能相爱,而相交恶。故墨家的"兼爱"主张爱普天下之人,讲究重义轻利。在处理人与人之间的关系方面,墨家讲究信用为立足之本,一诺千金。其实"兼爱"思想在民族地区,尤其是在壮、瑶聚居区广为流传。他们崇尚恋爱自由、婚姻自主、男女平等、邻里团结。如广西地区的瑶族人十分团结,瑶寨的风俗习惯也规范着人们礼让宽容、尊老爱幼的良好风气。在民族地区的人与自然和谐共生教育的探索中,充分考虑当地民族独特的人文基因,挖掘"兼爱"思想的科学内涵,有利于推动少数民族地区和谐人际关系的建设。

最后,中华传统文化所表征的"和而不同"思想,为实现不同民族文化的和谐共生提供了丰厚的文化底蕴。中国的"贵和"思想由来已久,它作为一种共同价值,被长期实践于中国人的生产劳作和群际社交之中。它是在"兼爱非攻"等思想情怀基础上,对人与自然的共处模式和人际交往准则进行系统、高度的概括。如儒家主张的"致中和"(《礼记·中庸》),强调处理情感和礼节恰到好处,合乎"中庸",这也是孔子对施行仁义道德的基本要求。但"贵和"思想并非只一味强调整体内所有事物必须完全一致,不能有异物。相反,它是在倡导走向和谐统一的共同体基础上,允许保留自身特色和优势,助力整体向更好的态势发展。这也就是中国作为统一的多民族国家一直存在的文化根源,是"和而不同"思想发挥作用的结果。就广西这个世居民族众多且"大杂居、小聚居"特征明显的边疆地区来说,各民族的饮食习惯、节日习俗和语言信仰相距甚远,不同地区的社会、经济发展也参差不齐,但每一个世居民族的文化都有其独特的存在价值。因此,更应在广西世居民族人与自然和谐共生教育之中强调"和而不同"思想。

3.走向现代教育范式的"共生"

在国内学术界,较早将"共生"理念引入社会科学领域的是复旦大学的胡守钧教授。他认为"文化共生态"是"诸种文化主体在合理的限度之下分享资讯、自由创造并传播精神产品所形成的文化和谐关系"。他还提出文化系统的和谐共生,是社会各群体在合理范围内分享文化资源,尤其关注教育公平面向。[①] 苏国勋教授等也曾在《全球化:文化冲突与共生》中对文化共生进行解读,把"和而不同"看作古代中国人的共生理念。他们认为文化共生是多元文化相互依存、彼此具有内在关联的关系。[②]

至此,对于进一步阐释"共生教育"的概念及本质,也就不难理解了。较早提出"共生教育"这一理念的是西南大学的张诗亚教授。他从西南民族地区"扶贫先扶智"的视角切入,辩证批判了贫困地区现有的教育发展思路存在的弊病,反对把教育只定位在"脱贫致富"的工具层面。对此,他提出了"共生教育"的新思路,强调教育应抓住当地自然与人文的独特基因以形成"人"的发展,最终促进和改善经济社会的发展水平。他还指出"共生教育"旨在解决人与自然的"共生"和文化上的"共生"两大问题,只有解决

---

① 胡守钧.社会共生论[J].社会科学论坛,2001(01):20-24.

② 苏国勋,张旅平,夏光.全球化:文化冲突与共生[M].北京:社会科学文献出版社,2006:101.

好这两大问题,才能有效将当地自然和人文资源优势融合成一个和谐的培养基础,使贫困地区的教育得到可持续发展。广西师范大学的孙杰远教授在承继前者思想的基础上,鉴于教育在自然生态与文化生态保护中的重要作用,提出了"自然与人文共生教育"理念。该理念强调共生视域下各教育要素之间的异质共存,追求自然与人文的和谐与相融。其主要包含三个层面:一是提取人与自然和谐共生和互补系统;二是发掘不同族群之间的文化"共生";三是构建达成人与自然、人与文化、人与人互促共生的教育系统。

综上所述,本研究所探讨的"人与自然和谐共生教育"并非单纯的自然生态教育或者环境保护教育,而是在肯定"人"的价值的基础上,深入探讨自然与人、人与文化、文化与文化这三个表征有机统合的关系,以及从民族文化心理场中探寻行之有效的教育范式和实践路径。

二、少数民族人与自然和谐共生教育的独特性

共生促进了物种的进化,无法与其他物种共生的物种终将被淘汰。庄子认为"两者交通成和而物生焉"[1],阴和阳的和谐交互共生生成了万物。共生现象在大自然中普遍存在,例如树与藤蔓,鳄鱼与鸟,橡树与昆虫。作为自然界中的一员,人类从诞生伊始便不断学习如何与自然万物共生。从学习如何狩猎与采集,耕种与放牧,到如今的精细生产,是人类从了解自然、改造自然,到学会如何与自然和谐共生的过程。不同的自然环境塑造了不同的族群,不同的族群形成了不同的文化。千百年间,中华文化源远流长,不同的文化既相互依存,又相互碰撞,最终达到如今的和谐共生。"当下自然生态与文化生态严重失衡,导致人类生存的焦虑感和危机感,引发了人与自然、文化与文化间的紧张对峙"[2],多元的文化蕴含着丰富的教育智慧,少数民族世世代代传承下来的文化习俗是不可缺失的文化瑰宝,探寻少数民族人与自然和谐共生的教育特点与表征有助于化解人与自然相处的内在矛盾和外在矛盾。

(一)复杂的自然环境赋予了少数民族人与自然共生的智慧
我国是一个统一的多民族国家,位于亚洲的东部,陆地面积达 960 万平方千米,东

---

①陈鼓应.庄子今注今译[M].北京:中华书局,1983:477.
②孙杰远.论自然与人文共生教育[J].教育研究,2010,31(12):51-55.

西时差超过4小时,东部和南部环海,其海岸线长达1.8万千米,拥有丰富的海洋资源;陆地西起帕米尔高原,北方是广阔的草原和大漠,陆地边界线长达2万多千米。海拔高度自西向东逐渐递减,形成三个阶梯,最西方是号称世界屋脊的青藏高原,其次是黄土高原、云贵高原和内蒙古高原,阶梯的最下是东部的丘陵和平原。不同的地区拥有不同的气候环境,从南到北按温度指标可分为热带、亚热带、暖温带、中温带、寒温带五个温度带,按水文条件可分为湿润地区、半湿润地区、半干旱地区和干旱地区四个水文区。一方水土养一方人,不同民族在多样的地理环境和气候条件滋养下,形成了独具特色的文化。不同地区的民族拥有的自然资源不同,造就了各民族独有的生活生产方式,赋予了各少数民族与自然和谐共生的智慧。

辽阔的国土孕育了众多儿女,他们生长于祖国的每片土地上。各民族间通过长期的接触、混杂、联结和融合的方式,形成了中华民族的多元一体格局。① 我国共有56个民族,其中55个为少数民族,千百年的和谐共生,各民族人口呈现出大杂居、小聚居的特点。2010年少数民族人口占全国人口的15.77%,71.42%的少数民族人口居住在西部地区,中部地区和东部地区分别占比12.81%和15.77%②,我国拥有5个少数民族自治区,30个自治州,120个自治县,综合分析所有少数民族聚居区域,可发现少数民族聚居区域多位于边疆地区,地理环境以高原、戈壁或丘陵见多,气候条件以高寒或湿热为主,不适合进行农耕。③

纵观少数民族的发展史,是人不断了解自然环境,探索自然奥秘,在复杂的自然环境中学会生存,发展文明,最终学会与自然和谐共生的过程。自然与人的生活生产关系紧密,在不同的发展阶段,人对自然资源的利用方式不同,可分为对资源的直接利用、人工生产粗加工和机器生产细加工。④ 对资源的直接利用表现为采集和狩猎,正所谓"靠山吃山,靠水吃水",元代的傈僳族、景颇族等先民以射猎采集为主要的生产方式。人工生产粗加工主要表现为游牧和农耕,早在明清时期的岭南地区,壮族人民就已普遍采用引溪灌渠和围塘蓄水的方式种植水稻。据明代王济《君子堂日询手镜》记载,"又有畲禾,乃旱地可种者,彼人无田之家,并瑶僮人皆从山岭上种此禾",居住在山地的瑶族、壮族人根据不同的地势,在山地里挖凿梯田,种植水稻,采用引水的方式对田地进行灌溉。无法进行引水的地方则种植可在旱地生长的旱稻——畲禾。机器生产细加工是比人工

①费孝通.中华民族的多元一体格局[J].北京大学学报(哲学社会科学版),1989,26(04):1-20.
②高向东,王新贤.中国少数民族人口分布与变动研究——基于1953—2010年人口普查分县数据的分析[J].民族研究,2018(01):58-69.
③张海洋.中国的民族分布格局及其形成原因[J].宁夏社会科学,1985(04):56-60.
④哈经雄,滕星.民族教育学通论[M].北京:教育科学出版社,2001:111.

生产粗加工更为复杂、生产水平更高、创造价值更多的生产方式。野生毛葡萄酒是广西罗城仫佬族自治县的重要经济来源,三百多年来,仫佬族人坚持采用九万大山珍贵的野生毛葡萄酿酒,酿出的葡萄酒在具有美味口感的同时,还对人体有很高的保健功能,荣获"广西名牌产品"的称号。

人类的生存和发展离不开自然环境,自然环境对民族的形成和演变起着重要的作用,丰富多样的自然地理和人文地理塑造了各民族独有的生存方式、外貌特征、风土人情和文化习俗。自然为人的生存提供环境,不同的自然环境塑造了不同的人,广西自然环境类型多样,不同地区人与自然共生方式丰富多样。广西京族靠海生活,自然为人提供了优质的渔场,京族世世代代靠海为生,形成了特色的海洋文化;广西侗族和苗族生活在三江,三江多山,相对封闭,当地居民生活稳定,人口流动性不大,村子中央一般有一个鼓楼,每当鼓声响起,就是有重大事情发生的时候。人与动物的本质区别在于,在人的生产生活过程中形成了与之相适应的文化,不同的自然塑造了不同的人,不同的人产生了不同的文化,文化反过来又塑造了人。

据《黑鞑事略》中记载,蒙古族有"遗火而炙草者,诛其家"的明文规定,蒙古族是逐草而居的游牧民族,受生产方式的影响,其对草原的依赖程度很高,草原塑造了蒙古族豪爽奔放的性格,蒙古族教育后代要像爱母亲一样爱护草原。居住在广西北海的京族有谚语"吃水靠天,等雨灌田",京族主要居住在由海水冲积形成的沙岛上,淡水是稀缺资源,京族意识到淡水对其生活的重要性,教育后代子孙要珍惜淡水。少数民族生活于复杂的自然环境中,有广袤的草原、巍峨的高山、起伏的丘陵和沥尾的金滩,不同的自然环境塑造了不同性格、不同生产方式的民族,丰富多样的人与自然共生智慧是宝贵的教育资源。

（二）更加坚韧的传统文化蕴含着人与自然共生教育思想

"文化,或文明,就其广泛的民族学意义来说,是包括全部的知识、信仰、艺术、道德、法律、风俗以及作为社会成员的人所掌握和接受的任何其他的才能和习惯的复合体"[①],人的活动产生了文化,文化是人与动物的本质区别。文化是由民族所创造的,并以民族为载体代代相传。文化塑造了民族,没有民族作为载体的文化是不存在的,没有文化特征的民族也是不存在的——民族是文化的创造者和传承者。

我国少数民族人与自然共生的教育智慧以文化为载体,世世代代以文化习俗的形

---

① 爱德华·泰勒.原始文化:神话、哲学、宗教、语言、艺术和习俗发展之研究[M].连树声,译.桂林:广西师范大学出版社,2005:26.

式传承下来。少数民族的文化习俗蕴含了丰富的人与自然和谐共生的智慧,不同的少数民族在不同的自然环境下,产生了不同的习俗,虽历时千年,却未曾断绝。共生是个体发展的文化需要,个体从出生开始便接受族群内部的文化熏陶,习得族群文化,认同族群价值观,直至成人,个体需遵守族群发展形成的规则,接受族群的文化"洗礼"①。侗族有谚语"三天不吃酸,走路打倒蹿",侗族人喜爱吃酸的食物,善腌制酸菜、酸鱼、酸鸭等菜品,且爱吃糯米,这些食物具有暖脾胃、益中气的作用。侗族人主要生活在我国西南多山的地区,吃酸和吃糯米有助于祛除身体里的湿气,同时吃糯米有助于增加身体的饱腹感,在山间劳作时不易感到饥饿。湖北恩施土家族有哭嫁的习俗,哭嫁是土家族婚礼的重要环节,在女子出嫁前一个月,陆续会有亲朋好友到家中祝贺和哭别,哭是一种礼貌,通过哭表达了对家人的养育之恩,教育族人要有感恩之心。

人的活动创造了文化,文化以传统习俗为载体,通过人的活动得以代代传承,少数民族拥有多样的传统习俗,这些传统习俗在日常的生产活动和节日的祭祀活动中传承。传统文化中蕴含了丰富的人与自然和谐共生智慧,对当下人与自然如何和谐共生具有深刻的教育意义。

(三)包容的态度促进文化的延续和精神的张扬

我国是一个多民族统一的国家,各民族生活在一起,形成了中华民族多元一体格局。费孝通认为,各民族的起源和发展有着本土性、多元性、多样性的特点。我国有55个少数民族,分布在祖国的每个省、自治区、直辖市,呈现出大杂居、小聚居的特点。千百年来,世世代代的共生并没有使某一民族文化失传,民族与民族共生在一起,和平共处,各民族保持着自我的特色,各美其美,美人之美,美美与共,天下大同。

在广西龙胜各族自治县,苗族、瑶族、侗族、壮族和汉族人生活在一起,当地的村子依山而建,山顶是瑶族寨子,山腰修建着侗族寨子,山脚则是苗族寨子。各自的寨子既有一定的独立性,也有一定的开放性,各族人在相对独立生活的同时,会相互认识并组建家庭,不同族人在组成家庭的同时,也会保留各自族群的文化习俗。

在人与自然和谐共生中,民族是多元的,各民族有不同的文化,不同的习俗,不同的信仰,教育也应是多元的,包容不同民族的个性。教育培养人们的共性,不是简单地灌输文明或舍弃个性,而是促成人与自然和谐文化生态的构筑,实现可持续发展。

---

①孙杰远.走向共生的民族文化发展与教育选择[J].教育研究,2012(09):99-103.

三、广西世居民族人与自然和谐共生教育的表征

广西世居民族人与自然和谐共生的智慧是各族人民在自然环境中艰苦奋斗积累下来的。广西曾被称为百越之地,地处亚热带季风型气候,湿热多雨,山多而平原少,河流窄且水流急,与当时的中原地区自然条件差异巨大,被认为是不适合生存的地方。当时中原地区传统的生产方式不适合在广西推广,北方的小麦无法适应南方的雨量,宏伟的宫殿无法在广西多山的环境中打下根基,奔驰的骏马无法畅快地奔跑在十万大山中。一方水土养一方人,各民族不断探索自然的规律,逐渐掌握了与自然万物和谐共生的奥秘,成功在广西扎下了根,播撒出生命的种子,创造出广西世居民族特有的璀璨文化。

(一)柴米油盐里的生活气息

民以食为天,吃饭是人最基本的生理需求,只有在解决了饮食需求后,人们才有精力去创造更多的财富价值。广西气候温暖,降雨量大,适合水稻的种植,最早的水稻种植历史可以追溯到八千多年前,是人类栽培水稻的起源地。[1] 在汉代,广西出现了一年两熟的水稻,同时生产工具不断改进,水稻成为广西世居民族生活的重要元素。[2] 在壮、侗诸族语中,"那"即为田的意思,广西以"那"为名的地方有很多,在这些地理空间里居住着壮族、汉族、瑶族、苗族、仡佬族、毛南族等,他们以种植水稻为主要的生产方式,以稻米为主食,依水田而居住,形成了独特的"那文化"[3]。在广西的地名中,含有"那"或"纳"的地名占壮语地名的15.8%,可见"那"对壮族人的重要性。[4] 壮族是最早种植稻米的民族之一,其大部分传统习俗都与稻米有关。五色糯米饭是壮族的传统美食,用天然的紫薯藤、枫叶、黄花、红兰草的汁液分别浸泡的糯米蒸熟而成,微甜且爽口,吃在嘴里糯而暖。

人与自然的和谐共生首先表现为赖以为生的主食,民族间文化与文化的和谐共生则表现为饮食文化的共生。五色糯米饭同时也是大部分广西世居民族的传统美食,瑶族、侗族、苗族、仡佬族也有做五色糯米饭的传统,各民族相互学习美食的制作方法,促进文化间的和谐共生。这样的传统美食还有汤圆、粽子、糍粑、年糕、油堆等,这些美食既是某个民族的传统美食,也是广西各民族普遍接受的美食。

---

①钟洁.浅谈广西水稻生产发展[J].广西农学报,2013,28(05):44-47.
②王哲.稻米与广西饮食文化[J].现代农村科技,2012(24):4-5.
③覃乃昌."那"文化圈论[J].广西民族研究,1999(04):40-47.
④覃乃昌."那"文化圈论[J].广西民族研究,1999(04):40-47.

"酸"和"辣"是广西世居民族普遍喜爱的两种味道。酸坛是广西大多世居民族家中必不可少的东西，用来腌制酸刀豆、酸笋等各种小菜。酸菜易于保存，不易变质，在过去菜品缺少的日子里，是极佳的下饭菜。侗族有"侗不离酸"的饮食习惯，在侗族的美食中，酸是随处可见的，其品类众多，有荤酸、素酸和腌酸，最具有特色的便是腌鱼。腌鱼是用鱼腌制而成，腌制的时间越长越珍贵，具有酸、辣、甜的特点，也是重要的节日食物。侗族人的祭祀活动、红白喜事、节日庆典和招待贵客都离不开"酸"。在苗族的饮食习俗里，不但有腌菜、腌鱼，还有各式各类的酸肉，包括酸猪肉、酸牛肉、酸鸡、酸鸭等，这些酸肉既是日常的下饭菜，也是重要的节日食物。在苗族人的喜事里，酸鱼和酸鸭是必备的彩礼，酸鹅则是更加宝贵的美食，以显示对客人的尊重。仫佬族也有食酸的传统，过去仫佬族的一日三餐都离不开腌菜，现在生活条件得到了改善，但食腌菜的习俗仍保留了下来，具有一定的民族特色。仫佬族的酸和侗族、苗族的酸不同，仫佬族虽也腌制酸菜，但以素菜为主，不腌制荤菜。瑶族和其他民族一样，不但食酸，而且食辣。广西气候潮湿，吃辣味食物的过程中会流汗，帮助人舒筋活血，促进血液循环，祛除体内的寒气。所以在瑶族的传统种植习俗中，即使土地再少，也要留出一块地来种植辣椒。仡佬族一日三餐都离不开辣椒，辣椒的重要性甚至超过了下饭菜——如果当日没有准备菜，准备一份辣椒汤也是可以的。除了辣椒汤，仡佬族传统的辣味美食还有辣椒骨、霉豆腐等，如果饭菜里没有辣椒，仡佬族人会认为这顿饭是没有味道的[①]。

干栏式建筑是极具广西世居民族风情，且被各民族广为接受的一种建筑风格。干栏式建筑是由上古巢居演变而成的高足式建筑，最初在中原地区较为普遍，但由于风沙过大，气候寒冷，且受建筑材料的限制，干栏式建筑已经很少在北方出现了，但其因更适用于西南地形，如今普遍被西南少数民族采用。[②] 壮族的生产生活主要依赖于"那"，即为田的意思，"那"地方是固定的，壮族居民选用坚固耐用的木材作为建筑的主要材料，选取靠河流湖泊的地方定居，便于稻米的灌溉，世世代代定居于此，综观含有"那"的地名，大多数都在河流湖泊旁。侗族建筑虽也是干栏式，但与壮族的不同，具有侗族的特色，最突出的便是侗族建筑群有一个明确的中心——鼓楼[③]。侗族的建筑更高，普遍有四层，侗族建筑堂屋的空间占据不大。出于遮雨的需要，侗族建筑有重檐和披檐的显著特点。风雨桥也叫花桥，多建在侗族村寨的河面上或田间，桥梁为石材，桥身为木材，桥亭中设有长椅和木质栏杆，桥顶有遮雨的瓦顶，在为人们遮风挡雨的同时，也对桥梁本

①覃乃昌.广西世居民族[M].南宁:广西民族出版社,2004:235.

②刘致平.中国建筑类型及结构[M].北京:建筑工程出版社,1957:9-10.

③熊伟.广西传统乡土建筑文化研究[D].广州:华南理工大学,2012:78.

身起到保护作用。风雨桥反映了侗族人民对美好生活的向往,是侗族人重要的社交场地,其中以广西三江程阳桥最为著名。① 苗族的迁入比侗族和壮族较晚,其建筑主要借鉴了侗族和壮族的风格,故苗族的建筑"近侗似侗,近壮似壮"。仫佬族聚居的地方多为大石山和丘陵,对于防潮的需要没有其他民族那么强烈,建筑多为砖瓦结构。仫佬族主要聚居于广西罗城,罗城盛产煤炭,仫佬族人会在房屋内挖出地炉,内烧煤炭,用于取暖和除湿,至今已有400多年的历史。地炉位于仫佬族建筑的大门两侧或厨房中,地炉平日里不会熄灭,除了取暖,还能用来烧热水和做饭,因为地炉的存在,仫佬族人即使在潮湿的雨季也不用担心屋里潮湿。② 同样的,居住在海边的京族人也是采用砖瓦作为建筑的主要材料,但因为要抵御台风的侵袭,京族建筑层数较少,低矮且长,这种建筑在沥尾岛上保存最多。

每个民族的服饰,既是审美的形式,也是长时间形成的文化的外在表现形式,其用无声的语言向人们诉说着民族的历史、生产、文字、艺术、神话等方方面面。广西世居民族的穿衣风格各具特色,民族服饰的每一种颜色、每一片花纹,都深深地刻下了该民族的烙印,自然环境和民族文化共同影响着民族的审美。从自然中借鉴灵感是发现美的一种形式,彝族男性习惯于在头顶蓄一缕长发,缠上头巾,并束上一段向前凸起的椎体——英雄结,英雄结的灵感来自天空盘旋的老鹰,彝族人希望自己能拥有老鹰般敏锐的速度和飞翔的力量。③ 生活在海边的京族人为适应海边独特的自然环境,会选取丝绸、香云纱等比较薄的材料制作服饰,样式多为无领束腰的长袖,头戴锥形尖顶葵笠。这主要是由于海边的气候阴晴不定,戴上葵笠以防不时之雨,更薄的材料是为适应炎热的天气,浅色长袖则是为了抵御太阳的暴晒,作用类似于如今的"冰袖"。

(二)节日习俗里的诗和远方

节日习俗是民族文化最外显的传承方式,是民族文化的主要呈现方式之一,承载着民族最为厚重的历史和文化的内涵。节日习俗是民族精神的张扬,是民族审美情趣、伦理关系、消费习惯的集中展示与传承的文化空间。④ 节日的形成是一个长期的文化塑造的过程,广西世居民族在早期与自然共生的过程中,发现季节的变化是有规律的,在特定的日子进行播种,种子更容易长出新芽,与之相应的,稻米也会在固定的时间段内丰收,人们发现顺应自然的变化,调节自己的生产活动和作息规律,会收获更佳。人们

---

①邓玲玲.侗族村寨传统建筑风格的传承与保护[J].贵州民族研究,2008,28(05):77-82.
②张记彪.中国民族风俗[M].北京:企业管理出版社,2014:98.
③孙法鑫.彝族服饰艺术的文化内涵初探[J].中南民族大学学报(人文社会科学版),1996(06):49-54.
④萧放.传统节日:一宗重大的民族文化遗产[J].北京师范大学学报(社会科学版),2005(05):50-56.

对自然万物的顺应,对自己生活的这片土地的敬畏,又逐渐形成了祭祀活动。人们在丰收之后拿出一部分收成献给大自然,以祈求来年的风调雨顺。随着人对自然规律的掌握,探寻更多的自然奥秘,节日活动的时间性和宗教性逐渐降低,形成了世俗化的庆祝活动,更多地承载着社会性的任务,是人与人交流沟通,拉近亲朋好友关系,促进民族与民族间和谐共生的重要方式。

"三月三"是广西世居民族共同的传统节日,广西各少数民族都会在这一天共同庆祝节日,是人与自然和谐共生,各民族间文化共生共荣的重要标志。古骆越民族是壮族、侗族等侗壮语民族和南方汉族人共同的祖先,"三月三"节日便是为了纪念古骆越祖母王。[①] 壮族的"三月三"歌圩节以山歌为支撑,形成了独具特色的歌圩文化,持续时间大致为三天,参与对歌的人主要为未婚的男女,其他人也会前来观赏精彩的对歌表演,热心的本村人甚至会为外村人提供临时的表演舞台和住宿。壮族的歌圩节日起源于宗教的祭祀,逐渐发展出社交——男女择偶的功能,通过热闹的节日,将平日里各自忙碌的男男女女汇聚到一起以歌会友,为人们提供交流和接触的平台,劳逸结合,促进社会发展。在田间辛苦劳作的时候,唱山歌能缓解人们寂寞的心情,提高劳作效率,用优美的歌声唤起心中愉悦的心情,由此,山歌逐渐进入壮族人生活的各个领域,成为人们日常与节庆里重要的一部分。[②]

唱歌是广西世居少数民族共同庆祝节日的方式。走坡节又称后生节,是仫佬族最具特色的节日,在每年农历的八月十五,仫佬族青年都要进行走坡,年轻人通过走坡相互结识,主要目的是对歌择偶,年轻人成群结队在优美的山坡中保持距离,相互对歌,增进感情。唱哈节是京族最重要的节日,京族语中"哈"的意思是"歌",因此唱歌在京族唱哈节中是一项重要活动,目的为祭祀海神和开展文娱活动。京族人主要生活在"京族三岛"——巫头、沥尾和山心,海洋是京族人赖以生活的地方,但海洋也是变幻莫测的,原始时期的京族人将对海洋那些无法解释的现象归于海神的力量。京族人祭祀海神不仅为了祈求能捕到更多的鱼,更是祈求每次下海都能平安归来,因此祭祀海神成了京族人心中一件非常重要的事,只要是能走路的人都必须参加祭祀活动。唱哈的内容多为民间故事,伴随着带有浓厚宗教气息的舞蹈,舞蹈酷似捕鱼的动作,这与京族人与自然

---

① 高楠.“三月三”节日习俗对壮族学生文化传承的影响研究——基于南宁市武鸣区壮族“三月三”的调查[D].桂林:广西师范大学,2018:27.

② 周作秋.论壮族歌圩[J].广西师范大学学报(哲学社会科学版),1985(04):29-37.

共生的方式密不可分。①

花炮节是侗族人一年一度且最为盛大的传统节日,不同地区侗族人开展抢花炮活动的日期不同,一般为农历三月初三。"抢花炮"一般进行三场,第一场为"头炮",也叫"丁炮",寓意人丁兴旺;第二场为"二炮",也叫"财炮",寓意财源茂盛;第三场为"三炮",也叫"贵炮",寓意加官晋爵。② 之后寓意中的功利思想渐渐淡去,于是将花炮的寓意改为"团结炮""胜利炮"和"幸福炮"。参加抢花炮的人不能携带利器,不能故意伤害他人,整个过程紧张激烈。花炮节来源于侗族的一个美丽传说:曾有一位美丽的侗族姑娘救下了龙王的女儿,龙王的女儿便经常来人间和侗族姑娘玩耍,没想到被龙王知道了,龙王便将小龙女关起来,让她断绝了和人间的往来,于是侗族人来到河边撒花以表示对小龙女的怀念和同情,这一活动逐渐演变成了如今的花炮节。花炮节当天,许多村子的人都会聚在一起,年轻的男女聚在一起相互认识,以歌会友;老人和小孩观赏热闹的抢花炮;商贩则在会场中摆摊卖货。花炮节为年轻人择偶提供了机会,紧张的比赛增进了侗族各家族人之间的凝聚力。侗族人为在抢花炮活动中获胜,平日里加强体育锻炼,增强了体魄,促进了经济和社会的发展,传承了侗族人的传统文化。因花炮节独特的魅力,广西其他民族也有类似抢花炮的活动,如壮族、汉族、苗族、瑶族等与侗族文化交流密切的民族,都有类似抢花炮的节日,这促进了广西各民族间的文化共生。③

芦笙是广西世居民族喜欢的乐器,出现在各民族的节日庆典和婚丧嫁娶仪式中。芦笙的起源很早,但最初起源于哪个民族难以考定。《诗经》中便有关于芦笙舞的记载,芦笙是当时南方少数民族的重要宗教祭祀乐器。芦笙作为广西世居少数民族重要的乐器,是人与自然和谐共生的结果。首先广西盛产竹子,能很容易找到制作芦笙的原材料,乐器的传播须依靠人对乐器的学习,若是获得乐器的门槛过高,则不利于乐器的传承,在当时生产力相对落后,人的物质生活没有得到保障的前提下,芦笙是最简单实惠的乐器。广西的地形以山地为主,少数民族生活的村寨多为依山而建,因此对乐器的便携性提出了很高的要求,芦笙体型小巧,便于携带,因此成了受广西世居少数民族青睐的乐器。④ 在苗族早期的祭祀活动中,芦笙扮演着重要的角色,是苗族之魂,芦笙的演奏者吹着芦笙,踏着芦笙舞,用艺术的形式向人们诉说着苗族先民迁徙的磨难。

①刘建平.京族唱哈节初探[J].广西民族研究,1992(03):122-126,73.
②覃乃昌.广西世居民族[M].南宁:广西民族出版社,2004:137.
③覃彩銮.侗族传统节日文化[J].广西民族研究,1994(04):47-65.
④邓钧.苗族芦笙的应用传统及其文化内涵[J].中国音乐学,1999(03):116-130.

"踏"的动作是芦笙舞的精髓,苗族祖先在迁徙的时候,不知道前方的道路是吉是凶,只能用脚慢慢地试探,既是对现实中前路的试探,也表达了对民族未来之路的迷茫。前人的拼搏换来了后人安定的生活,后人为纪念前人的付出,用芦笙舞的形式纪念前人。随着物质生活的改善,芦笙逐渐走出庙堂,走入世俗人家,成为民间艺术的一部分,如今的苗族人能随时欣赏芦笙,学习芦笙,感受芦笙的魅力。在广西各族少数民族的生活中,芦笙也随处可见,在侗族的花炮节和壮族的歌圩节中,也有芦笙的表演。

·第一章·
鼓楼风雨：广西世居侗族村落教育研究

一、广西侗族概况

侗族因其喜居于依山傍水的山谷与溪河两岸的盆地而得名,古时也有称之为"洞丁""洞民"或"溪洞之民"。侗族人爱好和平、注重集体精神,喜欢择水而聚居,有八百里侗乡地域,内外分明,自成一片的姿态,从地理分布上呈现出中国诸多少数民族中极为少见的"大聚居、小分散"的居住特点。

第六次全国人口普查显示,全国有侗族人口 2 879 974 人,主要居住于我国南方,分布在黔、湘、桂三省毗邻地带。广西侗族人口有 305 565 人①,其中超过 60%的侗族人口聚居在广西柳州市三江侗族自治县,三江侗族自治县素有"中国侗族在三江"的美誉。根据《三江侗族自治县志》的记载,县内侗族祖先有可能是从广西梧州、湖南洞庭湖滨、江西吉安府太和县或吉水县三处辗转迁入三江县的。② 不少学者以侗族人民"金"(jieml)、"干"(gaeml)、"更"(geml)的自称为据,提出侗族的聚居特色和侗族先祖迁徙的历史遭遇有着密切的关系。而"金""更""干"的自称,分别是"遮掩之人""阻拦之人""隐匿之人"之义,具体的发音不同是由方言不同所致。③ 许多研究者仍对这一内隐

---

① 国务院人口普查办公室,国家统计局人口和就业统计司编.中国 2010 年人口普查资料[EB/OL].http://www.stats.gov.cn/tjsj/pcsj/rkpc/6rp/indexch.htm.
② 覃华静.侗族家庭伦理研究——以广西三江侗族自治县洋溪乡为例[D].南宁:广西民族大学,2017:8.
③ 蒙飞.侗情如歌[M].南宁:广西民族出版社,2010:14.

的含义持不同意见,认为存在着大量的考究价值。更有人大胆地揣测陶渊明的《桃花源记》中所说的"土地平旷,屋舍俨然,有良田、美池、桑竹之属。阡陌交通,鸡犬相闻"的诗中画、画中景的一幕,描绘的就是侗族先民的隐居生活。①

广西三江是一个山清水秀、草茂鱼肥的桃花源。从山川地貌上看,三江县呈西北高、东南低的样态。地域地形十分复杂,有丘陵、山地、盆地、谷地等,其中山地占整个区域的90%左右,地形地貌如同侗族歌谣中所唱,"上山到云端,下山到河边,隔河能对话,会面半边天"②;地形地貌"又有'九山半水半分田'的形象描绘"③。1955年,三江侗族自治县正式成立,总人口大约为40.6万人,除侗族以外,还聚居着汉、苗、瑶、壮等民族,其中侗族人口约为23.55万人,占全县总人口的58%,主要分布于洋溪、独峒、良口、梅林等乡,④是我国五个侗族自治县(三江侗族自治县、芷江侗族自治县、新晃侗族自治县、通道侗族自治县和玉屏侗族自治县)中,侗族人口最多的一个自治县。从古至今,勤劳能干、喜歌善舞的侗族人在三江繁衍生息,安居乐业,为社会和睦和丰富文明做出了卓越而独特的贡献。俗语有云:"桂林山水甲天下,侗族风情看三江。"若要了解广西的侗族风情、人文景观和当下的发展情况,以三江侗族自治县为剪影最为典型和妥帖。

侗族民情风俗丰富灿烂。三江侗族自治县别称为"百节之乡",富有侗族风情的节令能从年初行到年尾。正月十五斗牛节、三月初三花炮节、八月十五赶坡会、九月初九新禾节以及十一月二十二日的冬节等,每个节日背后都有独特的地方风俗,体现出侗族与众不同的精神文化。例如,农历六月初六是侗族祭祀"三王"或"飞山神"的传统节日。"三王"和"飞山神",前者是汉代夜郎王的第三个儿子,因为在世期间多有德政,进而得到侗民们的爱戴;后者则是唐代的杨再思,帮助飞山峒的侗民重建家园,侗民们怀揣感恩之心,在他死后为其建庙塑像。农历六月初六是大祭日,一是为了将这份恩情长久地传递给后辈,让后辈不忘先人;二是表达其祛凶祈福、消灾除害的美好愿望。⑤各类重大节日,侗族大歌、侗戏、款词和芦笙等,以及流传至今的"行歌坐夜"风俗,无一不展示出侗族人多姿多彩的民族风情、源远流长的传统文化和独具一格的人文景观。

"侗歌"为侗族歌谣的总称,即侗族民间编唱的各种类型的民歌。⑥"饭养身,歌养心",侗家人常说"歌"与"饭"同样重要。侗家人有着以歌娱乐、以歌育人、以舞为伴的

①蒙飞.侗情如歌[M].南宁:广西民族出版社,2010:15.
②黄超.广西侗族程阳八寨民居建筑与地域文化探究[D].哈尔滨:哈尔滨师范大学,2015:6.
③黄超.广西侗族程阳八寨民居建筑与地域文化探究[D].哈尔滨:哈尔滨师范大学,2015:6.
④章华静.侗族家庭伦理研究——以广西三江侗族自治县洋溪乡为例[D].南宁:广西民族大学,2017:8.
⑤吴鹏毅.侗族民俗风情[M].南宁:广西民族出版社,2012:87-88.
⑥贺云.侗歌"文本"的双层解读[J].西南民族大学学报(人文社会科学版),2012,33(05):36-41.

风俗习惯,在聚居地形成了一种无人不唱、无人不舞的传统社会风气。侗家人视歌为宝,歌就是知识,就是文化。身为侗家人,世代爱歌、学歌、唱歌,用歌来表达自己的情感,用歌来倾诉自己的喜怒哀乐。在侗族地区,歌师是被社会公认的最有知识、最懂道理的人,因而很受侗家人的尊重。

侗族大歌在侗语里称之为"嘎老"(Gal Laox),"嘎"就是歌,"老"具有宏大和古老的意思,是侗歌中精华的部分之一。其创编大多通过模拟鸟叫虫鸣、高山流水等自然之音,歌唱自然、劳动、爱情以及人间真善美的情谊与向往的生活,展现了侗家人人与自然、人与人之间和谐共生、宁静美好的关系。侗族大歌是对侗族历史的真实记录,是侗族文化的直接表现。侗族大歌主要特点是多声部、无指挥、无伴奏,以一领众和,高低音多声部谐唱、合唱的方式进行,属于民间支声复调音乐歌曲,这在中外民间音乐中极为罕见。1986年贵州黎平侗族大歌在法国巴黎金秋艺术节上一经亮相,技惊四座。侗族大歌可以说是中国音乐史上的重大发现,它使国际音乐界改变了关于中国没有复调音乐的固有见解。目前侗族大歌主要在侗语南部方言第二土语区的贵州黎平、从江、榕江和广西三江四县流行,其中心区域在黎平县南部及与之接壤的从江县北部,而榕江和广西三江的部分村寨则属于大歌流传的边缘地区。在三江,侗族大歌主要流传于三江侗族自治县的梅林、富禄、洋溪等沿溶江一带的侗寨和罗城仫佬族自治县的侗寨。如今的侗族大歌在柳州市和三江侗族自治县的积极申报下,2006年已经被列入中国非物质文化遗产名录。那首在法国巴黎金秋艺术节上赢得美誉的侗族大歌名曲《蝉之歌》(节选)——"静静听我模仿蝉儿鸣,希望大家来和声,我们声音虽不比蝉的声音好,生活却让我充满激情,歌唱我们的青春,歌唱我们的爱情",其简单的歌词将林摆风吹、水流雨过、鸟鸣蝉叫的生活图景,将侗家人于山水之间畅意洒脱、温情快活的心境,将侗族人民与自然相协调、与人情相得适的那份悠远意蕴传向了世界,并得到"清泉般闪光的音乐,掠过古梦边缘的旋律"的美誉,可谓是实至名归。

侗族建筑堪称中国建筑史的奇迹。侗族建筑在一定程度上反映了侗族人的美学追求和艺术趣味,"和谐"的建筑理念是侗族建筑的中心思想。[①] 当前广西三江侗族自治县拥有保存最完整、数量最多、分布最集中的侗族建筑群,全县境内共有侗族风雨桥200余座,鼓楼230余座,还有大量的侗族民居建筑群。其中程阳八寨里的侗族吊脚楼、鼓楼和风雨桥最为集中和完整。闻名世界的四大历史名桥之一——程阳风雨桥亦坐落于此。侗族"风雨桥"一词是由诗人郭沫若"艳说林溪风雨桥,桥长廿丈四寻高"题词而来,又有"花桥""福桥"的别称。风雨桥的建造形式采用我国南方少数民族传统建筑中

---

①何琼.论侗族建筑的和谐理念[J].贵州社会科学,2008(05):56-59.

常用的结构形式——穿斗式结构来建造,其建造过程不绘图、不制模,也不用钉铆,仅用一支称之为"香竿"的竹竿来大展宏图。① 整座桥梁富有民族气质,既有古代越族干栏的简约,也有汉族宫殿装饰的华丽,还兼备很强的抗震实用能力。1982 年,三江程阳风雨桥被列为全国重点文物保护单位,其闪耀于人类工艺文明的光彩为世人所认可。

侗族人依山而住,②侗族民居大多因地制宜修建,很少破坏土质。即便地形有坡度,也不会大刀阔斧地破坏土层,只是稍加修整。侗族民居形式多样,借助当地得天独厚的自然条件,以木材作为主要建筑材料,建成各具特点的木楼,如高脚楼、吊脚楼、矮脚楼、平地楼等。其中吊脚楼是高脚楼的一种发展和延续,是为了更好地适应山区而演变出来的新形式,是侗族民居的典型代表。以程阳八寨为例,平坦、东寨、程阳大寨、马安、平寨、岩寨、平埔、吉昌 8 个自然村寨依山傍水、河流纵横、地势开阔,整体根据风水学布局,呈"龙"形分布。③ 寨子内部以鼓楼为中心呈放射状排列,鼓楼是侗族一村寨或一族姓的标志,也是侗族人政治、文化活动的中心。整体而言,村寨中的寨门、风雨桥、鼓楼、民居形成一个点、线、面错落有致的有机整体。侗家人相信万事万物都有其发展规律,不该去破坏其原有形态,这与道家老子的"人法地,地法天,天法道,道法自然"有异曲同工之处,彰显出侗族人崇尚自然,返璞归真,拒官避世,应万事万物的自然形态而大展,不必刻意强求,与自然和谐共生的生活理念。从寨子的各个细节到整体都遵循了"天人合一"的思想,④体现出侗族人平和内敛、独立坚韧、与自然和乐、与天地共生的民族文化基因。

侗家有三宝,鼓楼、大歌、风雨桥。这里仅以"三宝"为引子对广西侗族的情况做简要介绍。实际上,广西和侗族的历史渊源远不止近百年,追溯到千百年前,以"隐居之人"自居的侗族人选择了山清水秀的广西,他们在这片土地上繁衍生息,也为这片"桃花源"创造出了灿烂的文明。侗家人通过歌声、舞蹈传达他们对生活的热爱和激情,利用自身的智慧修建出举世无双的建筑,面对自然始终怀有一颗敬畏的心。这让侗家人身上有不忘先辈的感念之心,有赞美生命的天籁之声,以及与周遭的自然环境能做到和谐共生,有与周边的邻里彼此友好乐活的姿态。新时代,广西侗家人在源远流长的民族文化沉淀基础上,继续为美好生活而努力奋斗,为实现中华民族伟大复兴贡献自己的力量。

---

①蒙飞.侗情如歌[M].南宁:广西民族出版社,2010:20.

②张泽忠,吴鹏毅,胡宝华,等.变迁与再地方化 广西三江独峒侗族"团寨"文化模式解析[M].北京:民族出版社,2008:116.

③黄超.广西侗族程阳八寨民居建筑与地域文化探究[D].哈尔滨:哈尔滨师范大学,2015:18.

④黄超.广西侗族程阳八寨民居建筑与地域文化探究[D].哈尔滨:哈尔滨师范大学,2015:20-21.

二、广西侗族教育概况

文化是教育的基础,侗族丰富的文化资源为形成独特的侗族教育提供了独有的场域。总体而言,广西侗族对后辈进行教育的方式,主要存在于家庭教育、社会教育和学校教育之中,家庭教育以"小家庭"的养成教育为主,社会教育以集体教育为主,学校教育以知识教育为主。三类教育相互关联与互动,共同为侗族儿女中华民族共同体意识的形成提供保障,同时也保证了侗文化得以传承和发展。

(一)"核心"小家庭的养成教育

在三江侗寨,侗家的适龄男女青年婚后依据侗族分家的习俗,从父系家庭中独立出来,并组建起由父母和子女构成的一个新的"核心"小家庭。"核心"的意思是,与其他类型的家庭结构相比,核心小家庭主要由父母和子女构成,具有规模小、人数少、结构简单、关系单纯等特点,有助于父母教育权威的确立和教育合力形成的优势。① 侗族父母在核心小家庭中,对孩子的教育有着绝对的话语权,这与侗族社会风俗中讲究"子不教,父之过"的观点是紧密相连的。在侗族部分款词中曾提过,"如若哪家的孩子,胆大如葫芦,气大如雷吼……能拱天上粮仓(喻偷粮),能挖地下金银(喻偷钱)……"等抓到他后要"抄家抄产,抄钱抄财",并让他的"父亲不准归村,母亲不准回寨"。② 说的即是子女的过失是源于父母没有尽到教育的责任,要连同父母一起惩罚。③ 侗款组织承担了侗族文化传承的重要职责,是侗族传统教育的重要组成部分。侗款的教育功能对社会组织的形式和结构具有重要影响。因而侗家的父母往往对子女的成长提出许多严格的要求。例如,在三江许多侗寨还存在初生婴儿的腿部外缠裹几道稻草的习俗,这样做的原因是侗族民间认为这能避免孩子长大后有偷窃行为。侗家俗语也有言,"锅不放油会生锈,孩子不教变丑陋",其目的是让父母重视子女的教育;"好女不嫁好吃懒做郎"④,以此告诫孩子劳动的重要性;"要像鸭脚板连成一片,不像鸡脚爪分成杈杈"⑤,这是为

---

①邢丰丰.广西三江侗族自治县侗族婴幼儿家庭教育传统研究[D].北京:中央民族大学,2010:20-21.

②邓敏文,吴浩.没有国王的王国——侗款研究[M].北京:中国社会科学出版社,1995:70-71.

③邢丰丰.广西三江侗族自治县侗族婴幼儿家庭教育传统研究[D].北京:中央民族大学,2010:34-35.

④杨筑慧.侗族风俗志[M].北京:中央民族大学出版社,2006:6.

⑤中央民族学院少数民族语言研究所第五研究室.壮侗语族谚语[M].北京:中央民族学院出版社,1987:76.

了说明与人为善、团结协作的精神；等等。可见，侗族家庭教育对于侗家儿女的成长成人具有非凡意义。

侗族的家庭教育在本民族发展历史上发挥着巨大的作用，尤其是在专门教育机构建立前，在侗族传统社会中家庭承担后辈教育的重要责任。一代代侗族父母正是通过家庭教育使子女完成了最初的社会化和文化化，接过上一代人的智慧与经验的同时，传承了本民族的精神宝藏，也获得了更好的适应社会生活的能力。

（二）集体活动中的习俗教育

侗族的社会教育主要指学校教育以外的，符合侗族价值导向、具有侗族独特审美情趣的传统教育。在社会传统教育中，侗族通过最初的家庭教育引导孩子树立三观，以集体教育维护其优良的民族风气，两者相辅相成、协同交叉培育善良、勤劳的新生代。

民族传统习俗是民族教育的主要内容和基本载体，[1]侗族的集体教育主要是依靠集体社会中各种形式的民俗歌谣的教化功能来实现的。对于重视社会关系、群际关系的侗家人来说，如果想顺利地进入社交场合并能够参与到村寨内的各种节庆、集会等活动，学习侗歌的意义是非凡的。于是侗家人在家庭教育中就已经开始了对子女的音乐教育，年长的教歌，年轻的唱歌，年幼的学歌。通过教授侗族儿童唱侗族大歌，学习款约款词，实现社会知识的习得、习俗文化的浸润。

集体生活是家庭教育的重要教育资源，也是家庭教育的延伸和检验家庭教育效果的地方。家庭教育的内容实质上来自社会组织中被侗族儿女集体认同、普遍认可的思想伦理、民间习俗和道德品质，此外还包括生产劳动技能及生活常识，甚至是语言、文字、音乐舞蹈等内容。一般在家庭教育里没有得到完善的，都在该民族集体教育中得到扩展和加强，得到实践，如品行教育、健康教育、审美教育等。

侗族集体教育中最基本和最重要的内容是由群体迁移与聚居历史中带来的忧患意识而产生的民族内聚力和集体至上的思想，把维护村寨和民族群体利益与维护个体成员利益以及维护人际关系的协调和谐作为最高的价值目标，并以此作为道德准则和尺度进行善恶判断。这种思想——团结一致逐渐演化成全民共同遵守的社会道德规范和审美追求。[2] 聚族而居的侗族儿女以集体形式进行生产、生活，并以月也、多耶、赛芦笙、祭祀"萨坛"等形式开展各种节日礼俗、社交、祭祀活动。通过婚、丧、节、祭祀、家族

---

①陈红艳，茹宗志.典型民族习俗在民族教育中的渗透[J].贵州民族研究,2018,39(01):234-237.
②吴爱月.侗族传统教育与文化传承[J].广西民族大学学报(哲学社会科学版),2006,28(06):168-171.

· 21 ·

第一章　鼓楼风雨：广西世居侗族村落
教育研究

事务等社会活动,实现侗族风俗人情的延续。①

侗族通过民俗和谚语、歌谣和款词进行集体教育,对侗族地区传统习俗养成和族群意识培养起到了重要作用。这些集体活动在道德准则上,规范侗族人的行为准则;在集体意识上,培养侗族人建构集体利益至上、团结互助、学会感恩的价值观。良好的集体风气通过节日社交、乡规民约的方式对侗族社会产生影响,并融入其日常生活的各个环节,发挥侗家人文化赓续的独特教育影响。

侗族崇拜自然,追求人与自然和谐共生。侗族民间流传着"生睡木房,死睡木棺"的谚语,②这种独特的民族精神和地理环境孕育出了侗族人浓厚的家园意识和乐观豁达的人生观,使侗族人在人与自然和谐关系方面,体现出了一种"天人合一"、人与自然相互关联的共生状态。正因为侗族人怀有"山林为主,人为客"的自然崇拜和生态观点,所以侗族人认为人类不是超越于自然的存在,而应顺应、皈依自然。正因为侗族人认为自然界万物有灵,所以民间有许多禁忌。如侗家人相信银杏、紫檀等珍稀树种以及那些树龄较长的古树都具有灵性,可以保佑村寨平安富庶,一旦发现就要打上草标,禁止破坏,并且逢年过节还要去虔诚祭拜,因此侗家有"古树保地方、长老管村庄"的说法。③ 以民间习俗或禁忌,歌谣、谚语的方式表现出对神林、神树、水资源的崇敬与保育并寓于生活实践中,教育侗族一代又一代的后辈时刻牢记人与自然和谐共生的道理。

(三)侗族村落中的学校教育

侗族有本民族语言,但没有自己的文字。在中华人民共和国成立前,侗族人主要依靠口耳传授方式进行教育,或者是使用汉字记侗音的书本记载本民族所需的生产、生活知识与技能。因而在专门的教育机构出现之前,侗族的教育基本是靠家庭教育与集体教育以身体力行的方式,对侗族子女进行约束和教导。这种情况不利于自身民族历史的记载和传承,因此通用语言文字教育在侗族地区发挥了非常重要的作用,对促进侗族地区的教育发展具有重要意义。

侗族学校教育指的是侗族地区纳入国家教育体系之中,由国家或集团、个人专门组织的,教授现代化知识与技能以便侗族子女能适应当地的生产生活及国家发展需求,所开办的公立或私立的正规学校教育。侗族学校教育是在特有的民族传统教育的基础上

①杨筑慧.侗族传统社会教育内涵及其与民族文化传承的共生关系初探[J].民族教育研究,2013,24(01):72-77.

②王萍丽,杨盛男.侗族的生态环境意识——与自然和谐相处[J].黑龙江民族丛刊,2001(01):97-100.

③杨玉林.侗乡风情[M].贵阳:贵州民族出版社,2005:126.

运行的,在历史上侗族的学校教育随着政权、社会历史及教育制度的变化而变化。因此侗族的学校教育在不同的历史阶段上,出现了不同的演变发展姿态。[①]

1.侗族学校的发展历程

侗族的学校教育始于宋代。唐、宋时期,是侗族地区文化教育制度的关键性演变时期,唐宋以后,先进的汉族文化便由北向南、由东向西、从城镇向乡村逐渐传播进了整个侗族地区。明清期间,是侗族地区在封建社会中文化教育发展的第一个高峰。大部分侗族地区建立州学、府学、县学、义学、社学和书院、书馆等。课程内容全部使用汉文,教授汉语。1912年以后,书院、义学陆续改为国民学校。

中华人民共和国成立以后,1952年10月,贵州省从江县建立民族中学,主要招收侗族学生。1953年,中央民族学院开设侗语专业本科班,为侗语教育培养高级人才。1958年,天柱县重建初级师范学校1所(1982年改为天柱民族师范学校)。1978年以后,侗族的基础教育、职业教育、成人教育、幼儿教育均有发展。通道、黎平、榕江、天柱等侗族聚居县恢复侗文试行工作。编译侗文教材,培训侗文教师,在小学低年级开展双语教学和乡村扫盲教育,学生入学率、巩固率、及格率普遍提高,并着手普及九年制义务教育;创办或扩建民族中小学、民族学校、民族师范学校;放宽入学年龄,降低升学录取分数线;培养民族师资队伍等。1958年10月,中央民族事务委员会批准侗文方案试验推行,这一方案的侗文以南部方言为基础方言,以贵州省榕江县车江乡的章鲁侗语为标准音,以拉丁字母为符号。至此侗族人结束了有语无文、刻木记事、结绳记账的历史。[②] 当前侗文的教育是一大问题,缺乏可行性也是一大短板,需要人们和学校的关注。

2.侗族人与自然和谐共生教育

侗族传统文化是侗族人在其宇宙观、自然观影响下,在与特定自然环境交往过程中形成的,对生命、社会、世界的认知和解释,是侗族社会发展的原动力。侗族优秀传统文化创造、产出和再生产深深地扎根于山乡自然、人文环境之中。经过漫长岁月的适应与重构,侗族传统文化至今仍蕴含着生态智慧。[③] 心理学家荣格在对人类心理的研究中发现,人类精神中存在一种基本的无意识倾向,他以"集体无意识"一词来冠名这一古老的、普遍的和无所不在的集体精神倾向。荣格认为集体无意识是祖先经验的储存库,

---

①龙连荣.中国侗族教育史略论[J].黔东南民族师专学报(哲学社会科学版),1997,15(02):44-49.

②杨昌嗣,银军.略论侗文使用的局限性和可行性[J].中南民族大学学报(人文社会科学版),1988(05):90-96.

③罗康智.侗族传统文化蕴含的生态智慧[J].西南民族大学学报(人文社会科学版),2012,33(01):45-49.

· 23 ·

第一章 鼓楼风雨:广西世居侗族村落
教育研究

"包含从祖先遗传下来的生命和行为的全部模式"。① 因此,侗族在漫长的社会发展和生产实践中逐渐形成了本民族特有的生活习俗、宗教信仰、文化艺术;并在集体无意识中共同传递社会风尚与道德伦理观,以家庭或群体为单位对侗族的新生代进行了民族性格、个体经验、自我塑造上的教育。②

基于此,在侗族地区的农耕仪式、节日庆典、婚俗、葬仪等社会活动中,整个生活环境都有意或无意地传达着侗族人的文化,也在潜移默化中使得生活于其中的人接受这一族群的经验智慧和道德准则。例如,侗族人讲究与自然的和谐共生,把自然界的万物与人放在一个共生的、相互关联的生态系统中,自然环境与人之间,是一种不可分离、相互依存的共生关系。人能在与自然的存在状态中寻找和谐的相处方式,通过和谐的关系进而汲取到共生的能量,最终又以共生的能量反哺于人与自然的关系中,实现人与自然、人与文化、文化与文化的可持续、长久、和谐共生发展。这种生活过程本身就是经典的教科书,在潜移默化地影响着侗族人生命的成长。在侗族社会中默认为,动物幼仔是禁止捕杀的,人们在挖折耳根、山薯时,总是自觉地将连接藤蔓的一小段复埋入土中,以利其再生,力图保持人与自然的和谐关系。③ "教育应当立足于区域独特的人文生态与得天独厚的自然环境,着眼于构建自然和人文良性互动的系统。"④侗族人结合了现实社会背景与自我民族历史经验,根据当地生活条件与生存需求,将丰富精炼的生活积累和亲身力行的劳动实践,以口耳相传的歌谣款约、节日习俗、群性格等方式传承,构筑成侗家人"天人合一""自然有灵"与朴素节约的生活观,把人与世界、人与人之间和谐共生的态度秉持于心,从而贯穿于侗家人生命哲学的始终,创造出别具一格又灿烂纷呈的侗族教育文明。

三、广西三江侗族自治县林溪镇平岩村历史发展概况

为了深入了解广西侗族教育的实际情况,笔者深入广西三江侗族自治县林溪镇平岩村调研,以进一步描述、理解和分析侗族人与自然和谐共生教育的智慧与理想。广西

---

① (美)罗恩.从弗洛伊德到荣格:无意识心理学比较研究[M].陈恢钦,译.北京:中国国际广播出版社,1989:119.

② 孙杰远.侗、瑶民族的幸福感表征及其教育寓示[J].社会科学家,2016(10):6-9.

③ 杨筑慧.侗族传统社会教育内涵及其与民族文化传承的共生关系初探[J].民族教育研究,2013,24(01):72-77.

④ 孙杰远.教育的文化范式及其选择[J].教育研究,2009,30(09):52-56.

三江侗族自治县总面积2 454平方千米,现辖15个乡(镇)。平岩村,距离县城20千米,隶属三江县北部的高寒贫困山区林溪镇,由林溪河畔的平寨、岩寨和马安寨三个自然村组成。三个寨子处在林溪河的河湾突出地带,因泥沙淤积成相对平坦的坝子上,是"程阳八寨"中最南边的三个寨子,至今仍保留着侗寨的原始风貌,也是目前保存传统最好的三个寨子。①

(一)平岩概况

平岩村全村总面积约5.53平方千米,共有815户,总人口为3 501人。构成平岩村的平寨、岩寨和马安寨三个寨子距离很近,夹林溪河分布,其中平寨在林溪河的左岸,岩寨和马安寨在林溪河的右岸。"平岩村三寨位于较宽河流边的山间平坝上,弯弯曲曲的河流,河畔平川的水田,田地外侧的逶迤山峦,田地与山峦间的密集的村寨,以及连接两岸村寨的雄伟风雨桥,构成了这一地区侗寨的人文景观。它们是河流较宽地区以风雨桥为特点侗寨的代表。"②

平寨主要有杨、吴、陈三大姓,以杨姓居多。村寨以糯稻为主要的经济作物,并盛产茶叶。山上林木主要有油茶、杉木、樟木、枫树、禾木等。关于村寨历史的最早文字记载是在村中鼓楼旁的道光元年(公元1821年)的石碑上,可以证明最迟在1821年,这里就已经形成相当规模的聚落,并一直延续至今。岩寨位于林溪河的西岸,因地势不平岩石多而得名。全寨由陈、杨、吴、梁四姓组成。马安寨因在山脚下伸出一片形如"马鞍"平坦之地上安家建寨而有"马安"之名。马安寨内现有杨、吴、陈、梁、张主姓,以杨姓入居最早。据历史资料记载,岩寨、马安寨都属大营洞所辖,村寨历史都不晚于明代晚期。其农、林业的生产方式、生产结构与平寨基本相似。③ 三寨皆为侗族先民建设与发展起来,且年代久远,有深厚的历史渊源和文化底蕴。当前在平岩村生活的各姓村民基本都是侗族人。据当地青年向导说,其认为平岩村的居民有99%以上都是侗家人。

在平岩村三寨,侗族的传统都得到了较好的保护和传承。以建筑、藤编、竹编、草编、石刻为代表的民间工艺等在村落间四处可见;侗民族乐器(如芦笙、侗笛等)制作和演奏,在村民的生活中有着重要意义;结合民族审美与民间艺术的侗族刺绣也进入当地

---

① 崔慧彬.文化空间视域下传统村落非物质文化遗产保护研究——以广西三江林溪乡平岩村为例[D].桂林:广西师范大学,2019:19-20.

② 崔慧彬.文化空间视域下传统村落非物质文化遗产保护研究——以广西三江林溪乡平岩村为例[D].桂林:广西师范大学,2019:21.

③ 崔慧彬.文化空间视域下传统村落非物质文化遗产保护研究——以广西三江林溪乡平岩村为例[D].桂林:广西师范大学,2019:20-21.

学校课程,并利用现代技术生产方式将优秀的民族财富延续下来。

在风俗节庆上,当地保留着侗族的传统节日。民族节日有"转初三"(正月初三送新娘)、二月二、春社节、四月八、冬节等,盛大活动有"月也""百家宴""赛芦笙""演侗戏""探桥""踩楼"等,民间交往活动有斗牛、踩歌堂、打南瓜仗、行歌坐夜等。① 除此之外,中秋节和重阳节,在三江侗族自治县的侗族聚居地也展现出了与众不同的风采。一般都会在原有的节庆意蕴上加之以本民族独特的习俗与文化象征,例如侗族人会在代表家人团聚的中秋节上以鱼宴、秋社和斗牛活动的方式充分展现出村寨之间、家族之间的紧密联系,进而团结乡邻、加强宗亲和民族交往。② 多文化的交融,使得中华文化愈加丰富,愈加多姿多彩。

(二)平岩文化

平岩村作为拥有悠久历史、独特民族特色的侗族村寨,具有丰富的物质文化遗产和非物质文化遗产。据有关学者调查整理发现,平岩村现存物质文化遗产24处,涵盖近现代重要史迹和代表性建筑、古建筑、石窟寺及石刻、古遗址四类③,如程阳永济桥、合龙桥和平寨鼓楼等。非物质文化遗产有国家级的侗族大歌、侗族木构建筑营造技艺,省(区)级的侗族刺绣、百家宴,市级的三江侗族服饰等,种类繁多、五彩纷呈。

百家宴在三江侗族地区已流传了数百年,是侗族待客的最高礼仪,也是侗族热情好客、团结友爱、和谐大同的文化象征。林溪镇自2003年开始举办的"冠小百家宴",是每逢村寨互访或有特别尊贵的客人来访时必备的款待仪式。百家宴上,全村各户都会自备酒菜饭,一起到鼓楼坪以"一"字形摆开长桌,客人可从第一桌吃到最后一桌,你来我往、觥筹交错、热闹非凡。在当地流传着这样一个说法:"吃百家饭、联百家心、驱百种邪、成百样事。"其意蕴包含了侗族人注重集体、团结一心、温恭谦让的民族秉性,与人为善的质朴,向往美好生活的愿景。

笔者在与当地村民的交谈中也询问了节日庆典的内容。大部分30岁至40岁的中年人在这个话题中最常提到的是侗年与"多耶",芦笙、踩堂、鼓楼弹琵琶等。"多耶"目前仍以成年人为主体,"多耶"中所涉及的芦笙技艺在往年没有疫情影响的时候,在节

---

①崔慧彬.文化空间视域下传统村落非物质文化遗产保护研究——以广西三江林溪乡平岩村为例[D].桂林:广西师范大学,2019:21.

②林安宁.广西三江县侗族中秋节习俗调查[J].广西师范学院学报(哲学社会科学版),2015,36(01):4-10.

③崔慧彬.文化空间视域下传统村落非物质文化遗产保护研究——以广西三江林溪乡平岩村为例[D].桂林:广西师范大学,2019:21-22.

日间还会和相邻两省的同族人进行比赛,相互庆祝,热闹非凡。学校里的孩子停留在学习大歌和芦笙、侗笛、刺绣的技艺层面。大歌有几个乡镇是传承得不错的,但都是 40 岁往上的人在传承与教学。

此外,有村民还介绍林溪镇的九月九重阳节,也称侗族老人节,这在当地是重要的大节。相传侗族的重阳节起源于清咸同年间,是为了纪念英雄起义的节日。英雄名为姜应芳,他率众赶跑了官家恶霸,使老百姓过上了幸福日子。人们会在九月初九这天,杀猪宰羊,打糯米粑,第一槽挤出三个特别大的糯米粑,兴高采烈地送给自己的队伍作为纪念。起义后来虽然失败,但在侗族地区形成的纪念英雄的"重阳三大粑"习俗流传至今。①

平岩村环境优美,侗族人文历史底蕴深厚,拥有历史可以与程阳永济桥相媲美的合龙桥,及 200 多年历史的平寨鼓楼。自 2013 年开展"美丽柳州"乡村建设活动以来,以"发现美,保护美,修饰美,提升美"为发展宗旨,坚持以保护民族特色为重,优先完善基础设施,持续美化生态环境,利用鳞次栉比的侗家吊脚木楼、风雨桥,百家宴等侗族特色,依靠乡村旅游的方式有效宣传了民族独特文化并带动与发展了当地各项产业。平岩村亦于 2016 年荣获"中国十大最美乡村"的美称。

在平岩村,村民作为本土文化与精神最根本的载体,扎根于当地文化环境,在传承民族生存发展的空间中实现着自我的适应、生长,与现代社会发展接轨,与自然共生。山水格局造就气候,历史传承积淀传统,侗族文化灿烂而独具一格。百年来,鼓楼在风雨中矗立不倒,侗族文化也如点缀鼓楼的明珠一般使三江绽放出"青山绿水就是金山银山"的光芒。

四、广西三江侗族自治县林溪镇平岩村学校教育概况

三江侗族自治县是广西少数民族自治县,既是偏远山区又是国家贫困县,因此在教学质量、师资配备与教育体制的改革等方面相较于其他省市、地区落后。在城市化进行推进和撤点并校政策实施背景下,林溪镇各村落的学校招生方式和教育发展与城镇有不同之处。整体呈现出以中心校为领头、核心,分布于周边的村小向其靠拢,吸收其先进理念或利用其优厚的资源共同发展的趋势。

---

①民族网.侗族重阳节[EB/OL]. http://www.minzu56.net/dz/jr/14074.html.

第一章　鼓楼风雨:广西世居侗族村落
教育研究

（一）撤点并校背景下中心校与村小相辅相成进行发展

2001 年起,国家为优化农村教育资源配置,全面提高中小学教育投资效益和教育质量,促进农村基础教育事业健康可持续发展,对农村教育资源进行整合;改। "村村办学"的方式,对临近的学校进行资源合并。① 随着国家对农村中小学布局调整工作的推进,全国各地掀起撤点并校热潮。当前,中国农村小学有两种,即教学点和完小。教学点一般保留低年级,多设在人口较少且偏远贫困的民族地区山村。村完小主要是指一年级到六年级都办有班级的村级学校,多设在人口较多的村寨。"撤点并校"是把教学点撤了,将几个学校并成一个中心校。据 2012 年 21 世纪教育研究院发布的《农村教育布局调整十年评价报告》显示,2000—2010 年,我国农村小学数量减少 22.94 万所,减少了 52.1%,教学点减少 11.1 万个,减少了 60%。农村初中减少 1.06 万所,减幅超过 25%。10 年间,我国农村小学生减少了 3 153.49 万人,农村初中生减少了 1 644 万人。② 其间,广西农村教学点的数量也大幅度减少。广西地区教学点的数量由 2006 年的 11 860 所减少到了 2011 年的 8 732 所,5 年时间的减少幅度达 26.37%。

有学者在实地调查过程中发现,当前广西地区农村教学点也呈现出在校学生人数以及班级数普遍低于当地的中心小学以及村小的局面。而且教学点的教师都非常少,"一师一校"的现象非常普遍。③ 在此背景下,三江侗族自治县的小学撤并也持续推进。该县于 2008 年秋季开始谋划,2009 年开始大规模地实施小学撤并。平岩村小学是林溪镇 14 个行政村中 5 所能实现小学一至六年级学生在本校就读的学校之一,属于完小,其他 4 所学校分别位于程阳、平铺、冠洞、牙己。其他 8 所小学的一至四年级学生在本村小学就读,五、六年级学生则全部集中到林溪中心校上课学习。在三江侗族自治县关于义务教育阶段的"十年规划"中,计划到 2020 年全县 15 个乡镇四至六年级的学生全部集中到中心小学学习。④

林溪镇中心校位于三江侗族自治县北部,距县城 30 千米,创办于 1929 年,1996 年被自治区定为中国—联合国第四周期教育合作项目学校,2003 年又被自治区定为中国—联合国儿基会爱生项目学校。以"以学生为本,以学生发展为本。培养学生学会学习,学会做人,学会做事,学会创新"的办学理念,管辖 14 所小学和三个教学点。教职工

---

①搜狗百科.撤点并校［EB/OL].https://baike.sogou.com/v355297.htm? fromTitle＝%E6%92%A4%E7%82%B9%E5%B9%B6%E6%A0%A1.

②新华网.中国农村学校每天消失 63 所 10 年减少一半［EB/OL].http://www.xinhuanet.com/politics/2012-11/18/c_113714365.htm.

③张艾.民族地区农村教学点发展问题研究——以广西为例［D].南宁:广西大学,2014:24

④陈海燕.农村小学撤并对儿童社会化的影响研究——以广西三江侗族自治县 LX 乡为例［D].南宁:广西大学,2012:14-15.

人数为 132 人,其中工人 2 人。① 目前林溪镇中心校共有 9 个班,一至四年级各设置 1 个班,五年级设置 2 个班,六年级设置 3 个班。笔者在实地对学生、家长的访谈中了解到,小学各年级的班级数量不是一样多的,小学低年级的班级数量会少一些,高年级会有其他村来中心校上学的学生,因而班级数量和学生人数更多。在寄宿学生的伙食方面,学校实行"免费午餐"。② 学生普遍认为小学的饭菜好吃,有鸡蛋和牛奶等。

在小学撤并过程中,较年轻、较高学历的教师继续任教,部分年龄较大的教师不再从事教学工作,而是改任学校的生活教师,管理学生食宿等。整体而言,全乡的教师数量并没有发生太大的变化,趋于平稳。在课程方面,撤并以后增加了两门课程,一是生理课,二是心理课,有条件的学校设有校医室。2013 年的林溪镇中心校学校安全大检查工作总结显示,检查工作重点为校园内部保卫力量建设、校园物防和技防设施建设、校园内部安全管理制度、校园周边治安防控与督导检查。平岩村小学配备有专职的保安人员,设有门卫值班巡逻,制定了安全隐患排查的安全制度。但同时也存在着没有挡土墙,学校安全教育不到位,学校大部分灭火器过期,全乡都没有校园周边群防群治力量巡逻的情况。③

平岩村小学始建于 1956 年,位于林溪镇南大门,坐落于程阳桥景区内。学校占地面积 4 150 平方米,建筑面积 1 637 平方米,笔者调研时,学校有 9 个教学班,在校学生 381 人,教职工 19 人,其中女教师 11 人,取得小学高级教师职称的 16 人。怀揣着"坚持德育首位,教育为中心,坚持开展民族文化进校园,以'侗歌'课程为龙头,彰显侗民族文化特色"的办学宗旨,将办学理念"面向全体学生,以学生为本,以学生发展为本。培养学生学会学习,学会做人,学会做事,学会创新"作为学校自我发展的座右铭。时刻牢记学校教育应更新观念,勇于创新,始终坚持大面积提高教学质量的目标,坚持教书育人相结合的方向,大力推行有效教育改革,发展校本教研,坚持走科研兴教道路。④

近年来,随着农民外出务工不断增多,由亲属代管的孩子也在增多。2009 年的数据显示,目前平岩村小学在校生共有 252 人(不含学前班),其中留守儿童 121 人,占 48%。代理家长农活比较多,孩子家庭教育欠缺,严重影响了农村孩子的健康成长。但

①搜狗百科.林溪乡中心校[EB/OL].https://baike.sogou.com/v76041518.htm? fromTitle=%E6%9E%97%E6%BA%AA%E4%B9%A1%E4%B8%AD%E5%BF%83%E6%A0%A1.

②陈海燕.农村小学撤并对儿童社会化的影响研究——以广西三江侗族自治县 LX 乡为例[D].南宁:广西大学,2012:14-15.

③豆丁网.林溪乡中心校学校安全大检查工作总结[EB/OL].http://www.docin.com/p-986291869.html.

④三江侗族自治县教育局.三江县林溪镇平岩小学简介[EB/OL].http://www.sjx.gov.cn/wsbs/ggfw/jypx/xxjy/202102/t20210207_2532952.shtml.

在市、县妇联的大力争取，县、乡、村领导的高度重视下，家长"为国教子，以德育人"的意识得以增强，2009年平岩村小学被评为"柳州市家教先进集体"。当地已经念完大学回乡工作的青年人表示，在读完小学之后进行小升初考试时，大部分有条件的家庭都会将孩子送往城镇中学，否则要在乡里名列前茅才能去县里读书。当初（约为2010年）在林溪镇里考前三名，就是县里的前一百。林溪镇相比于三江侗族自治县其他乡镇来说，是发展较好、交通较为便利的乡镇，为保障教学质量，自发将孩子送往中心校学习的家庭是占大多数的，因而林溪镇的村小数量是比较少的。另外，对于撤点并校后，学生要到中心校内寄宿这一情况，在当地人看来已经是能普遍理解和接受的，外出打工的家长也有让爷爷奶奶、外公外婆等家人在学校周边租房子以照顾学生生活、学习的情况。

总而言之，在林溪镇中心校与各完小的努力下，林溪镇的学校教育做出了不凡的成绩，在学校设施、教学质量、师资配备等方面都逐步得到改善，使得周边各村落的学生有书可读，林溪镇的教育改革得到当地村民的普遍认可，受到广泛的好评。

（二）侗族特色文化课程在学校持续有效推进

当地侗族文化纳入学校的教学实践内容，可归纳为民族音乐、民族舞蹈、民族器乐、民族美术工艺、民族理论知识、民族语言文字六个方面。截至2014年，三江侗族自治县已有县民族实验学校、梅林乡中心小学、富禄乡中心小学、平岩村小学、独峒乡中心小学、同乐乡中学等26所学校开展"民族文化进校园"活动，参与学生达5 600人。其中一些学校在市级、自治区级和国家级的比赛中荣获嘉奖。从已有的学校的成绩与当地人的印象上看，县民族实验学校、梅林乡中心小学、富禄乡中心小学是将侗族音乐纳入学校音乐课程体系中做得比较好的。林溪镇的村民在谈及侗族大歌时，更多的会说到梅林、富禄两地。此外，县民族实验学校、梅林乡中心小学分别编订了校本教材《侗族民间艺术进校园读本》《侗族音乐》，可见其地区的民族文化氛围浓厚，学生在学习基础技艺的同时加深了对民族文化的了解。①

"以传承文化走进来，为振兴民族走出去"，抱着这样的办学目标，林溪镇中心校建设了侗族绘画宫、体育宫、科技宫、刺绣宫、书法宫、芦笙宫、大队部活动宫、道德课堂宫、图书宫，让学生有着充足的硬件设施与精神内容对民族文化进行了解与学习。2013年秋季学期，林溪镇中心校开展"民族文化进校园"活动，学校开设了芦笙、民族手工、民族画、书法、体育、侗歌等课程。将芦笙这一民族乐器引入课堂，使学生接受传统民乐教

---

①莫彬彬.三江侗族自治县"民族文化进校园"现状研究[D].南宁：广西民族大学，2015：15-17.

育。同时学校聘请当地民间艺人芦笙高手担任学校芦笙教师,有学员 45 人,有芦笙 32 把、芒筒 11 把,为加强侗族文化遗产的保护和传承做出了贡献。2015 年 12 月 30 日,林溪镇中心校举办"三江县林溪镇林溪中心小学民族文化进校园暨乡村学校少年宫成果展活动",学生展示了在日常活动和教学内容中学到的打陀螺、拍毽子、芦笙合奏、侗族大歌表演的技艺,获得了三江侗族自治县宣传部领导们的认可,林溪镇中心校开办"民族文化进校园"活动以来取得了值得称赞的成绩。往后学校应立足本校实际,注重创新,努力弘扬民族文化精髓,进一步凝聚全体教师的智慧,整合民间艺术资源,聘请民间艺人(名师)到校传艺,打造出人文校园,品牌林溪的特色学校。[①] 笔者于 2020 年在林溪镇中心校对学生、家长进行访谈调查的时候了解到,学校持续开展"民族文化进校园"活动,教学内容以"多耶"中涉及的芦笙、侗笛和刺绣为主。

五、广西三江侗族自治县林溪镇平岩村学校教育问题分析

广西三江侗族自治县林溪镇平岩村学校教育由于其性质的特殊性,需要完成的任务与面对的问题具有多重性。首先,平岩村小学有着村小和完小的双重性质,承担着当地适龄儿童入学学习的重任,同时也必须紧跟中心校的脚步,利用本村既有的资源保证其教学质量,使平岩村的孩子享受到应有的教育。其次,平岩村小学处于少数民族地区的农村,既要重视民族文化的传承工作,也要关注教育内容与实际生产生活相结合的问题。这些问题需要从学校的整体规划、有效建设中找出落实的方法和前进的道路。根据现有对于民族地区农村小学的研究资料与本村村民对平岩村学校教育的期待,就平岩村学校教育发展中的实际背景列出主要的两大问题。

(一)乡村内部办学差距明显

通过优化农村中小学布局,合理配置农村教育资源,一定程度上改善了农村学校的办学条件,提高了教育资源的利用效率和教育质量,实现了相对的教育公平。但由于乡、村学校之间基础条件相差较大,村校基本上属于偏远困难地区,其教学设施与师资队伍都比较落后,村小与中心校之间仍存在必然的差距。

在实地调研中,村民指出撤点并校背景下平岩村小学与中心校的差距主要体现在

[①]"传承文化走进来,振兴民族走出去",创建民族特色学校 [EB/OL]. https://www.doc88.com/p-3837134899844.html? r=1.

师资队伍的建设上。村小教师队伍整体年龄偏大,在 30 岁至 50 岁之间的较多,存在知识结构老化、知识面窄的问题;同时学段越低,农村学校越偏远,教师老龄化的程度越严重。[①] 且在教师来源上,有一部分村小教师是民办转公办或村聘教师、代课教师转正等,只有少数受过专业教育,大部分村小教师凭借自身的教学经验开展工作,教法陈旧、观念落后,难以保证教学质量。近年来,随着城镇化的不断加强,交通条件的便利,人们对于城市生活更加向往,而农村小学的教师工作、生活环境相较于中心校、城镇学校或其他职业而言,没有太多的优越性。村落里原有的老教师不断退休,新教师又不愿到农村任教,造成农村教师人员紧缺,负担也比较重。这导致村小教师在面对正常教学时力不从心,素质教育推行的任务也难以进行。

提高农村学校师资队伍水平建设是保证农村教学点正常运行、改善农村教学点的办学条件、提高农村教学点的办学质量的重要手段。教师是教育资源的重要组成部分,是教育教学活动的主导者,教师质量的高低直接决定着学生受教育质量的高低。然而,以平岩村小学为例的民族地区偏远农村小学教师在体现作为教师的一般共性的同时也显示其特殊性。即除存在教师数量少,水平相对较低,教师培训机会较少等农村小学教师共性问题之外,在具体的教育场域里,还存在教师农民或农民教师的双重身份的角色转换困境。

(二)师资队伍建设任务艰巨

三江以侗族为主体民族,侗族人民有着世代相传并使用至今的、自己的语言——侗语,侗语在聚居区域普遍流行。除了日常交流,"多耶""侗族大歌""侗戏"等属口头表演类非物质文化遗产,是侗族人民在长期生产生活中共同创造的传统智慧结晶,也需用侗族世代相传的语言传唱,才能真正展示其文化内涵,侗语的使用现状无疑成为这些非物质文化遗产传承和发展的关键。

民族地区特殊的语言环境决定了其特殊的语言教学模式,民族教学点也纷纷开展双语教学。据平岩村小学的学校规划,侗文是"民族文化进校园"的重要内容之一,在平岩村小学就读的学生也表示,在学校里教师会教授一些民族文化知识作为特色发展的一部分。但是一些学者在实地调查中发现,类似于民族地区农村教学点的特色发展工作,在实际开展中还存在较多的局限性和校际差异。一般而言,将特色发展作为学校发展目标的学校中,农村中心小学和村完小的比例较高,而偏远地区的教学点只占据极

---

①曾新. 农村中小学布局调整与义务教育均衡发展问题研究[D].武汉:华中师范大学,2012:160.

小的一部分。例如,林溪镇中心校内的学生和家长,就会对学校内教授的民族文化课程有较为明晰的印象,能清楚地说出孩子在学校里学习到了哪些侗族的民族知识,同时当地的侗族居民也会在家和孩子说侗话,在孩子成长的过程中培养孩子学习自身民族文化的意识。在访谈的时候,笔者发现在林溪镇中心地区可以用普通话和当地的中年村民或孩子进行交谈,但到平岩村时,借助向导使用侗语与家长、年纪较大的村民进行沟通是非常必要的。

这种特殊的语言环境,必然要求具备与此文化场域相适应的教师。然而,即使在林溪镇中心校中,具备传承民族文化的师资队伍仍处于非完整齐全的状态。这种"非完整齐全"主要指的是没有形成民族文化专职教师的培训机制与培养方案。林溪镇政府部门的工作人员指出,林溪镇中心校的发展愿望在于培养传承民族文化师资队伍。虽然现在中心校的侗族传承教育包含相关的元素,如芦笙、刺绣等民族技艺的学习,但是氛围不够浓厚。林溪镇中心校的教师大多是年轻教师,有的是在外地读了大学,考回林溪镇工作的,非本土教师所占比例大。优势是教师的素质和能力都是很不错的,如在信息化教学中能较好地操作智能教学设备,完成现代化的教学。但仍然存在两方面问题:一是本土教师自身民族文化功底不扎实,如何将优秀的民族文化传承给下一代;二是非本土教师在进入民族聚居地与当地的文化再磨合、跨文化的适应过程中,如何更好地缩短与当地文化的距离。此外,时代的变化影响着传统的生活方式,出于对生活质量的追求,村寨居民特别是年轻一代更多地选择了在外求学或在外谋生,一个家庭中、一个村寨里成员文化成分多元化成为当下的趋势,在今天,民族传统文化同样面临着怎样与现代化社会接轨的问题。加之一部分侗寨学校实行双语教学,学生的学业负担与升学压力加剧,反而与最初设计依靠民族学校传承民族文化的目的大相径庭。

林溪镇中心校尚且缺乏传承民族文化的师资队伍,平岩村小学作为独立完成一至六年级的村小、完小压力就更大,所面临的民族文化保护与传承问题就更复杂。因而要完成林溪镇平岩村学校教育的发展目标,必须关注的是,对现有问题的解决途径和未来规划的实现程度。

六、广西三江侗族自治县林溪镇平岩村学校教育的发展策略

农村中心学校是农村学校布局调整政策下的产物,在短时期内对集中农村中心学校的生源与教育资源起到直接作用。但农村小学是作为农村中心学校覆盖范围之外

的,是作为交通极其不便或是当地教学条件与学生较为齐全的中心校的辅助而存在的。发展农村学校教育应该从整体布局出发,即关注中心校与当地完小、教学点的共同发展、协作共生。

(一)"乡—村"学校整体协调共发展

在民族贫困地区,乡村小规模学校是国家推进义务教育均衡发展、维系教育公平的主阵地。教育寄托了农村弱势群体对美好生活的希望,也承载了社会对公平正义的关注。实施中心校与村小的协调合作、相辅相成的发展,是实现教育公平、改善村小教育的重要方式。

首先,农村中小学布局调整要"实事求是、积极稳妥"。在重点支持集中办学中,应适当照顾分散教学点。中心校与完小、教学点的规划安排应做到实事求是,在优化资源配置的条件下能更方便当地学生就近入学。

其次,构建长效性的经费保障机制,夯实村级学校发展的基础。现行农村义务教育管理体制中,普遍以"中心校"为乡镇教育管理机构,对县财政拨付的教育经费实施统一分配与管理。有学者通过实地调研发现,这一管理模式中大量经费优先保证标准化中小学及规模较大的完小,边缘化的小规模学校往往采取办学经费"实报实销"的模式。[1] 缺乏公用经费预算的农村小规模学校只能维持日常教学运转,对于学校特色发展和师资长效培训来说是远远不够的。经费是学校生存和发展的基础,无论是中心校还是村小都应积极地与当地政府、社会力量协调,凭借自身特色,宣传学校形象进而获取外界的信任与支持;进一步规范化使用经费,在投入、预算、配置、管理、使用等各方面严加把关,确保经费使用的有效性,使得学校有充足的物质条件支撑发展。另外,在信息化时代,还应该创新性地使用新媒体、网络技术推广学校宣传工作,将学校在建设过程中取得的成绩及面临的困难、当前的需求通过合理途径进行诉求,进而能更好地使人们了解农村小学的发展状况,便于爱心组织与社会人士伸出援手。

最后,教育部门建立和完善寄宿制小学检查管理制度,对学校设施建设、生活条件、教育质量及安全工作等方面进行定期检查,全面做好寄宿制小学的建设。尤其是农村寄宿制学校存在基础设施落后、学生年龄小、住宿环境差、危险隐患多等问题,这就更应该切实加强学校的安全工作,牢固树立"安全第一"的意识,加强寄宿制小学的安全工作。其中包括合理核定农村中小学校编制,建设生活教师团队等,以实现安全工作的保障。

---

①林云.民族地区农村小规模学校教师队伍建设:问题与对策[J].教育与经济,2016(05):84-90.

（二）村小教师队伍的培养与建设

对民族地区农村小规模学校来说,优秀师资是提高民族地区义务教育质量的根本保障。有优秀教师作保障,才能使先进、现代化的教学设备起到应有的作用。因此,加强民族地区农村小规模学校教师队伍建设是实现教学质量提升的根本保障。

因撤点并校而逐渐被边缘化的民族地区村小或教学点,因其校区小、学生少等特征,使得民族地区农村小规模学校无论是教师结构、教师素质,还是教师的经济待遇等都存有诸多问题。教师工资待遇低、编制不足等典型问题说明,农村小学教师留任的可能性较低。也正是因为当地教师岗位留任的吸引力不足,导致了教师流失影响学校办学质量等一系列后果。事实上,民族地区农村小学教师处于一种经济收入低、文化资本弱的不利处境。① 因而不少学者就如何培养建设村小教师队伍提出了自己的看法,有的从物质条件入手,认为应保障村小教师的待遇,完善其编制制度,增强村小的职业吸引力,以使村小教师"留得下、进得来";有的从规划设计上指出师资队伍的培养依靠的是系统的统筹安排,应该就经费、机制、年限等方面有意识地为村小教师素质提高提供多元的渠道或有力的支持;也有学者从对村小教师的人文关怀入手,认为应关注村小教师既是农民又是教师的双重身份,给予教师为师者尊严;亦有学者从具体某一方面对村小教师队伍的培养建设提出了策略与设想,如跨文化能力的培养、专业能力的塑造②等。

笔者认为,以上所提内容在目前三江侗族自治县林溪镇平岩村学校教育现有发展策略中已有所涉及。值得指出的是少数民族聚居地基础教育的教学内容、教学方法须符合少数民族心理素质、风俗习惯,这就对民族地区的村小教师提出了更高的要求。首先,教师自己要适应、认可当地的文化习惯,了解当地民族各方面的知识与文化,才能真诚地与学生进行沟通交流,理解家长的观念,使得家校联系紧密,实现双方良好合作;其次,对于教师的专业技能素养有了更高的要求,如何利用自身的条件完成民族文化传承的任务,并在教学过程中加以强化和发扬文化中蕴含的优秀精神,以增强民族学生的自信心和自强精神,这些都对原本教师角色的责任加上了高度的期待和沉重的压力。

因此要对民族地区的农村教师进行为民族教育事业而奉献的思想品德教育,希望教师们能意识到"国运兴衰,民族强盛,系于教育",自己的职业追求是弘扬中华民族精神与忠诚于家乡、服务于祖国的远大事业。由此使得教师自觉参与到提高自身素养的

---

①卢静.民族地区农村小学教师短缺困境研究——以河池瑶族聚居区为例[D].南宁:广西民族大学,2018:45-46.

②叶倩.民族地区农村小学新任教师跨文化适应的个案研究[D].昆明:云南师范大学,2014:63.

第一章　鼓楼风雨:广西世居侗族村落
教育研究

自我培训、学校培养工作中,如民族艺术教育、民族语言学习等。①

　　重视农村学校的发展不仅是为了学校教育的发展,实现教育公平,更重要和宏大的目标是希望通过教育振兴民族贫困地区的经济建设、文化传承。广西三江侗族自治县林溪镇平岩村小学1956年建校以来,如今有近70年校史,它依靠国家、社会与自身的力量在长时间的改革与建设之下,成为当地乡村标志性建筑,也是乡村的文化象征。在撤点并校的背景下,现在的平岩村小学作为完小,这个熟悉又崭新的身份在林溪镇里仍然为教育事业做出自己的贡献。在乡村振兴背景下,平岩村小学将会获得更大的发展。

　　①王景.民族地区中小学新教师入职教育研究——以广西壮族自治区为例[D].桂林:广西师范大学,2008:29-31.

·第二章·

壮美山歌：广西世居壮族村落教育研究

一、广西壮族概况

壮族是我国 55 个少数民族中人口最多的一个民族，也是广西壮族自治区 12 个世居民族中除汉族外人口最多的民族，主要聚居于南宁市、崇左市、百色市、柳州市、来宾市、河池市、贵港市等地。壮族大部分聚族而居，小部分与汉族等民族杂居，在历史积淀中形成了具有本民族特色的文化并得以不断传承。

（一）壮族历史渊源

壮族是一个历史悠久的民族。先秦、秦汉时期汉族史籍所记载的居住在岭南地区的"西瓯""骆越"就是壮族的先民，此后的"乌浒""俚""僚""撞""獞"等，都是壮族在不同时期的称谓。① 壮族是较早步入文明时代的民族之一，在其尚处于氏族部落发展阶段，就已经学会使用铜器进行日常生活生产。秦始皇统一岭南后，大量汉族人迁移到岭南与当地壮族先民杂居，对当时的经济、文化和政治产生了巨大的影响，刺激了岭南民族的社会发展。从东汉到魏晋南北朝，为躲避战乱移居于此的豪族大姓，刺激了世居岭南的俚僚大姓贵族，他们占据大量土地财产，纷纷在各地称雄，这不仅加速了社会等级的划分，也促进了岭南地区封建社会化的发展，使岭南地区出现了此时期著名的土著

---

① 《中国少数民族》修订编辑委员会.中国少数民族[M].北京：民族出版社,2009：744-745.

大姓,如高凉、合浦的冼氏,钦州、合浦的宁氏,桂州的李氏,高凉的黄氏等。其中冼氏冼夫人,为维护国家统一和地方安宁做出了巨大贡献,隋文帝将其封为谯国夫人,至此岭南地区步入郡县时代。之后根据社会发展的阶段,将壮族历史发展分为羁縻时代、土司时代、"改土归流"及近现代、民族区域自治时代,①这里不一一赘述。

（二）壮族语言文字

壮语是壮族的语言,也称之为"壮话",属于汉藏语系侗台语族壮傣语支,来源于古代岭南原住居民的语言。壮语是壮族先民在长期的生产实践和社会活动中,为了方便记事和交流而产生的民族语言。壮语通过壮族人世代口耳相传,流传至今,是壮族聚居地内部交流的主要语言。

壮文是壮族记录本民族文化的文字。壮族先民在商周时期就创造了划刻文字符号,它比结绳记事前进了一步。学术界一般认为,壮族的土俗文字始于唐,兴于宋而盛于明清,其民族文化不仅用壮文刻在碑石上,而且大量的师公唱本和民歌摘抄本都是用壮文记载得以保存下来的。1955 年创制以拉丁字母为基础的拼音文字。1957 年 11 月,国务院批准在壮族地区全面推行壮文,为了响应这一要求,广西民族出版社出版了大、中、小学的状语文教材和干部、农民壮文课本,以及科普、工具书和文艺等壮文图书。②

（三）壮族饮食文化

生活在"十万大山"的壮族人,很好地将经济与自然环境结合在一起。丰富的水利资源,典型的山地丘陵地貌,适宜水稻和玉米等农作物生长的亚热带季风气候和热带季风气候,决定了壮族的经济文化——耕作文化。因为以稻作农耕为主要生产方式,壮族人的饮食习惯和风俗多与稻物有关,其中最具代表性的特色美食是五色糯米饭。五色糯米饭又称"五色饭",是将红兰草、黄花、枫叶、紫薯藤的根茎或花叶捣烂,取其汁液分别浸泡糯米,蒸熟而得红、黄、黑、紫四种颜色,再加上糯米本色构成五色,一般于农历三月三或清明时节制作,用于祭祀和食用,是吉祥如意、五谷丰登的象征。耕作生产方式决定了壮族人的性格,壮族作为一个耕作民族,性格温和内敛,不带攻击性,能与各民族友好交往,共同发展。

---

①② 李斯颖.深耕瓯骆文化,共筑中华民族精神家园——读覃彩銮研究员新作《壮族简史》[J].广西民族研究,2019(06):170-173.

②铁木尔·达瓦买提.中国少数民族文化大辞典(综合卷)[M].北京:民族出版社,1999:449.

（四）壮族宗族文化

壮族与汉族等民族杂居，他们受到汉族宗族文化的影响，修建祠堂、立有族规，并有族谱传承。在不同的地区，同一姓氏也有不同的堂号，如在象州一带的覃氏堂号为积善堂，即心正而行修谓之善；而武宣大琳各支系覃氏堂号为裕经堂，即光前裕后，经世济民。不同的堂号代表着祖先对子孙后代不同的要求。同时，壮族人在族内推选族长，负责管理宗祠和宗族的共同财产，调解族人内部纠纷，组织祭祀及其他公共活动等。此外，还有一种村社管理组织的"都老制"，即在族内推选都老，都老的地位和职责与族长大致相同，后来被保甲制和乡甲制取代。

（五）壮族宗教文化

壮族的宗教信仰是从原始宗教发展而来的，而后又吸收了从中原传入的道教和佛教的因素，形成了以师公为核心的巫、道、佛三教合一，信仰多神的格局。① 但受时代发展和汉文化的影响，壮族宗教文化在很多地区已不是十分流行，目前还存在较大影响的是摩教。他们信奉多神，信奉布洛陀，基本教义是崇拜自然与生殖，要求与人为善，相信善恶报应，鼓励勤劳和智慧等。蛙图腾是壮族人的保护神，也是壮族人民的精神信仰。壮族人的宗教信仰是民族文化和精神文化的体现形式，对壮族人的生产生活方式、道德素质、风俗习惯等都产生了巨大的影响。

（六）壮族服饰文化

壮族服饰文化是一种兼具实用与审美功能的文化。② 壮锦是壮族服饰中所使用的代表织物。壮锦具有色泽鲜艳、织工精巧、质地松软、花纹秀美、结实耐穿的特点，是壮族妇女独创的手工艺品，她们将壮锦融入服饰制作中。壮族服饰无领，西北部地区妇女上身穿左衽绣花绲边，腰间束绣花围裙，下身穿褶裙和绣花鞋，常佩戴银饰；西南部地区妇女穿左衽黑色上衣，头包成方块形状的黑帕，下身穿黑色宽脚裤子。用壮锦绣制而成的服装，不仅是壮族人民对自然之美的称赞，更体现其对自然生活的热爱与向往。

（七）壮族节日文化

壮族传统节日是壮族在长期的历史发展过程中积淀下来的宝贵财富，是壮族文化

---

①韦熙强，覃彩銮.壮族民居文化中的宗教信仰[J].广西民族研究,2001(02):55-64.
②陈丽琴.论壮族服饰与生态环境[J].社会科学家,2010(03):23-26.

遗产的重要组成部分,承载着深厚的文化内涵。① 壮族的节日与当地的汉族大致相同,比较具有本民族特色的节日是"牛魂节""中元节"和"三月三"歌节。② "牛魂节"又称"开秧节",时间在每年的农历四月初八,是用来祭祀牛王,感谢牛王帮助人们农耕的一个节日。这天壮族人会给牛梳洗,修整牛栏,做上五色糯米饭,采摘一把鲜草,一起放在牛栏旁祭牛魂。"中元节"又称"鬼节",时间在每年的农历七月十四,是仅次于春节的大节日,主要内容是祭祖和祀鬼。"三月三"歌节最先是用来祭拜神灵、祈求农作丰收和子嗣延绵的宗教活动,后来发展为壮族人在固定的时间点,聚众对唱、青年男女以歌相交、群众游乐的一个节日。它体现了歌仙刘三姐不畏强权、勇于追求自己幸福的内涵。发展至今天,国家将每年的农历"三月三"作为壮族的一个法定节假日,鼓励壮族人继续弘扬节日文化精神。

壮族节日文化也体现了对自然的崇拜。壮族的节日活动会根据当地的气候、地形来举行,节日过程的节目安排、菜谱设计等充分体现了人与自然和谐共生的理念,节日活动时间都会依据稻作生产时令依次举行,祭祀的动物也与自然气候息息相关。例如,"蚂拐节"祭祀蛙神,"牛魂节"祭祀牛等。③ 又如"三月三"歌节,人们在节日中走亲访友,对山歌,山歌歌词的内容无一不体现出人们对自然的热爱和与自然和谐共生的祈愿。

二、广西壮族教育概况

民族文化的传承和发展需要教育。壮族人民在历史长河中积淀了大量的民族文化,这些具有本民族特色的文化,经由一代代壮族人口耳相传,并借助文字记录下来,成为壮族宝贵的精神和物质遗产。家庭教育、学校教育和社会教育作为壮族教育的三大主要教育方式,对壮族文化的传播起到重要作用。

(一)家庭教育

家庭教育对孩子人格(个性)的形成有重大的影响,父母与孩子的良好互动,对子女的自我认知发展、社会化情绪的稳定起着重要作用。生活在少数民族聚集区的壮族

---

① 黄润柏.壮族传统节日的文化内涵[J].广西民族研究,2015(06):95-101.
② 《中国少数民族》修订编辑委员会.中国少数民族[M].北京:民族出版社,2009:752-753.
③ 杨军.壮族节日文化的教育功能探究[J].民族教育研究,2017,28(04):137-140.

孩子,其受到的教养方式在一定程度上有着相似性,但受实际家庭教育方式不同的影响,孩子的身心健康发展存在一定差异。

首先是在生产劳动中开展的家庭教育。很多家庭中的成年人教子女进行劳动生产,使他们学习到狩猎技术、农耕技术等。成年人不但向年轻人传授劳动经验和技术,还使年轻人在劳动中认识世界,学会生活,进而形成勤劳善良、拼搏进取、艰苦奋斗的优秀品质。

其次是在日常生活中开展的家庭教育。壮族家庭中的长辈代表着权威,每一个家庭成员都要尊重长辈,日常生活中诸多事务的安排,都要由长辈决定,而长辈也非常注重在生活中开展对儿孙的教育活动。例如,儿孙要为长辈盛饭,目的是培养他们尊敬老人的品质。对于家庭中相对比较重大的事情,先是由家族中最有威望的长者主持召开家族会议,家族中的每一位成员都要参加,再由大家共同商议,采用民主的方式决定。长者在会议上也会谈论一些关于家族关系的内容,在家族内部开展伦理道德教育,使家庭成员感受到亲情的重要性,以便共同维护家庭团结。

再次是在社会活动中开展的家庭教育。壮族父母都十分鼓励儿女投身到社会活动中,他们也总是尽力为儿女提供这样的机会。如安排儿女招待客人,为客人提供饮食和住宿条件,目的是使儿女学习如何待人接物。儿女长大成年之后,父母鼓励他们参加社交活动,如走亲戚、喝喜酒以及赶歌圩等,目的是使儿女通过参加这些集体活动开阔视野,结交朋友,提高社交能力,并懂得遵守社会公德。

因社会生产生活方式的差异性,壮族家庭教育有其自身独有的特征。一方面,壮族家庭教育具有群众性。每一个家庭成员不但会受到来自家庭内部成员的教育,同时也会受到来自社会成员的教育,他们都在家庭教育中发挥着推动作用,但其中起主导作用的仍然是家庭中的长辈。另一方面,教育同劳动、社会活动联系紧密。同汉族家庭教育相比,壮族传统家庭教育更注重向子女传授生活和生产经验、技术,他们将生产技术的传授放在教育的第一位。①

(二)学校教育

学校教育在壮族文化的传承过程中,始终具有显而易见的作用。② 壮汉双语教育是壮族学生认识本民族文化和认同中华民族文化的重要途径。相对于其他民族的学生,壮族学生在学校教育中既学习本民族的语言和文字,也学习通用语言文字,两者的

①佟欣.壮族当代教育与传统教育的衔接探究[J].贵州民族研究,2014,35(12):213-216.
②杨丽萍.壮族乡村学校教育与壮族文化根脉的延续[J].教育科学研究,2018(04):93-96.

学习共同促成了学生对民族文化的理解和中华民族共同体意识的形成。

壮汉双语教育从 2011 年开始(在广西部分地区),实行以汉语为主、民族语为辅的教学模式,即开设民族语文课,其他课程都用汉语授课。在初中和高中阶段,开设壮文必修课和选修课。当前,壮汉双语教育具有母语递进性特征,具体反映在壮汉双语教学的课程设计上。学前阶段以壮语文教学活动为主,小学低年级壮语文课占语言课程的40%—50%,小学中年级壮语文课占语言课程的 30%—40%,小学高年级壮语文课占语言课程的 20%—30%,初中阶段壮语文课占语言课程的 10%左右。① 壮语文教学量呈递减态势,越往高年级学习壮语文课时和内容越少,让出更多时间给学生学习国家主流课程,减轻学习负担,提高国家课程学习成绩,使壮族学生有更多机会升学和就业,融入主流社会。

此外,为适应语言环境,壮汉双语教学还发展出多种教学模式,包括"壮汉双语同步教学模式""早期壮汉双语教育二类模式教学"等模式实验,并且还在积极探索"晚期壮汉双语教育二类模式教学""普通高中壮语文选修课"等模式实验,从壮文进校工作向壮汉双语教育转型、从壮文教学向语言文化教育转型、从阶段性实验向教育体系构建转型、从单一教学模式实验向多种教学模式实验转型等。尽管实行了较多的教育教学模式改革,但双语教育目前还存在较多的问题,这些问题主要体现在:壮汉双语教育体制不完善、机制不顺畅,壮汉双语教育专项经费投入严重不足,教学模式彰显民族文化传承功能不强等方面。

(三)社会教育

壮族有自己本民族的语言——壮语,利用母语优势开发壮族儿童智力,用母语进行启蒙教育,不仅符合儿童的认知发展规律,而且教育效果好、效率高。在壮族农村地区,用壮语对儿童进行启蒙教育,符合其文化背景和语言思维习惯,可以有效开发智力、培养潜能,为以后的学习打下良好的智力基础。

壮族学生的社会教育,主要体现在对学生的文化教育上。壮族学生通过学习壮族历史文化知识、听讲故事、听唱民歌、敲打铜鼓、编织壮锦等形式,调动所有的感官参与,体验文化的精妙;通过观摩南宁国际民歌艺术节、大型山水实景"印象·刘三姐"演出等民族文化活动,感受壮族文化的永恒艺术魅力;通过对广西民族文化旅游、民族生态博物馆等场所的调研,体验各具特色的民族文化空间和文化景观,更加深入了解壮族优

---

①韦兰明.壮汉双语教育发展的困境与前景[J].广西民族大学学报(哲学社会科学版),2017,39(01):154—159.

秀文化。

在学校教育中,壮族学生壮语和壮文的学习过程,就是本民族历史文化的学习过程。壮语和壮文记载了壮族人民优秀的精神文化,以及对自然的热爱与崇敬。壮族学生通过语言文字,了解先祖流传的故事和事迹,如先祖是通过何种方式得到自然的馈赠,而他们又是如何感恩自然的给予的。

壮族优秀的服饰文化、顺应环境的干栏文化、崇拜自然的宗教信仰等,都是壮族人在与自然共生的基础上诞生的。壮族的人生礼仪文化、民间传承文化、传统节日文化等,通过家庭、学校、社会向下一代传授,使他们在文化中体会热爱生活、勤劳勇敢、尊老敬祖和崇尚自然的生态伦理。

基于共生意识与判断,族群寻求与自然的和谐。[①] 广西地处云贵高原东南边缘,是典型的山地丘陵性盆地地貌,同时,由于处于亚热带季风气候区和热带季风气候区,因此干旱、暴雨等气象灾害在广西较为常见。壮族人在经济生产中,受到来自自然的挑战。在与自然灾害的抗争中,不断启发壮族的先民,对于如何才能与自然达成和解问题的思考,最终壮族人形成了与自然环境和谐共生的观念,即不滥用自然资源,不过度开发自然环境。壮族人独特的服饰、饮食和风俗等蕴含的内容,就是壮族人对自然的敬畏、适应、相互依存的共生表达。

三、广西象州县大乐镇那芙村历史发展概况

为深入了解壮族人与自然和谐共生教育的本质内核与基本现状,笔者选择了广西象州县大乐镇那芙村作为调研点,进行深度的田野考察。象州县隶属广西壮族自治区来宾市,地处广西中部,为山地丘陵区,西北部高土坡连绵,西南部为石灰岩群峰,中部是丘陵、岗地和平原相间交错地带;气候属于南亚热带向中亚热带过渡季风区,季风特点显著,降水比较集中,有雨季和旱季之分。象州县下辖8个镇、3个乡。大乐镇,位于象州县东北部,地处大瑶山西麓,辖10个村民委,11个社区,共54个自然村,有壮、瑶等多个少数民族。那芙村是大乐镇下辖的一个行政村,是一个只有壮族人聚居的村庄。

---

① 孙杰远.走向共生的民族文化发展与教育选择[J].教育研究,2012,33(09):99-103.

（一）村落概况

壮族人多生活在依山傍水的地方,以种植水稻为生。为了生产劳动的便利,他们就在田边搭建房子,多人多户长久聚居,后形成村庄,同时以水田地名命名,而壮语的"田"与汉语的"那"字音相似,因此以"那"字开头命名村落成为壮族独有的特色。比如那芙村,整个村庄修建在一条宽五十多米的河旁,这条河是柳江下游的一个分支,同时也是村民饮水和农耕用水的水源。

那芙村是村委所在地,附近的村庄包括庙鸡、鸡德、河良和平石等自然村,也都是壮族聚居的村落,那芙村处于五个村落的中心位置。那芙村除外嫁进来的妇女外,整个村子的人都是壮族人。同时,那芙村只有一个姓氏——覃氏,大家都属于同一个宗族的人。那芙村全村有村民656人,依据村民的居住位置,将村民分为上队和下队,每队都有自己的队长,两队队长同时也是村主任和副主任,他们共同协商治理村落的大小事务,包括政策的宣传、下达和执行,以及村中风俗节气的召集和主持等。

全村经济来源主要有3种,分别是种植水稻、种植砂糖橘和养殖桑蚕。村中居民虽基本以农耕为主要经济来源,但相对来说,家庭经济条件都不算很差,基本每家每户都盖上了新的水泥楼房,大部分家中都买了代步车,外出相当方便。村中虽然也存在贫富差距,不过相对差距并不明显。村中留守老人比较多,很大一部分青年人外出务工。村中基础硬件设施完善,有各种运动强身的体育器材,同时建有篮球场和戏台,篮球场搭有灯光柱,不时会有村委干部组织村里的中青年和其他村委的人打篮球友谊赛,村中的老人、小孩、妇女等也都去观看比赛。此外,在村校旁还修建了老年娱乐中心,供留守老人闲暇娱乐。村民出行必经的大桥在8年前重新选址修建,将原来的大桥推倒,在河中修建了水坝,也在河岸两旁建起了水泥堤坝,保证了村民的出行安全。村中的每一条小路都铺上了水泥,在国家政策的支持下,村民花很少的钱将原来的泥瓦房推倒后重新建起了新式的楼房。同时,村中也通了自来水,原先打井喝水的生活方式如今已经不常见了。

在语言交流中,目前在村落中居住的村民,在家中和在村落中交流使用的语言都为壮语。除壮语外,村民还讲桂柳话,与附近乡镇非壮族的人们交流不是问题。在日常服饰上与汉族无差别,饮食习惯上偏辣。由于受到附近罗秀镇、中平镇等汉族居住人口较多的乡镇的影响,那芙村在风俗习惯上与汉族的风俗相互影响,很多有本民族特色的节日形式和庆祝方式都与汉族文化相互融合,与汉族也无太大差别。

（二）村落文化

那芙村是一个极具壮族文化特色的村寨。彩调是那芙村村民日常生活接触最多的地方戏曲。它起源于桂北,演出采用桂林话,以"调子戏""采茶戏"最为普遍,1955 年统一命名为"彩调剧"。比较有名的成戏曲目有《王三打鸟》《三看新》《娘送女》《双打店》《王二报喜》等。彩调的内容与农民的生活环境以及他们的劳动、生活和爱情密切相关,大都反映农村日常生活中有趣的小故事,或歌唱男女相爱私情,或歌咏农村四季景物,或描写劳动生活等。[1] 在村子的中心位置修建有球场,球场的一旁专门搭建了戏台。村里部分上年纪的村民与附近村落的居民一起组建了一支唱彩调的队伍,在寒暑假不定时表演节目,这表现了村民对生活的喜爱,也丰富了村民的精神文化生活。

中元节是那芙村较为独特的节日。虽然全国各地都有过中元节的习俗,但每个地方的节日形式不一样,那芙村在这个节日中有自己比较独特的过节方式。对那芙村村民来说,中元节由"祖宗节"和"鬼节"两个部分组成。这个节日的时间从农历七月初一到十六,比较重要的日子是初七、十三、十四和十六。七月初七这天,村民们相信过世的老祖宗会回来,所以在当天的早晨人们会煮糖茶供香火,下午杀鸭,配上猪肉、米饭、米酒等祭祀祖宗。七月十三这天,出嫁的女儿们一般都会带着鸭子、猪肉和香纸回到娘家供神。七月十四开始就是过鬼节。七月十六是"送公",用竹叶折成船,在船上放上一小块猪肉,插上三根点燃的香,将船放入河中,船顺着河流的方向漂流,鸣炮恭送祖宗和鬼神。那芙村过中元节时间跨度长,敬神与敬鬼相结合。同时,吃鸭也是他们过这个节日独特的习俗。据民间传说,之所以鬼节吃鸭而不是吃鸡,是因为鸭子会游泳,给祖宗祭祀的纸钱、衣服要靠鸭子才能驮过奈何桥;还有一种说法是人们认为七月是鸭子最肥美的季节,用美味的鸭子来献祭祖先是最好的表达孝心的方式。民俗专家则认为,以前在广西,春季开种前,每家每户都会买上数十只鸭子,放在水田里养,水稻长成收割后,农民为了犒劳自己,开始杀鸭子过节。随着时间的推移,人们就习惯在这天吃鸭子了。[2] 那芙村村民过中元节的风俗习惯一直延续至今,对这个节日的重视反映出人们对先祖的孝敬和祈求先祖神灵保佑的愿望。这些方式体现了壮族丰富的文化内涵,包含了对本民族文化的传承。

---

①何飞雁,程绍涛.论广西彩调剧目的审美历史文化变迁[J].戏剧文学,2012(07):79-84.
②韦姣.浅析广西壮族地区鬼节文化内涵[J].文学教育(上),2012(06):136-137.

四、广西象州县大乐镇那芙村小学概况

那芙村小学位于那芙村的东南角,是一所村级完全小学。学校有一栋三层的教学楼,四、五、六年级在三楼,一、二、三年级在二楼,一楼则是体育室、器材室、阅览室和教师的办公室等功能室。篮球场和升旗台在同一个场地,露天的体育设施还有乒乓球台等。虽然学校四周的围墙喷绘有 24 字社会主义核心价值观,以及一些名人、名言,但是并没有关于壮族文化的内容。学校的基础设施与广西大部分乡村学校设施一致,缺乏对壮族的特色文化的描绘。

目前,那芙村小学共有学生 106 人,一个年级一个班,一个班有 15—18 人,班级中男女比例差别不大,几乎持平。每个班级中大约有 20% 的学生的父母外出务工,他们由爷爷奶奶照顾,其他大部分学生还是与父母一起生活。此外,还有学前儿童 50 人,学前幼师 5 人,教室在教学楼后的泥瓦房中。学生全都来自本村和附近的村落(包括庙鸡、鸡德、河良、平石)。五年级和六年级学生本应到大乐镇的中心小学去上学,但因为中心小学目前正在维修,所以五、六年级的学生还在村委小学上学。从学生的家到学校,最远的大约需要行走 45 分钟,目前学生一般都由父母或爷爷奶奶早中晚接送上下学,出行安全比较有保障。

目前,那芙村小学共有教师 7 人,每位教师都担任一至两门课程的教授任务,比如教授五、六年级数学的廖老师,同时也教授二、三年级的体育。这些教师大多数是 35 岁以上的。据校长阐述,学校已经近十年没有新的年轻教师来了。同时,教师的流动量不大,一半的教师在这所学校任教已经十年以上了。学校的教师基本居住在离那芙村大约 10 千米远的大乐镇上。教师们中午在学校吃饭和午休,早晚大部分骑电动车来回。此外,那芙村小学教师的学历普遍较低,大多为中专或大专,并且因为当地教师继续教育和在职培训的名额很少,那芙村小学的教师少有学习提升的机会,教师专业发展受到限制。

学校开展的课程有语文、数学、英语、美术、体育、思想道德、综合实践等。三年级开始开设英语课,但因极度缺乏英语教师,所以英语课目前不能正常开展。同时,壮语课程只在乡镇的中心小学开设,那芙村小学并没有开设壮语课程,教师在授课和与同学交流时使用的语言多为普通话,所以在学校中没有搭建壮语言交流和学习的平台,但是在教室的图书角会有壮文读本和壮族文化介绍书刊。学校在每个教室都配置了多媒体设施,但因为教师运用多媒体授课的技能较差,这些多媒体教学设施使用率不高。为了保障学生的人身安全,学校很少组织学生大规模的春游,但是一个学期至少会开展两次安

全教育活动,组织学生和家长到村落的河道旁边,给学生做现场的防溺水知识讲解和行为示范,联合家长一起,保障学生的安全。此外,学校教师还定期组织学生进行学校绿化与文化活动,鼓励学生参与到学校种花、种树、办板报和墙报等活动中,丰富校园精神文化的同时丰富学生的学习生活。但在壮族文化在校园的传播方面,学校并没有进行组织和拓展,一些壮族节日,比如六月初二、鬼节、牛魂节等,教师不会设置课程告诉学生这些节日的由来以及含义,也不会组织学生开展相关的活动,节日活动都是跟随国家法定的活动开展。作为一个全由壮族学生组成的学校,学生在民族沟通中不存在排外的问题,同学们基本能和谐友好相处。学生的学习问题一部分是由于教师教学方法与学生个性心理产生的冲突而带来的问题,另一部分是由于缺乏英语教师,给学生造成的升入初中后的英语课业学习隐患。

五、广西象州县大乐镇那芙村学校教育问题分析

基于调查和分析,我们认为那芙村小学面临的教育问题主要有以下三个方面。

(一)留守儿童教育问题

留守儿童是指父母双方外出务工,自身留在家乡与非父母的亲人居住学习的儿童。留守儿童一直都是教育关注的对象。留守儿童存在以下问题:一是情感关怀方面不能得到及时满足。那芙村的留守儿童父母多数是由于家庭经济条件不好而外出务工。父母不在身边,对儿童不同阶段的情感需求不了解,也不能给予及时的关怀,而这些对儿童的学习发展来说是至关重要的。留守儿童在自身成长发展过程中,缺少父母及时的关注与反馈,对儿童心理的健全发展有很大影响。二是完整人格形成没有正确的指引。留守儿童大多数与爷爷奶奶一块居住,过度溺爱孩子的情况在那芙村中并不少见。留守儿童情感要求的不满足性与人格形成引导的缺乏性,对孩子个性成长发展是巨大的阻碍,延伸到后续的学校教育中,无疑也存在极大的风险。在农村地区,家庭经济条件不好是留守儿童存在的主要原因(家庭经济较好的,父母双方在外经济收入较好的,基本都会与孩子一起生活,让孩子在打工的地方的学校上学)。那芙村留守儿童可分为出生就在村中跟随爷爷奶奶生活学习的儿童,以及原先与父母在外生活后因上学而回到村落中的儿童两种类型。相较于第一种情况的留守儿童,第二种情况的留守儿童在入学后对身边事物新的认知与接受面临更大的挑战,他们对周边生活的适应,与学校环境

的融合,对师生关系、同学关系的处理需要有更强的能力。校园生活相对于家庭生活是新的挑战,对校园文化的接受性与适应性,是留守儿童在文化认同与融合中逐步找到自身发展的校园角色的关键因素。

(二)村落文化协同传承问题

那芙村依水不傍山,黄土地与沙田地是种植农产品的主要土地,经济主要来源为种植水稻和养殖桑蚕。由于靠河,在没有修筑堤坝时,每到夏季暴雨季节,临近河边的田地总会被水淹没,此时的水稻已经到了快要收获的时候,洪灾无疑会致使水稻的收成降低。桑蚕虽然受到洪水的影响较小,但由于其成本高、售价低、养殖时间长(一般是一个月),蚕茧的质量没有保障等原因,养殖桑蚕的收入只能勉强维持水稻尚未收成的时间段的生活。那芙村是一个人口较为密集的村庄,与附近的鸡德村和河良村仅一河之隔,每家每户均分下来的田地不多,加上气候环境限制,对满足当时家家户户都有三四个孩子的日常生活需求需要是巨大的挑战。先天的自然地理环境,形成了那芙村最原始的以种植水稻和养殖桑蚕为主要来源的经济结构。随着时代的发展,那芙村的经济结构发生了变化,由原先的种植水稻与养殖桑蚕变成了现如今的主要种植砂糖橘。砂糖橘一年一收,亩产量高并且价格相对较高。那芙村的村民为了有更好的经济收入,纷纷将水田改成了旱地,将桑树挖出,种上了砂糖橘。水稻和农桑渐渐被人们遗弃,然而这遗弃掉的不仅是一种经济方式,还是这种经济结构下表达的文明与文化。

中国作为一个有着悠久历史的农耕文明大国,农业生产始终是人民最看重也是最重要的事。农桑,重要的不仅是农,也是桑,而我们所说的桑,就是桑树与桑叶。现如今的桑树,人们为了得到鲜嫩的桑叶,往往都是一年砍伐两次,冬天将桑树砍到只留下十多厘米,在它们的根部撒上石灰,等到寒冷的冬天过去,春暖花开时再施肥,等待桑树长出嫩叶,长高长大。一批蚕从产蚕卵到吐丝成蛹,这个过程大概需要一个月,蚕农往往会在酷暑天采摘桑叶,喂养蚕虫,中间还会出现蚕生病、化脓等不好情况,中间的任何一步都不可大意,一直到蚕茧变硬,可以出售。然而付出与收入往往是不能成正比的,蚕农们辛辛苦苦一个月,不扣除成本,两个人能挣到的钱都不足两千元,在年景不好的时候可能连一千元都不到。普通的蚕农家庭想要通过养蚕发家致富几乎是不可能的事。为了改变生活条件,那芙村的村民将桑树砍掉,种上了没有那么辛苦又比较能挣钱的砂糖橘,这样的现象并不只出现在那芙村。乡村很多地方的农民为了生活不得不改变原有的经济结构,而原有经济下的文化与精神,随着经济结构的改变在不断消失。那芙村由原来的水稻与农桑变成现如今的果树种植,改变的不仅是蚕农的经济结构,还改变着农桑文化的传统和传承。曾在《诗经》中大量出现的有关于农桑的诗词，其中有向往美好爱情的，也有赞美人品格无私的，现如今随着农桑经济结构的衰退，致使后辈无法体验也难以理解《诗经》中农桑文化的精髓。农桑的消失，代表的不仅是一种文化的消失，还预示着新的经济结构和文化的重建。经济结构与文化变迁和传播息息相关，在经济快速发展的今天，我们在发展自身的同时，更应该思考根植于我们几千年的农耕文化的将来，寻求经济发展与文化传承的平衡点。在发展经济的同时发展我们自身的文化，优化经济发展与文化发展的结构关系，使经济结构与文化更新与发展共生。

由经济结构改变的文化生存，也间接影响学生对农耕文化的认知和了解。种植水稻和养殖桑蚕的经验都是先辈手把手传递给下一代的。何时播种，何时施肥，如何使农作物生长更加旺盛，都是在日常的生活实践中总结出来的。这个过程需要全家乃至整个村子的人共同协作完成，孩子在这个过程中参与学习，获得生活经验，比如9岁以下的孩子需要给父母送水送饭，9岁以上的孩子周末需要和父母一起去采摘桑叶，水稻丰收时还负责谷子的晾晒。现如今，那芙村由一个原本种植水稻和养殖桑蚕的村庄变成了种植砂糖橘的村庄，孩子们确实不用那么辛苦了，但同时，在接受劳动教育方面逐渐不被重视，即在劳动中接受教育的机会逐渐变少，对生活的体验和感悟也逐渐减少了。实际上，种植作物的改变，并非影响孩子学习脱离生产劳动的主要原因，根本上还是源于农民对子女参与农业劳动的理念——"逃离劳动"在起作用。

（三）学校教师队伍建设问题

那芙村小学教师一共只有12人（含5名幼儿园教师），而学生人数高达156人。106名小学生共用7名教师，不仅没有专门的学科授课教师，同时还缺乏专业的教授民族文化的教师。学校学生多，教师少，教师授课任务重，学生课程内容单一，是学校目前存在的主要问题。据那芙村小学校长介绍，学校虽然地理环境并不偏远，但是由于学校办学条件有限，加上定向培养的师范生基本都是留在县里的学校上课，以至于学校已经十年没有年轻的新进教师。目前学校教师的年龄普遍偏大，基本都在35岁以上。教师的年龄与学生的年龄差异过大，会出现教学方法与现代学生心理发展之间的不适应。缺乏年轻的教师，相对来说学校缺乏新鲜活力，很多教师的教学方式和风格难以改进。他们虽然在教学方面非常有经验，但对于新的、与学生心理变化发展相适应的教学方式与手段的接受、变更与创新更慢，这对教师和学生的发展都是不利的。

此外，学校的每位教师都要担任两至三门课程的教学，涉及两至三个年级，教师的授课任务多而重，同时缺乏教师继续教育学习的机会，以至于教育方式和教学方法不能得到及时更新。虽然学校的教师都为壮族教师,但由于没有经过专门的壮文化学习,教师只知道说壮语,不认识壮文,不具备开设壮文化课程的条件。同时,因为教师数量只能满足学生基础课程学习的需求,如果再开设相关的专门教授壮民族文化的课程,会加重教师的任务。那芙村小学没有壮文化课程,也没有英语教师,本应在小学三年级就开始学习的英语课程,由于英语教师的缺乏,即使有教科书,也不得不中断英语课程的学习。而大乐镇中心小学不仅开设了壮文化课程,同时英语课程也能正常开设,相比较于在乡镇中心小学就读的学生,那芙村小学的学生只知道壮语怎么说,但是不知道壮文怎么写,并且由于英语课程的缺席,升入初中后会有更大的学习压力,以及由于学习压力过大带来的一系列个性及心理发展的隐患。

六、广西象州县大乐镇那芙村学校教育的发展策略

那芙村小学作为五个村庄学生共同学习的幼小合体学校,长期以来与乡镇中心小学发展差异明显。那芙村小学学校办学基础条件差,教师工资低,住宿、饮食环境差等,都是留不住教师的主要原因。同时,由于一部分学生父母外出,学生留守在家,导致该校教师身兼多职,扮演多种角色,负担沉重。目前那芙村小学现有教师队伍年龄结构中中老年教师居多。我们认为,通过调整乡村的教育经费支出,引进年轻教师,搭建中心校与村小的教师交换平台,优化县城—乡镇—村小的教师资源结构,能有效推进那芙村小学教育均衡优质发展。

(一)搭建县城—乡镇—村小教师资源互换结构

村小地理位置偏、生活条件差、工资待遇低,一直都是刚毕业的年轻教师不愿前往任教的主要原因。年轻优秀的教师往往希望自己能留任县城或市区,以寻求更好的发展。针对这种情况,在县城引入年轻教师的同时,对已经有一定教学经验的教师,可以考虑适当地调换到所属的乡镇学校中,乡镇学校有了从县城调换的教师,在一定程度上,可以继续分拨一定教师名额到下辖的村小,改善村小教师缺乏现象,教师资源形成由县城—乡镇—村小交换的一个区域良性循环。在这种形式下,不仅能让刚毕业的年轻教师有一个心理缓冲准备,同时也能给乡镇和村小带去新的更好的教学方式,减小城乡教育之间的差距,改善村小缺乏教师的现状。因撤点并校后,目前的村小一般只有一到四年级,因此下调的教师可以以四年为一个循环,带完一整届的学生后申请往回调

动。对于那些积极申请下调的教师,在教师职称评定上可以给予一定的优先评选机会,同时,给予生活和岗位补助。此外,还可以联合当地的村委会,尽量解决下调教师住宿和交通不便利等方面的问题。如此,将可能在一定程度上解决村小教师缺乏的问题。

(二)提高村小教师职业吸引力以真正留住乡村教师

频繁的教师流动对学校和学生的发展是不利的,应通过提高村小教师的吸引力,使教师留村任教,这才是改变村小教师匮乏、提高教学质量的最终办法。其一,改善村小教师的基本条件,地方政府在教育经费上应有意识地倾斜,尝试采用"加权拨款法"来确保学校的基本开支,充分给予学校经费使用的自主权。[1] 其二,注重教师的个人发展。对不同学科的教师,制订科学、合理的培训方案,注重教师课程教学目标、核心内容的实际操作性。同时,根据学校的具体情况,在教师编制方面宽容对待,适当提高村小教师职称的各级比例分布。在县域教育均衡发展的情况下,尝试探索乡村小规模学校教师职称单独评定,充分考虑当地教师工作的特殊性,为其设定客观、合理的评定标准。[2] 其三,注重教师的专业发展,为村小教师后续职业发展提供更多的培训机会,同时对合格、优秀的教师给予相应的职称、荣誉称号,鼓励教师积极参加有关个人评优、评先等活动。[3] 还可积极建立村小教师岗位补偿机制,对教师的工龄进行补偿性的岗位补助,以岗位补助的形式平衡村小教师与乡镇、县城教师相比交通不便利、生活条件不好的差异。

那芙村小学作为一个壮民族小学,它反映出的包括学校民族文化缺失、师资队伍不健全、教师队伍老龄化、学校基本设备不齐全等方面的问题,广西很多村小都存在相似的现象。新时代下,如何在经济快速发展的同时,兼顾发展民族文化,提高村小教育质量,如何与时俱进,不断丰富和发展校园文化,提高学生的学习与认知能力,是我们在发展学校教育中需要不断思考和探究的议题。

---

[1]易洪湖.农村小规模学校教师队伍建设探新[J].教学与管理(理论版),2019(11):53-56.
[2]易洪湖.农村小规模学校教师队伍建设探新[J].教学与管理(理论版),2019(11):53-56.
[3]易洪湖.农村小规模学校教师队伍建设探新[J].教学与管理(理论版),2019(11):53-56.

第二章　壮美山歌:广西世居壮族村落教育研究

·第三章·
银色光芒：广西世居苗族村落教育研究

一、广西苗族概况

世居广西的苗族已有 2 000 多年的历史。据第六次全国人口普查结果显示,居住在广西的苗族人口有 395 085 人,主要聚居于融水苗族自治县、隆林各族自治县、三江侗族自治县,以及散居在龙胜各族自治县、资源县、融安县、南丹县一带。在炎黄传说时代,黄河下游和长江中下游一带出现了以蚩尤为代表的九黎部落。《世本·作篇》有述:"蚩尤以金作兵。"①在蚩尤死后,战败的九黎部落开始向南迁徙,形成了后来的苗族。因此,苗族人将蚩尤供奉为自己的祖先。例如,广西融水举办的拉鼓节就是为祭祀祖先(蚩尤)而形成的。

苗族人喜依山而居,并且将山经营得很精致。苗族迁至西南山区后,根据山区的特点,首先是采取轮耕的方式(人们所说的"刀耕火种"),开始粗放地经营起旱地生产。为了获得食物,他们终日挖山不止。② 苗族人在居住区域背阳的山坡种植竹子、茶油树、枫树等,而向阳的山坡因为地形原因和生活需要,被开垦成了一层层梯田,用以种植水稻等农作物以及饲养鱼类。苗族建筑也因地势形成独具苗族特色的吊脚木楼。吊脚楼分上下两层,上层就地取材铺上木地板,并用木桩和木条筑成房子四周,屋顶则使用瓦片或杉木皮,而下层使用木桩作为支撑。上层人居住,下层则饲养家禽或放置杂物。

---

①严凤华.广西世居民族文化丛书 风起苗舞[M].南宁:广西民族出版社,2010:11
②石朝江.中国苗学[M].贵阳:贵州人民出版社,1999:99

苗族人习惯聚居生活,并形成独具文化特色的苗寨。苗族人会在苗寨平坦空旷的地方竖起一根粗大的芦笙柱(现在大多由水泥筑成),并在芦笙柱顶端放置一个雕刻好的飞翔样式的脊宇鸡。脊宇鸡是苗家的崇拜物,是苗族人的标志。另外,芦笙柱上的水牛角是相亲相爱、和谐友好的象征,同时是"后生家"(指年轻人)的化身,表示年轻人要具有身体强壮、意志顽强等优良品质。苗族芦笙柱寄托着苗族人民的共同心愿,是苗族文化的重要象征与文化符号。在特殊节日,如苗年、斗马节等,苗族人在以芦笙柱为中心的芦笙坡上举行庆典,踩芦笙。凡生活中重大事情,如春种秋收、婚嫁丧葬、集会庆典等都要吹笙合舞,而不同的活动内容有不同的芦笙曲调和芦笙舞蹈。[①] 同时,苗族人对动物的尊重与崇拜,是秉持着万物有灵的观念,也是其对自然崇拜、图腾崇拜的体现。苗族人崇拜自然,认为一些巨型或奇形的自然物是一种灵性的体现。其中较典型的自然崇拜物有巨石(怪石)、岩洞、大树、山林等,体现出苗族人对自然的尊敬与爱护。苗族人对自然物体的敬畏也体现在苗族图腾文化中,他们把水牛、黄牛、枫树、太阳等物绘制在衣服和银饰上,形成独具特色的图腾文化。

苗族人拥有丰富多样的节日,有拉鼓节、苗年、打同年、坡会、芒哥节、新禾节、闹鱼节、芦笙斗马节等。在广西的苗族节日中,较为特别和隆重的是融水、三江苗族的拉鼓节,它是按照鼓的大小划分来举行庆典活动的。大鼓长约一丈三,每十三年举行一次;而小鼓长约七尺,每七年举行一次。这两个节日都是在农历十月举行。拉鼓节的主题是祭祀,活动的步骤一般分为箍鼓、唱鼓、拉鼓和葬鼓。鼓大多用泡枫树制作而成。在活动开始之前,由苗寨中的年轻男子结伴去砍泡枫树,进行箍鼓制作。到了第二天唱鼓,唱鼓是拉鼓节重要且用时最长的阶段,分为小鼓五天,大鼓九至十一天。之后的拉鼓是节日的高潮部分,拉鼓和拔河类似,你拉我拽。最后是葬鼓,要把鼓抬到收藏鼓的洞穴或鼓棚里存放即可。第二个隆重节日为苗年,苗年是苗族的传统节日,有庆祝丰收和祈求来年风调雨顺、五谷丰登的意思。苗年与春节过年有许多相同之处,如办年货、宴请亲朋好友相聚、放鞭炮、祭祖等。它的特殊之处在于,苗族人会在芦笙坡上开展吹芦笙、踩歌堂、斗牛、斗马、斗鸡、舞地龙等活动,同时还伴随着"吃同年"的个人走访活动。闹鱼节是新禾节的高潮部分,如每年农历六月中旬,融水苗族自治县红水乡良双村的苗族人就会举办闹鱼节。苗族人会将事先准备好的鱼放到河里,人们就可以开始抓鱼,并会向人群泼水,场面极为热闹。同时在闹鱼节期间还有斗马、唱苗歌、斗鸡等活动。这都体现了苗族节日文化的独特性与丰富性。

广西苗族人拥有极具特色的饮食文化。饮食文化,作为民俗文化重要的组成部分

---

①贾晔,邵志忠.苗族传统节日文化[J].广西民族研究,1994(04):36-46.

和文化的主要表现内容之一,它的结构、方式、发展水平和风尚直接反映一个民族的饮食状况,反映该民族利用自然、开发自然的特点和成就,以及一个民族的文化素养和创造才能。① 首先,苗族人喜食酸,有酸鱼、酸肉、酸鹅、酸糟虾、酸鸭和酸菜等酸食,酸食是苗族人每日的必备菜品。苗族人喜食酸的原因,一是他们大多居住在山区,离集市较远,以前交通不便,把食物储存在坛子里,更容易保存。二是他们劳作的地方离家远,一般干活就是一整天,需要带饭到田地里,唯有酸食在炎热的夏天不会馊,并且携带方便。三是他们的主食多为糯米或玉米,不易消化,酸食既可促进消化又可消暑提神。相比于其他酸食,苗族人更喜食酸鱼,因为鱼在死时眼睛不闭,象征着夫妇爱情忠贞,相濡以沫。所以在办喜事时酸鱼是必不可少的一道菜品。其次,苗族人有句俗语“杀羊不吃羊瘪,等于没杀羊”。② 羊瘪是苗语里一种食物的名称,其实它就是羊汤。它的独特之处在于,将羊小肠和羊胃里没有完全消化的草和胃液加入姜、酒等配料一起熬制,也称为羊瘪汤。苗族人对羊瘪汤情有独钟,他们认为山里长百草,百草可治百病。羊吃了百草,吸收了百草之精华,具有祛湿消炎功效。苗族人认为喝羊瘪汤是一种享受,只有贵客来了才做来吃,喝羊瘪汤被视为一种贵宾待遇。

在服饰方面,广西苗族有多种支系,因此服饰上各不相同,但大体相近。男子的服饰较为简单,以深绿色为主调,像绿叶一样;男子多穿长裤,束腰带,扎深色头巾。女子服饰则像花一样,颜色鲜艳且多样,一般是右对开大襟衣,长到腰间,下身多是穿百褶裙或较为宽阔的短裤。苗族姑娘喜欢穿一种汉语名为亮布衣,苗语称为“多列”的上衣。亮布衣是以蓝靛和牛皮胶水作为原材料混合制作而成。衣服平时的颜色呈暗蓝色,而在阳光照耀下则呈现出一片片耀眼的光芒,且有一丝暗紫色。在装饰物方面,苗族人喜欢银饰,银饰在形状上多为龙凤、鸟兽、鱼虫和花草。在类型上有头圈、颈圈、胸牌、手镯、戒指和耳环,总量达六到八斤,戴在身上发出万道光芒,神气十足。苗族银饰气势磅礴,形态万千,光彩夺目,可谓中华民族工艺文化之瑰宝。在手工方面,有挑花、刺绣、织锦、蜡染和编织。在这些手工中,苗族妇女最会蜡染,同时也是最有名。蜡染制作复杂,技术要求较高。苗族妇女蘸着蜡溶液在自织的白布上画上喜欢的图案,然后将布渗入蓝靛染缸中着色,再加入薯莨汁和蛋清,晒干后,将布加水煮至脱蜡,蜡染的工序就此完成。苗族服饰至今还保留有多种古老的制作工艺,这些技艺既是苗族人因地制宜造物智慧的体现,也是其民族对如何理解与处理人与自然关系的体现。③

①陈刚,王烬.人类学视角下的饮食文化变迁——以云南省文山苗族为例[J].民族学刊,2017,8(02):34-41.

②严风华.广西世居民族文化丛书·风起苗舞[M].南宁:广西民族出版社,2010:67.

③陈月巧.苗族服饰文化传承与创新研究[J].贵州民族研究,2021,42(02):101-107.

二、广西苗族教育概况

苗族传统社会的文化传承是"文化濡化"的过程。即人们学习和继承传统文化是在日常生活与生产的实践中受到整套苗族传统文化与习俗的熏陶、濡染而自然习得的。[①] 广西苗族教育的发展与苗族社会发展息息相关,并在家庭教育与社会教育两方面体现得极为明显。且因受到国家民族教育政策的关照,广西苗族学校教育具有自己鲜明的特色。广西苗族教育主要由家庭教育、社会教育、学校教育三者组成。

(一)广西苗族的家庭教育

广西苗族早期的家庭教育主要由长者与拥有丰富生活经验的老人传授,他们主要负责对青少年进行家庭教育,教授内容为日常生活常识,教授方式为口耳相传。随着广西苗族的不断发展,家庭教育的内容也丰富起来,有道德教育、礼仪教育、历史教育、生活知识教育、自然知识教育。在孩子学会说话时,父母开始循序渐进地教授道德、礼仪等相应的家庭教育内容。例如"努堆"(苗语,在火塘边地面上祭祖),苗族家庭在每年的大年初一都会举行"努堆",也就是祭祖。在"努堆"活动中,关键环节为由家中长者念祭祖词,祭祖词内容为十几代祖先的事迹或功绩等,每年都如此。从家庭教育角度来说,对孩子进行家族史、家族优秀传统的传承教育,是一种优良家庭教育的体现。家庭是孩子受到教育的首要场所,苗族人通过家庭教育可以更好地传承本民族文化知识。

(二)广西苗族的社会教育

广西苗族早期的社会教育与早期的家庭教育相似,没有专门的教育机构、教育场所和教育人员。教育者主要由长者担任,在教育内容上也相对简单且较为原始,教育方式也多为口耳相传。随着社会的不断进步,社会教育日臻完善。广西苗族社会教育在形式上变得多种多样,主要有"立岩"(苗语,依直)、芦笙坡会活动等。如芦笙坡会活动,是一个大型的社会活动,在其中既要进行芦笙表演,又要知道芦笙的古理等知识,同时参与该活动是提高儿童社交能力的一种有效途径,也是加深儿童对本民族文化和历史的认识和理解的过程。

"友嘎"活动,是家庭教育与社会教育有机结合的一种活动。每年秋收后的一段空闲时期,家长会提醒孩子到山上和其他家小孩合作挖树蔸,再晒干,等到除夕时,一群小

---

①袁定基,张原.苗族传统文化的保存、传承和利用[J].西南民族大学学报(人文社会科学版),2004,25(04):17-23.

伙伴到各自堆放树苑的地方,燃烧篝火,庆祝新年的到来。在活动中,培养了儿童团结互助、和善友好、乐于竞争和勇于拼搏的精神,同时提高了他们的劳动能力。

(三)广西苗族的学校教育

1.早期的私塾教育

因为苗族没有本民族的文字,所以用汉语进行教学。同时广西苗族学校教育开设时间较晚。例如,融水县苗族山区的学校教育是从清朝末年才开设,据有关史志记载,安太乡、滚贝乡等地在清末率先开办私塾。民国时期,苗族各村屯相继开办私塾40多处。私塾的类型主要有两种:一种是教师自己开设的学馆,接收本村或附近村屯的儿童入学;另一种是地方豪绅聘请塾师到家中教授自己的子女。教学内容多为《三字经》《百家姓》《千字文》等儿童启蒙书。

2.正规的学校教育

民国时期,国民政府制定了将苗、瑶等少数民族划为"特种部族"的教育政策,主要采取武力镇压与教育两者并行的方式,实行"特种教育"。新中国成立后,涵盖幼儿教育、普通教育、成人教育和职业教育等的民族教育体系形成。同时,在民族教育方面设有寄宿制民族高小班、寄宿制民族高中班、少数民族女童班、寄宿制女子初中班等。广西苗族教育发展困难的主要原因:一是地理环境造成苗族山区教育具有偏远性和分散性特点。广西苗族大都依山而居,交通不便,直接导致其教育发展滞缓。二是现实生产生活状况造成对教育需求层次较低,因受限于山区的生产与经济发展滞后,导致高水平人才的需求量很小,间接限制了苗族教育的进一步发展。

总体而言,广西苗族同样遵循着人与自然和谐共生的美好传统,并随处洋溢着共生教育的气息。广西苗族人与自然的共生主要体现在人与山的共生、人与水的共生以及人对自然的崇拜上。第一,人与山的共生体现在苗家建筑和梯田方面。例如,苗族的吊脚木楼根据地势分上下两层,建筑材料就地取材使用木材,体现出苗族人在居住与生活中考虑到地势、气候等自然因素的影响,对现有的自然环境并未进行多大的改动,而是遵循自然原有样貌,实施农耕作业与生活,尊重自然,使人与自然融为一体。第二,人与水的共生体现在苗族人的耕作中,在禾田中放养鱼,鱼与水稻一同生长,鱼与禾苗和谐共处,实现鱼稻共生。第三,苗族人与自然和谐共生也体现在苗族人的自然崇拜、图腾崇拜的信仰中,其与苗族人的生活、观念、风俗、习惯等方面都息息相关。苗族人对大自然的依赖与敬畏,以及世界万物皆有灵的思想一直在影响着世世代代的苗族人,促使苗族人养成爱护大自然、珍惜生命的习惯,从而实现人与自然的和谐共生。

广西苗族的人与自然和谐共生教育主要体现在家庭教育、社会教育中。在家庭教育中讲授礼仪、历史、生活知识、自然知识等,从小对孩子进行人与自然和谐共处的知识传授。特别是在自然知识教育方面,苗族人尊重自然,顺应自然,利用自然并与自然和谐相处。通过社会教育中的芦笙坡会活动等,对孩子进行民族文化教育,讲解芦笙的由来、芦笙柱所蕴含的意义,加深他们对本民族文化和历史的理解与认同。特别是在对芦笙柱的讲解中,认为动物是一种美好、善良的象征。通过对象征物的解释,从小培养孩子对动物的喜爱之情,潜移默化地形成人与自然动物和谐共生的意识,从而实现人与自然和谐共生的教育目标。

综上所述,苗族的人与自然和谐共生教育主要有潜在性、丰富性、多样性等特点。这些教育内容与形式都生动体现了苗族人对自然、对文化的尊重与传承,深刻揭示了苗族人"靠山吃山,依山育人"的共生教育价值取向。

三、广西融水苗族自治县香粉乡雨卜村历史发展概况

雨卜村位于广西融水县香粉乡中北部,广西元宝山东南麓,距乡政府所在地 5 千米,距县城 38 千米。全村总面积 9.7 平方千米,是以苗族、侗族为主的少数民族聚居村,苗族占全村总人口的 95%,辖 7 个自然屯。

(一)雨卜村苗族的来源

雨卜村是苗族、侗族、汉族等杂居的村落,根据苗族老人对于他们族群的来源与迁徙的说法,都与元宝苗族的来源有很大的关联。雨卜村的苗族有贾、潘、杨等姓氏,均属麻布苗支系。"麻布苗"之称据说最初起于汉人,因为外族人询问他们什么东西之时,他们都回答"麻布西",意为不知道,因此而得名"麻布苗"。后来一直沿用至今。根据访谈发现,雨卜村的苗族主要从贵州、湖南迁到元宝,然后再由元宝分支至雨卜村,苗族的迁徙大都是因为生活所迫和民族压迫所致。

(二)1949 年前的雨卜村

在农业经济方面,雨卜村因地形地势与高寒气候的原因,大都是梯田与槽田交错分布,故而主要的农作物有水稻、木薯、芋头和红薯,其次是玉米和荞麦等。雨卜村人喜吃糯米饭,因而较多的种植糯谷。因为山区气候暖迟冷早的缘故,水稻只能种植一季,并

且稻谷的产量不高。总之在 1949 年前，一年下来，雨卜村的村民不一定每天都能吃上白米饭，会掺杂芋头与木薯等杂粮度日。主要的生产工具有铁制、木制和竹制三种。另外，1949 年前的阶级分化并不像汉族地区这么明显，但也分地主、富农、中农和贫农等阶级。从各阶级对生产资料的占有情况来看，地主与富农占有大多数的田地。

在语言方面，雨卜村的苗族虽然没有本民族的文字，但有自己民族的语言，很多老年人和妇女都不会说汉语，但因与侗族等民族杂居的原因，会说一些侗族语言。

在婚姻制度方面，苗族的很多男女主要在劳动和走寨的过程中，特别是通过"坐妹"唱歌等形式来建立情感。同时苗族还有一种"不落夫家"的习惯，在结婚之后，女方要在父母家住上一到五年不等，生了孩子才去男方家生活。

（三）雨卜村的现况

2018 年雨卜村被认定为深度贫困村，其包括辖卜令、卜令沟、雨伞、东兴、乾翁、乾如、牛塘 7 个自然屯 13 个村民小组，共有 352 户 1 281 人，其中苗族人口占总人口的 95%。全村土地面积 9.7 平方千米，耕地面积 1 982.9 亩，其中水田 1 081.5 亩、旱地 901.4 亩，林地面积 10 451 亩。粮食作物以水稻为主，经济作物以杉木、毛竹为主，经济来源以外出务工、旅游收入、木材为主。雨卜村设有 1 个党支部，3 个党小组。在贫困情况方面，2020 年初剩余贫困人口 6 户 22 人。全村现有低保户 32 户 82 人，五保户 8 户 8 人。

在教育方面，首先是成人教育，1949 年后雨卜村便开展了扫盲班，苗族人特别是妇女获得识字教育的机会，大多能拥有小学文化水平。其次是职业教育，政府组织青年参加厨艺、刺绣等一系列的培训。同时，村委会每年都放映农村公益性的电影（如苗语版的《凤凰谷》《寻找刘三姐》等），促进苗语的传承。再次是义务教育，村里有小学（教学点）1 所，2019 年下学期 1—3 年级在校学生 35 人。全村无学生辍学。

在语言方面，通过访谈发现，虽然有一些老人不会说普通话，但大多会使用西南官话。除了会讲苗语，部分村民由于通婚、杂居等也会说一些其他少数民族的语言。

在产业扶贫方面，雨卜村根据自己的地形地势等方面的优势，主要发展优质水稻、杉木、鱼和螺蛳等种养殖项目。

在基础设施建设方面，雨卜村完成苗族吊脚楼保护 120 栋，苗族寨门、观景长廊、青石板路、路灯、芦笙坪、排污沟、公厕等基础设施得到完好修缮和保护。

在乡村旅游方面，雨卜村是典型的苗族村落，雨卜苗寨是融水非常著名的旅游景区。苗族民居、农耕文化、服饰文化、饮食文化、芦笙斗马文化等苗族民俗文化资源丰富。该村依托美丽的自然风光和浓郁的苗族风情，开发民俗旅游业，是融水县发展旅游较早的行政村之一,也是融水县少数民族民俗风情旅游窗口。目前全村共有 30 多家农家乐。雨卜村采用"非遗+扶贫"模式,实现文化旅游共赢。利用传统礼仪、节庆、民俗等非遗资源,搭建集培训带徒、宣传展示、旅游体验等一体化的平台。如蜡染传承人梁桂秋、贾霞利用非遗文化平台——苗族蜡染传承基地,供游客欣赏体验,吸引游客购买蜡染产品增加收入。苗族刺绣传承人梁小哲向苗族绣娘、小学生以及村屯留守妇女传授苗绣蜡染技艺,在传承文化的同时,让留守妇女掌握了手艺,为脱贫增收打下了基础。目前,雨卜村有区级非遗传承人 3 人,市级非遗传承人 1 人。每年正月十七卜令苗族坡会、五一、国庆黄金周等,吸引游客 8 万余人,促进当地消费 700 万元。此外,在集体经济方面,雨卜村在党支部书记的带领下,于 2018 年 5 月成立了雨卜村村民合作社,与当地的龙雨山庄抱团发展,发展村集体经济。雨卜村村民合作社利用上级下拨的村集体经济 50 万元财政资金入股龙雨山庄,将收回红利留存 50%作为滚动发展资金,剩余的 50%作为村级的各项活动、公益事业、资助慰问贫困户等资金。

雨卜村于 2007 年被评为柳州市"十大最美丽乡村",2011 年被评为柳州市"精品美丽乡村"。雨卜村于 2012 年荣获自治区"名村名镇"称号,2014 年荣获"中国少数民族特色村寨"。雨卜休闲度假村景区于 2006 年 11 月被评为"全国农业旅游示范点",2010年 11 月荣获"国家级 AAA 景区"称号。

四、广西融水苗族自治县香粉乡雨卜村学校教育概况

广西苗族雨卜村小学创办于 1946 年,曾命名为国民基础学校、育英学校,现名为"融水苗族自治县香粉乡雨卜村宝洁希望小学",因宝洁公司捐赠建校而得名。2004 年宝洁公司捐赠 18 万元于 2005 年建成新教学楼,学校校址现位于元宝山脚下,六甲河畔,占地面积 2 585 平方米,教学楼建筑面积为 560 平方米,一共两层楼,现在二年级使用的是一楼的一个教室。校门进来的左手边有两个平房,一个是教师办公室,一个是原来的图书馆。

2019 年下学期 1—3 年级在校学生 35 人,教师 3 人,全村无学生辍学。后来因为部分一、三年级学生的家长将学生送到香粉乡中心小学读书,因而一、三年级的学生数不够,所以一、三年级撤销。之前二年级为 7 名学生,但有一位学生因为父母都在外打工,没人接送,因而转学到香粉乡中心小学,成为一名寄宿生。因而,目前在校学生为 6 人,其中女生 1 人,男生 5 人,而且 6 个学生都为二年级学生,皆为苗族,其中留守儿童 2 人。

普及九年义务教育实施后,全村的适龄儿童的就学率为 100%,无一人辍学。学校里只有一位 50 多岁的男教师、一位做免费午餐的员工和二年级的 6 名学生,学校一共有 8 人。

在教育硬件方面,雨卜村小学距离雨卜村村委会有 1 千米的距离,距离村中心也很近。香粉乡中心小学距离雨卜村有 6 千米。在学校食宿上,雨卜村小学实施走读制,没有住宿的设施。现在国家实施乡村学生免费午餐,学校有专门的工友在食堂做午餐,学生可以免费食用。在信息技术的使用上,当前小学因为网线老化,网络不稳定,同时网费归香粉乡中心小学管理,现在电脑不能正常联网,仅有的一台电脑也只能使用文档输入等无须网络的日常功能。信息技术的使用概率不大。在饮水问题上,学校食堂旁有一个热水容器,学生可以使用热水,较为健康,教师则在自己办公室有热水器和饮水机可以使用,较好地解决了师生饮水问题。在送教下乡方面,每个学期香粉乡中心小学都会派一些优秀教师到这上课,有语文、数学、美术等学科。上课的类型以公开课为主。在公共卫生环境方面,在小学的校门有两个大型的垃圾桶,方便倒垃圾。每个教室都有一个大的红色塑料的垃圾桶。食堂前有一个洗手台供学生使用。虽然学校有一些杂草,地面也不是很平整,但是很干净。星期五的下午是专门的大扫除时间,保证了校园环境卫生。

在乡土文化与非遗方面,学校主要在装潢上布置了一些苗族的元素,同时开设了一门苗族口语课程。学校所在的雨卜村拥有县级创业孵化基地 2 个,巾帼扶贫车间 1 个,蜡染基地 1 个,区级非遗传承人 3 人,市级非遗传承人 1 人。虽然雨卜村拥有大量的乡土文化与非物质文化遗产的资源,但雨卜村小学没有开设专门的非遗传承课程,也没有开展与乡土文化和非物质文化遗产相关的校园活动。在乡土文化与非物质文化遗产传承方面的事务基本上由非遗传承人或者村委来推进。例如,苗族刺绣传承人梁小哲经常在闲暇之余向苗族绣娘、小学生以及村屯留守妇女传授苗绣蜡染技艺。小学生亦是通过这样的方式了解到乡土文化与非物质文化遗产的魅力。同时也通过村里举行的大型活动等方式了解自己本民族文化与乡土文化。

在教育开展方面,课程很难开足开齐,由于学校师资不足,尤其是没有英语教师。国家教育政策规定,三年级应教授英语,而因为没有英语教师的原因,将三年级撤销。之前三年级的英语课程是由香粉乡中心小学派一名英语教师教授,在英语教师没有课的时候才每周来上一节英语课。由于村里小孩普遍使用苗话交流,普通话相对较差,因而每个星期都有一节口语课(教普通话),但没有开设专门的苗语课程。原来按照上级的规定开设了语文、数学、美术、体育、思想品德、音乐、综合实践的课程,但因为受疫情的影响,小学5月份才开学,因而只开设了数学和语文两个主要科目,以及一个星期上一到两节体育课。由于当前学校只有1名教师和6名二年级学生,所以尚未进行校本课程的开发。师生关系和谐融洽,因为师生人数都较少,在学校师生接触较多,师生之间建立了深厚的感情。因为小学没有寄宿制,都是走读制,所以下午4点30分放学后,晚上不进行晚自习。因此并未对留守儿童进行特别的辅导,只是对他们给予生活上的关心。

在师资条件方面,2019年的3名教师都为老龄教师,其中有1名教师为汉族,2名教师为苗族。现在仅有的1名教师是一年前刚从香粉乡中心小学调来的,这位男教师51岁,有编制且教龄已超过30年,家在雨卜村附近的村落,对雨卜村的情况较为了解。师生的比例为1∶6。教师能力提升的途径主要有每一学期到香粉乡中心小学去学习、培训以及学习网络的继续教育课程。小学实行的是教师包班制,现在二年级的语文、数学、思想品德、音乐、美术的课程都是由一位教师完成。体育课程因没有专业的体育教师,均以学生自由活动为主,如自己打球、跳绳等。综合实践课程也是让学生自行活动,或是用于上语文、数学等主课。

在教师培训方面,教师的培训主要有信息技术培训、教学培训、普通话培训、对外教学交流、网络培训等形式。信息技术培训主要是在县里进行;普通话培训主要是针对中青年教师,大多为50岁之前,老龄教师大多不再参加培训。网络培训是每个学期、每个教师都要进行的培训,主要有国家安全教育、国防教育等。而教学培训主要是在香粉乡中心小学进行的现场培训。教学交流主要有两个方面:一方面是教师去到柳州市小学等地方听其他学校教师上课;另一方面是每个学期香粉乡中心小学的几个教师到雨卜小学讲课,其中有数学、语文、美术等课程。

在学校设施设备方面,设施设备主要包括教学设备、体育设施和器材以及图书等资源。在教学设备上,目前学校拥有旧电脑3台,打印机2台(其中电脑只有1台可以使用,2台打印机都无法正常使用),DVD机1台,39英寸彩色电视机1台,二年级教室有1个电子显示器。体育设施和器材:1个水泥篮球场、单双杠、1个滑滑梯、4个乒乓球台、篮球、排球、羽毛球拍、乒乓球拍、美术画具。地面已有破损的水泥篮球场和草丛中的单双杠都是由宝洁公司和柳钢于2005年之前捐赠的,年代比较久远。在图书资源建设方面,2007年学校有图书650册,而此次我们考察时,学校的图书室已变成杂货间,里面一些布满灰尘的图书、体育器材、美术用具、柜子、纸箱子等物件都是杂乱无序的,已不向学生开放。此次观察到的二年级教室,虽然拥有1个电视显示器,但较少使用,且讲台由两张桌子构成,较为简陋。

在教学质量方面,由于现在雨卜村小学只开设有二年级,到三年级,学生都升入香粉乡中心小学学习,所以升学率为100%。在毕业去向上,前几年香粉乡中学没被撤销时,大多数香粉乡中心小学毕业的学生到香粉乡中学接受初中阶段的教育,少部分成绩好的学生到融水县城的中学学习。现在,香粉乡中心小学毕业的学生全部到融水县城里接受初中阶段的教育,学生主要分布在融水民族中学、思源中学、丹江中学。高中阶段的教育主要看家长与学生的意愿,现在村里对孩子的教育很重视,因而继续读高中的人数增多。高中阶段教育,学生主要分布在融水中学、融水民族高中。

五、广西融水苗族自治县香粉乡雨卜村学校教育问题分析

由于广西苗族雨卜村是一个以少数民族著称的村落,雨卜村小学存在于一个多元化的环境中。根据对雨卜村小学的实地调查和与教师的访谈发现,雨卜村小学存在着一些亟待解决的问题。

(一)学校的设施设备陈旧

雨卜村小学在教学设备上较为缺乏,与此同时,学校的办公设备虽多,但能正常使用的设备较少。在运动器械上,篮球架和单杠等都较为老旧,甚至有的已生锈。出现教学、办公和运动设备陈旧与缺乏有以下原因:一是该校因为教师与学生数量的减少,正面临着撤点并校的情况,因而香粉乡中心小学对该小学在设备上不够重视,没有配备足够的设备,也可能考虑到不久后该小学可能被撤并,再投入设备,会造成浪费。二是教师难以提高对设备的使用率。雨卜村小学现仅有1名教师,首先他要关照整个学校的正常运转,既管教学又要管学校的管理与会计工作,身兼数职,无法全部兼顾到位。其次由于该教师是一位五十多岁的年长教师,对于很多教学设备都不熟悉,因而对教学设备的购买与申请不会太积极。如,教师不会熟练地使用计算机和有效利用体育设备。

(二)现有的图书资源未能充分利用

在调查中发现,学校拥有一个图书室,但是进到图书室发现,里面既有图书,又有运动器材、画具,甚至有一些厨具、废纸箱。这些东西将整个图书室填充得满满当当,没有一丝可用的空间。图书虽然比较完好地摆放在书架上,但是书籍都布满灰尘,甚至有的书架上还有一些蜘蛛网。不过图书的数量与种类较多,既拥有像四大名著这样经典的

文学作品,也有一些像儿童绘本的较为易懂的书籍。据学校的教师在访谈中所说,他来学校报到时,之前在校的教师没有将相关事宜交代清楚,并且从他到来之时起,图书室的摆设就是现在的模样。因而他也没有做过多的改变。这样看来,图书室已荒废多年。加之学校学生和教师人数的减少,教师对此的重视程度不足与疏于管理,导致当前所拥有的图书难以发挥该有的价值,减少了学生拓宽视野和形成良好的阅读习惯的渠道。

(三)现有的学生数量较少,形成空巢化趋势

雨卜村小学现有学生6人,数量相当少。在与村干部的交谈中发现,整个村落实际上共有352户1 281人,但单身男士有200—300人,占整个村落的15.6%—23.4%,这在一定程度上影响了孩子数量的增长。再者,雨卜村距离香粉乡仅6千米,而且都是平坦的柏油路,每隔半个小时就会有一辆公交车往返两地,加之当前很多雨卜村的家庭都拥有小汽车,可以每天接送孩子上下学,交通便利,所以学生外流较为严重。在走访村落中发现,当前很多年轻一代人的想法已发生改变,他们非常重视教育,认为香粉中心小学的教育资源比村小教育要好得多,大多愿意让孩子到中心小学读书,让孩子学到更多知识,认识更多的同学。还有一种情况是很多外出务工的家长无法接送孩子上下学,也不能在身边照顾孩子,因而会将孩子送到香粉乡中心小学寄宿,以方便管理。甚至有些较为富裕的家庭会让孩子到县城或是大城市接受教育。以上种种原因都导致雨卜村小学的学生人数逐年减少,形成了空巢化的趋势。

(四)师资缺乏,年长教师缺乏一定的主动性和积极性

雨卜村小学在2019年时有3位教师,其中一位教师退休,另一位教师轮岗到其他学校。加之三年级被撤销、一年级没有学生,因此中心校未派教师到该小学,以至于2020年时学校只有一位教师。因为当前很多教师退休,而年轻教师的数量少,青年教师的流动性较大,导致中心小学的教师严重不足,无法将教师安排到雨卜村小学。还有一个原因是,很多青年教师不愿到村落教学,这也是导致村小教师缺乏的主要原因。在与雨卜村小学教师的交流中发现,他从中心小学调到这里是因为想减轻压力,并希望可以在村落小学工作到自己退休,只是想安安稳稳地工作到退休。这位教师已到了职业发展后期,在教学与学校管理上缺少积极主动作为的动力,加之未有青年教师的加入,缺少新鲜的血液,从而无法触发年长教师的积极性与主动性。

（五）学校中民族文化的元素不凸显

雨卜村是一个典型的以苗族文化而著名的村落。雨卜村苗族民居、农耕文化、服饰文化、饮食文化、芦笙斗马文化等苗族民俗文化资源丰富，同时有多项非物质文化遗产，拥有区级非遗传承人3人，市级非遗传承人1人。当前，学校中所表现出的苗族文化元素仅限于在教学楼前的一个苗族元素的图标和有一门苗语口语课程。在校园中，并未发现任何其他的苗族元素。苗族元素未能在学校得到充分展现，主要原因如下：一是学校本身不重视苗族文化的传播，对苗族文化和其重要性不够了解。二是在苗族文化课程的开设方面，因为教学点的教师人数较少，同时教师都是较为年长的，而且有的教师不是本地人，甚至不是苗族人，对于苗族文化不是很了解，并且也没有在学校传承苗族文化的意识。三是学校一直未有传承苗族文化的传统，也没有进行过苗族文化传承方面的活动。四是学校的基础设施较少，像校园板报这样的宣传工具都没有，更不用说校园文化长廊，这也限制了苗族文化的传播与展示。五是学校尚无经费去落实苗族文化的传承工作，如一个芦笙就需要至少1 000元的制作费。六是很多教师对苗族文化的了解不足，同时没有实施文化传播的经验，因此很难对学生实施苗族文化方面的教学。

六、广西融水苗族自治县香粉乡雨卜村学校教育的发展策略

村小是农村精神文化融合创生、文化传承变革的重要社会机构。[①] 村落小学教育的可持续发展是保障农村，特别是边远农村的孩子接受教育的重要措施。村落小学是农村教育的重要场所，是促进城乡教育均衡发展的重要场所，对农村教育起着举足轻重的作用。因此，很有必要寻求其振兴发展之路。

（一）撤点并校理念下村小的可持续发展

没有学生就撤并学校，这是农村教育的发展趋势，但是村小不仅仅是农村教育的载体，同时也是村落文化，或是乡土文化、民族文化的重要载体，有必要被保护、维持、变革与发展。因为村小对于农村文化的建设和农村文化的传承与发展都起着非常重要的作用，同时也是保持城乡间的文化均衡的重要手段。因而村小的存在拥有巨大的文化价值，雨卜村小学亦是如此。要促进村小的健康可持续发展，首先，需要政府和教育部门

---

①龙宝新.村小"消逝"现象的文化学思考[J].中国教育学刊,2012(06):12-16.

给予村小足够的关注,并给予一定的政策与资金支持,如设立村小教育专项计划去实现村小的可持续发展。同时,在资金的使用上要坚持具体问题具体分析的原则,给予村小一定的自主性。其次,要加大学校设施设备的投入,通过专项拨款或是企业等捐赠,完善学校的基础设施建设,特别是在教学设备上的完善,促进村小更好地实施教学。

在图书的使用与管理上,首先,要完善整个图书的结构,在学校的运行资金中分划一部分资金用于图书的采购上。同时学校要设置一个管理图书的规则,例如,学生在何时、以什么样的方式借书,借书的手续、借书的期限等,并且可以运用当前现代科技对图书实施信息化的管理。其次,要对图书室图书进行合理的安排与摆放,不能荒废图书室。此外,可以通过举行一个捐书活动,例如,面向社会举办一个捐书活动,以增加图书的数量,丰富图书的种类。同时图书室也可以向村里开放,从而更好地利用图书,拓宽学生和村民的视野。

在校园环境方面,雨卜村小学有一个志愿者活动的壁画,非常温馨。显然,为了改善校园环境,一方面可以积极宣传志愿活动,借鉴之前的经验,与志愿者队伍取得联系,形成良好的合作关系。志愿者活动既能美化校园,同时也可以让学生学习到类似画画等知识与技能。另一方面增加学校的硬件建设资金投入,加强校园美化,以宣传栏等形式实现民族文化进校园,促进民族文化的传承与保护。

(二)加强村小教师队伍建设

当前学校教师数量少,加强教师队伍建设是非常必要的。加强农村教师队伍建设,提高农村教师职业吸引力是关键环节。当前教师参加公招考试的主要原因在于经济收入、生活与工作环境、职业压力、职业偏好等方面。

这些原因既有联系又有区别,但从增强农村教师的职业吸引力方面来说,首先,要提高农村教师的工资待遇,增加农村教师的各项补贴。提高农村教师待遇是能留住教师的首要措施。同时要加强农村教师的住房保障体系建立,建设或是修缮教师宿舍,提高农村教师的生活环境与质量。此外,从学校到乡镇要有平坦的公路以及便捷的交通工具,便于教师实现城乡流动。

其次,要提高教师的社会地位,弘扬尊师重教的传统美德。习近平总书记在全国教育大会上强调,建设社会主义现代化强国,对教师队伍建设提出新的更高要求,也对全党全社会尊师重教提出新的更高要求。[①] 因而提高教师的社会地位,特别是乡村教师

---

①赵明仁.如何解决农村教师"留不住"的问题[J].湖南师范大学教育科学学报,2019,18(06):55-59,76.

· 65 ·

第三章 银色光芒:广西世居苗族村落
教育研究

的社会地位是至关重要的。虽然现在农村地区也重视教育,但是有些村民在尊重教师方面还是有待提高的。因此需要国家、政府相关部门的引导,营造一个尊师重教的氛围,如大力宣传优秀教师的事迹,特别是乡村优秀教师的事迹。这样的正面宣传,使得社会大众加强了对教师职业价值的认同,从而形成一个良好的尊师重教的文化。

再次,要提高学校对于乡土文化的领导能力。现在的农村小学不仅仅是学生少、教师不够的问题,同时学校缺乏一定的活力。作为社会主义事业接班人的学生德智体美劳五育并举是至关重要的。当前村小教师多为老龄教师,活力不够,加之学校要经常应付上级的检查与考核,无力去实施一些校园活动。事实上,农村小学善用民族化、本土化的教育资源,形成自己学校的特色,是村小能为与可为的实践路径。

最后,要严格把控教师的入职门槛,提高农村教师的职业素养。当前,农村新入职教师大多是高职学校、普通本科学校毕业的学生或是地方师范院校培养的免费师范生。因为农村教师职业缺乏一定的吸引力,所以农村教师的缺口很大,这就使得农村教师在来源上多样化,专业多样化,其水平参差不齐,使得农村教师质量不尽如人意。因而需要把控好教师的入职门槛,同时要通过新入职教师培训与考核等方式,促使农村教师职业素养的提高。

(三)加大学校中苗族文化元素的呈现

首先在资金的投入上,加强学校在苗族文化元素的建设,如可以建设一个专门宣传苗族文化与中华民族优秀传统文化的展示区。同时可以在校园内进行一些关于苗族文化的活动,如进行吹芦笙比赛等,或是在课间操时间进行竹竿舞等运动。这样有利于增强学校活力,同时也促进苗族文化的传承与保护。之前,村里的传承人自发地教授小学生苗族刺绣,这是一个促进苗族文化传承很好的措施。所以学校要与当地非物质文化传承人或公司进行合作,开设实践活动课程,设置两周一次的活动课程,带领学生到当地苗族文化传承人的工作室进行学习与参观。这样直观的感受更加能促进学生了解苗族文化。或者也可以让苗族非物质文化传承人到学校举办讲座,传播苗族文化。最后,学校自身也可以开设一门关于苗族文化的课程,如通过利用关于苗族文化的电影电视等互联网资源促进学生对苗族文化的认识,特别是对苗族的历史由来有一定的认识,提高学生的民族认同感与民族自豪感,进而促进学生对本民族文化的传承与保护。

·第四章·
勉爱和平：广西世居瑶族村落教育研究

一、广西瑶族概况

瑶族是我国南方少数民族之一，是祖国南方的山地民族。据第六次全国人口普查统计，广西瑶族人口 1 493 530 人，占全广西总人口的3.2%，占全国瑶族人口的53.42%。在广西81个县市中，有69个县市有瑶族人居住。瑶族人口主要聚居在都安、巴马、金秀、富川、大化、恭城6个瑶族自治县，其余分散在凌云、田林、南丹、全州、龙胜、融水等县，呈现出大分散、小聚居，与其他民族交错杂居的分布特点。他们自称为"勉"，他称有"盘瑶""过山瑶""山子瑶""八排瑶""坳瑶""白裤瑶"等三十余种，都统称为瑶族。

（一）新中国成立前的瑶族
瑶族先民在秦汉时期称为长沙武陵蛮，魏晋南北朝时期称为莫瑶，隋唐时期称为莫徭，宋以后称为瑶，在古代逐渐往南迁徙并经过时间推移获得稳定安居。

瑶族是一个爱好和平的民族，历史上瑶、汉、壮人民友好往来，从不主动挑起事端，勤劳刻苦、诚实友善。但在过去也经历了被歧视、被压迫、被剥削之苦，对于封建统治者的"比年一小征，三年一大征"的重税压迫，瑶族人民曾数次举起起义旗帜，进行反抗斗争，瑶族是个坚决维护自身尊严的民族。瑶族崇拜多神，信奉盘王。近代以来，瑶族人民也积极参与了太平天国运动、抗法斗争，中国共产党领导的第一、第二次国内革命战争以及抗日战争、解放战争，为新中国的缔造做出了重大贡献。

（二）广西瑶族的生存环境

瑶族作为山地民族，大部分散居在海拔1 000米左右的高山密林中，部分居住在石山、半石山地区，小部分住在河谷、丘陵一带，分布面广。大多数瑶族散居在两广与湖南交界的五岭南北地区，形成"南岭无山不有瑶"的分布局面。在广西境内，绝大多数瑶族生存环境以山地、丘陵为主。东部大瑶山、西部都阳山、南部十万大山是广西瑶族的主要聚居地。这些地方的平均海拔在500—1 000米，气候温和湿润，物产丰富。

瑶族分布在亚热带地区，境内气候温和，阳光充足，雨量充沛，资源丰富。该区域盛产松、杉、竹、茶、油茶、油桐、八角、玉桂等经济林木，还有很多国家级动植物资源，如娃娃鱼、银杉、桫椤等；地下蕴含丰富的矿产资源。瑶族人民世世代代依靠这些资源，充分开发、创造并传承，逐渐形成独具特色的文化。

瑶族人主要从事农业，少部分从事林业。新中国成立前，瑶族社会发展不平衡，可将其分为三种类型：如都安、巴马、富川等地以农业为主，兼营林副业。金秀、龙胜、兴安等地以林业为主，兼营农副业。在过去，广西西部部分石山区、十万大山中心地区、大瑶山、广西北部等地区采用刀耕火种的原始耕作方法。这些地区耕作方式原始、生产工具落后，人们也过着狩猎和采集经济生活。新中国成立后，在党和政府的大力帮助与支持下，瑶族地区刀耕火种的耕作方法得到改善，有的地区使用了机耕和化肥，利用优势资源，发展山区农林商业、加工业、运输业、电力和通信业等，生活质量得到了大大提高。随着社会的发展，瑶族聚居的乡村，大多数修通公路，在很大程度上改变了传统交通方式。

（三）瑶族的科学文化艺术

瑶族有本民族的语言——瑶语，但没有民族文字，主要通过口耳相传与汉文传抄的方式维持语言与文化传承，语言属汉藏系苗瑶语族瑶语支。瑶族民间文学资料丰富多彩，形式多样，有神话、故事、传说、歌谣等。其中较为出名的有《盘古》《密洛驼》《伏羲兄妹》《瑶族歌堂曲》等，这些流传下来的宝贵财富，让人了解瑶族先民的智慧和丰富的想象力，也体现了其淳朴的品质。从整体看，瑶族远古文学属于全民性质文学。广西的瑶族研究可谓中国之最，形成了大量研究成果。20世纪80年代后，瑶学研究发表了大量论文，出版了大批专著，如《中国少数民族·瑶族》《瑶族简史》《瑶族自治县概况》《瑶族社会历史调查》等，其他专著还有《盘村瑶族》《盘王大歌》《瑶族文学史》等。其中，瑶族《盘王大歌》产生于民间，流传于民间，其中所体现的民间信仰与瑶族人民的生活息息相关,是伴随瑶族社会发展的文化现象,对瑶族人民的日常生活和社会建设具有正面、积极的作用。① 前人所取得的辉煌成就使得瑶族的发展有了更好的规划目标,让优秀的文化遗产更好地传承下去。

瑶族民间文艺包含长鼓舞、铜鼓舞、信歌、甲子歌、盘王歌、腰鼓等。传统工艺品有刺绣工艺和蓝靛瑶印染。传统体育有打铜鼓、打长鼓、射弩、打瑶拳。传统医药有瑶医、瑶药、药浴、医药理论,使得瑶族人在没有先进医疗设备支持的过去,面对日常疾病时有一定保证。在新中国成立后,随着医疗卫生发展迅速,国家在瑶族地区建设医疗机构,也让瑶族人有了更好的医疗卫生保障。

(四)瑶族的生活习俗与宗教信仰

瑶族各支系风俗因诸多影响而在服饰、饮食、居住等上产生差异。近代瑶族服饰多姿多彩,"好五色衣服",男子上衣有左大襟和对襟两种。裤子长短不一,以蓝黑色家机布为主。南丹白裤瑶男子穿白色灯笼裤,长至膝盖,该支系因此得名。妇女服饰也存在差异,有长衫长裤、短衣百褶裙。头缠黑色或白色绣花巾,束腰带,上衣、下装、头饰、腰带均绣彩色花纹。首饰有耳环、手镯、银牌。如今社会发展,瑶族服饰有所变化,年轻人服饰上选择多样,可选择传统民族服饰,也可以选择普通日常服饰。就现实生活需要而言,瑶族传统服饰逐渐演化为"盛装",主要在重大节日和仪式活动上穿戴,起到宣传文化与传承文化的作用。

相对于新中国成立前瑶族人生活方式的原始性,新中国成立后获得了很大的改善,饮食结构发生了变化,用上了塑料餐具、瓷器餐具、铁锅、铝锅,不断与其他地区人们的饮食文化趋同。瑶族地区交通得到了发展,山区与外界获得了更多的联系,饮食资源逐渐丰富起来,可以到就近的集市上购买所需食材。瑶族男子喜饮酒,酒多为自酿。特色风味有油茶、鸟酢、兽肉酢、熏肉、瑶鸡、瑶王长寿大盆菜、星子扣肉、瑶家十八酿等。

瑶族村寨规模不大,多则十几户,少则三五户。房屋多为竹木结构,也有土著墙,上盖瓦片;一般分三间,中为厅堂,两侧为灶房和火堂,后作卧室和客房,两侧设两门,一门平时进出,一门为本族姑娘与情人谈情说爱时进出;正门为大门,是婚丧祭祀时出入之门。仓库多设在屋外或村外,甚至更远的山野田间,素有"风俗谨厚,见遗不拾"的淳朴民风。

瑶族家庭组织为一夫一妻制,以族外婚为主。男女青年婚前恋爱自由,但结婚需要

---

①陶长江,吴屹,王颖梅.文化生态视角下的非物质文化遗产保护性旅游开发研究——以广西瑶族盘王大歌为例[J].广西民族研究,2013(04):155-163.

经过双方父母同意，女方需要收取一定礼金。招郎入赘的习俗较为普遍，过去部分地区瑶族重视舅父在家中的地位，媒人要先到舅父家去说亲，舅父之子可以优先娶姑表姐妹，甚至还存在着指腹为婚的现象。① 各支系丧葬仪式不同，例如"勉支"大多行土葬，"布努支"过去兴岩葬，现行土葬。"拉珈支"成年人行火葬，未成年人行土葬，婴儿行挂葬，等等。瑶族节日较多，大节日有盘王节、春节、达努节、中元节、社王节、清明节等，小节几乎每个月都有。都安的瑶族达努节（祝著节）比较隆重，相传是纪念先人反抗土司斗争的节日。这些节日也反映了其对祖宗信仰的崇拜和虔诚。目前，由于各个民族人口杂居以及生产力的发展，不少瑶族人已经搬离原来的村寨，与其他民族杂居，部分已生活在城镇上，衣、食、住、行、风俗习惯等逐渐趋同和简化，但在盛大节日时也会十分重视。极少部分瑶族人还生活在原有的家园，保留部分传统文化习俗，但在生活方式上也有较大改变。本族的部分优秀传统文化仍对族人产生着影响且得到很好的保护和传承。

（五）瑶族人与自然和谐共生的文化基础

原始社会里，瑶族先民崇拜着各种自然神、图腾神和祖先神。在进入阶级社会之后，其宗教信仰主要是巫觋、道教、佛教和祖先崇拜；在鸦片战争后，国门被迫打开，随着帝国主义的入侵，天主教相继传入，各个民族宗教信仰开始日益繁杂，瑶族人民所接受到的宗教信仰内容也逐渐增多。

与众多民族相似，处于原始社会初期的瑶族先民对自然不了解，当受到自然所带来的各种威胁，深感自己的弱小无力，面对日、月、风、雨、雷、电以及各种自然灾害时会视为神灵加以敬畏，因此自然崇拜是瑶族最初的信仰。例如，广西南丹县大瑶寨，人死时需要用牛进行祭祀，此时会请巫师唱"砍牛歌"，把牛的生死归结于神的裁决而非人为。种植作物时要敬"五谷神"以祈求作物丰收。除此之外，瑶族还有拜物现象，家中有体弱多病的幼童，必将其寄拜于他人或自然物，以求他人他物护其周全，身体健康。例如，通过巫师的建议，家中长辈让幼童拜太阳、树木、月亮为"干父母"，希望"干父母"强大的力量保护其命途顺利。② 尽管随着经济的发展，人们对自然界的认识加深，但少部分人依旧保留了这一信仰。

瑶族对氏族图腾的崇拜往往体现在节日、禁忌和各种民族风俗上。崇拜盘瓠者普

---

① 《瑶族简史》编写组.瑶族简史[M].北京：民族出版社，2008：263.
② 中国科学院民族研究所广西少数民族社会历史调查组.广西上思县十万大山南桂乡瑶族社会历史调查报告[M].中国科学院民族研究所广西少数民族社会历史调查组，1963：14.

遍拒绝食用狗肉,崇拜密洛陀者拒绝食用鹰肉以此表示自身对崇拜的诚心与敬畏。盘瓠神在瑶族发展的历史上有着深远的影响,瑶族服饰的制作样式和婚礼仪式中包含了对盘瓠衣着与信仰的发展与传承。①

瑶族图腾崇拜的特点是认为盘王具有强大的神力,每逢过山迁徙必带偶像祖先,每居一处必立盘王庙,通过祭祀达到还愿的目的,表达自身对盘王的憧憬。祭祀有大小之分,大祭多由宗族或村落集体组织,小祭可由家庭自行开展。瑶族相信"鬼魂"的存在,因此对死人的处理也比较谨慎,会举行各种仪式,请巫师举行祭奠仪式"超度"亡魂,把死者列入家中神龛供奉。瑶族在氏族部落里有着他们共同崇拜的祖先,如盘瓠、伏羲兄妹、社王神、神农等。对各种神明的崇拜主要体现在举行还愿、度戒、做洪门功德等祭祀仪式,迄今为止仍有遗风保存下来,且在新中国成立初期较为盛行。②

在漫长的历史岁月里,弱小的人类面对着有强大力量的自然力时将其作为神明信奉,保持着敬畏之心,祈求得到庇护,产生虚幻观念以获得心灵慰藉,以满足基本心理需要。继而在逐渐演变过程中形成了自然崇拜、氏族崇拜、图腾崇拜的独特文化系统,后人将这作为民族精髓不断发展和扩大,形成了前面所提到的各类优秀著作和丰富的文化遗产,这些文化能够顺利地传承与发展得益于瑶族人民以原先的崇拜作为瑶族与自然和谐共生的文化基础。

二、广西瑶族教育概况

瑶族是我国南方文化教育发展较为缓慢的少数民族。由于历史原因,瑶族迁徙频繁,经济文化落后,在漫长的历史岁月里,瑶族人长期受压迫和剥削,生活极端贫困,很长一段时期被剥夺了受教育的权利。尽管如此,瑶族人也在适应统治阶级教育政策的同时努力创造着自己的教育。过去在瑶族内部,教育主要以社会教育和家庭教育方式进行。随着经济的发展,学校教育逐步在瑶族居住区推行。③ 学校教育的发展影响着瑶族人的生活,瑶族人的风俗习惯也反映着学校教育的发展要从民族的特色与实际情况出发。

---

①《瑶族简史》编写组.瑶族简史[M].北京:民族出版社,2008:267.

②《瑶族简史》编写组.瑶族简史[M].北京:民族出版社,2008:267.

③邓文云.中国瑶族和东南亚瑶族文化发展的历史、现状与特点[J].世界民族,2002(03):56-60.

（一）瑶族的学校教育

宋代期间,瑶族地区逐渐受到封建王朝的重视,并设立了州、县诸学。明代时期,各地瑶民起义造反,被封建王朝镇压之后增设县统治机构,同时采取以教化民的措施,兴办学校,入学者均为当地官吏、豪绅、随民子弟。清代,封建王朝对少数民族的统治沿袭剿抚兼施方法。在瑶族地区兴办教育,康熙年间,瑶族地区学校教育有所发展,湖南、两广各地"民徭则与汉人无异,每岁科试,徭童得与考。所取徭生,亦例与生监一体乡试"①。清末年间,封建统治者在改土归流中,"谕准厘定各县岁取生童名额,与流县一体考试"②。在湖南蓝山、宁远、江华,广西罗城、怀远等地,"于规定入学名额之外,又增设苗童二名","破格录取"。宣统元年。广西金秀大瑶山金秀四村,设立"化徭小学"。之后尽管也有增设小学,但几乎有名无实。

国民党统治时期,在各地瑶族地区推行"开化"措施,设立学校,兴办"特种教育"。广西南宁、桂林曾开办"特种教育师资培训班""桂岭师范",为开展特种教育"培养师资"。国民党政府比清朝采取了更多措施,但由于瑶族人长期饱受剥削,能送子弟入学读书的寥寥无几。如广西都安三只羊瑶族地区,新中国成立之前,只有1人上过中学,50多人上过小学,其余均是文盲。国民党政府在各地瑶区设立学校,其目的是加强统治。但学校的设立、汉文在瑶族地区的传播,客观上给瑶族人民带来了先进的生产技术和文化知识,在一定程度上促进了瑶族社会经济、文化的发展。

新中国成立后,瑶族地区的现代教育有了很大的发展,一改新中国成立前教育极端落后的面貌。国家在瑶族地区大力兴办学校,使瑶族人民群众接受教育的权利得到保障。改革开放后瑶族地区学校继续增多,绝大部分适龄儿童都能够入学。1978年后,广东连南、乳源,广西都安和贵州瑶族地区,建立或恢复了民族小学与民族班,在20世纪80年代中期就普及了小学教育。瑶族地区的中学教育在改革开放后发展迅猛,广西都安高中、恭城中学等中学成为省(区)级重点示范性学校,高考升学率稳步提高。除此之外,广西瑶族地区也创办了不少职业教育学校并采取了多种学习形式以提高人民自身素质。2006年开始,国家免除西部地区农村义务教育阶段学生学杂费,瑶族地区学生获得更大的发展。截至2007年,各瑶族地区都通过了"两基"验收,瑶族教育事业迈上新台阶。在瑶族聚居的地区,特别是瑶族自治县,初步形成了从幼儿园、小学、中学、中等职业教育到成人教育等各具特色的瑶族教育体系。各级各类瑶族在校生不断

---

① 吴省兰.楚峒志略[M].北京:中华书局,1985:1.
② 李德洙,张山.中国民族百科全书8苗族、瑶族、土家族、畲族、高山族[M].西安:世界图书出版西安有限公司,2015:289.

增多。① 如今,瑶族聚居区教育获得长足发展,均通过了义务教育均衡检查验收,朝着教育现代化之路继续前行。

（二）瑶族的家庭教育

瑶族人有自己特殊的育人方式。例如,利用集会以口耳相传,宣讲民族历史、生产知识、社会秩序、社会道德等。也有通过对歌、讲故事的方法进行教育。瑶族人的家庭教育也非常系统全面。家庭教育是指家庭内部的教育,主要是指父母对子女的言传身教,家庭教育涉及很多方面,最重要的是品德教育,是教子女如何做人的教育。瑶族传统家庭教育包含丰富的道德教育内容,对青少年品德养成有着重要的影响。在家庭教育方面,内容多是鼓励子女勤劳诚实,赡养父母,尊重老人,与人和睦相处,对客人热情相待,等等。广西金秀瑶族以其独特的家庭教育方式对子女进行道德教育,有力地塑造瑶族青少年的道德品格。尊老爱幼是中华民族的传统美德,在日常家庭生活中,父母亲人的一言一行、一举一动都对青少年道德品格的形成有着潜移默化的作用。瑶族的尊老敬老教育体现在日常生活的方方面面,例如一日三餐,瑶族父母会教育子女,"每日三餐,只要长辈在场必请坐上席,若老人长辈未上席,而晚辈则不得动筷","后生路遇老人长辈必定主动让路,请老人长辈先过","年轻人主动干重活,把轻活留给老人",等等。在瑶族家里爱护与宽容孩童也非常普遍。如"吃饭时以鸡鸭为菜,鸡腿鸭腿定给幼儿",这是一条不成文的规定,为瑶族人所遵行。瑶族家庭不随便打骂孩子,对孩子较为宽容。敬老爱幼教育体现了瑶族人对老人的尊敬和爱戴,对孩童的爱护与宽容体现对下一代的期待与关怀。尊老爱幼的传统为瑶族人所尊崇,也由此衍生出瑶族人仁慈、善良、安静、祥和的生存智慧。

（三）瑶族的女童教育

瑶族是一个历史悠久而文化独特的民族,广西的瑶族人口居全国之最,占瑶族总人口数的50%以上。第六次全国人口普查显示,瑶族6岁及以上人口,未上过学的占6.67%,上过小学的占43.96%,即一半以上的人只接受过小学教育或未接受过小学教育。其中瑶族的女童教育受到很大的关注。长期以来,"女子无才便是德"的封建观念在民间影响甚广,在经济、文化相对落后的少数民族地区,这类旧观念尤为顽固。此外,瑶族女童早婚的旧习俗,客观上剥夺了她们受教育的权利。② 20世纪以前,边远山区的

---

① 玉时阶.推进教育公平 和谐发展瑶族教育[J].广西民族研究,2009(02):131-138.
② 邓桦.文山瑶族女童教育问题及对策研究[J].民族教育研究,2010,21(01):83-86.

瑶族村寨适龄女童很少入学读书,直到21世纪初,国内及国际一些支持瑶族女童的项目进入山区,一些瑶族县、乡镇学校举办瑶族女童班后,这种情况才逐渐向好。例如,2000年联合国教科文组织启动并实施了"广西5所学校少数民族女童职业教育"项目,在融水、巴马、田东、凭祥等五个县市选一所中学或职中设立女童职业教育班,共资助200名学生进行三年学习。近几年来,免费义务教育及寄宿制补贴补助政策使得贫困地区学生获得了更多的入学机会,但瑶族女童初中入学率仍然较低。

关于广西瑶族女童教育存在的主要问题可大致分为以下几种:首先,是辍学现象常见。通过前人调查研究所获结果了解到,瑶族女童辍学原因复杂,小学、初中辍学率相对于男童来说较高。加上一些边远的瑶族村屯,受到文化习俗影响,"男尊女卑"性别文化依旧在瑶族社会占据主导地位,极少有开明父母会送女儿继续上学,他们更多选择让家中男孩继续上学。其次,部分女学生表示想学习,但缺乏兴趣,没有学习热情。小学阶段大部分女童虽然能够听从老师的要求,表现认真,但缺乏内在动力。若家长希望孩子放弃学业,则多数孩子也会顺应家长要求。除家庭经济因素外,辍学更多是个人选择。部分瑶族女童也会因为对其他民族学生或陌生学习环境的恐惧而选择退学。再次,是不安全因素增多。瑶族是中国南方地区的山地民族,所生活的自然环境存在着危险。上学路上存在的不安全因素对幼小女童是很大的考验,种种因素使得家长更不愿意送她们上学。随着社会的发展,瑶族人民的生活质量日渐提高,瑶族女童教育状况得到极大改善。

(四)瑶族人与自然的和谐共生教育

同许多民族一样,瑶族的教育也是以民族传统社会教育为主,是学校教育和其他教育的补充形式,其中包含了民族意识教育,并将其融入他们的实际生活之中,与日常生产发展密不可分。他们的教育传承也正是在其中不断得到发扬和优化,而这种社会教育所具有的功能是学校教育无法替代的。少数民族的社会教育主要是通过婚、丧、节、祭祀、家族事务、游戏等社会活动进行的。[①] 无论是家庭教育还是社会传统教育,原先流传下来的信仰崇拜作为其与自然和谐共生的文化基础,在各个领域得到了具体的体现,如从思想伦理到民间约定俗成的规定、道德品质培养,从生产劳动技能到生活常识,从语言、称谓、衣着到待人接物,从歌谣、舞蹈到谚语、传说、神话故事等。[②] 尽管随着时

---

①曲木铁西,黄秀华.试论少数民族教育的分类[J].民族教育研究,2009,20(04):17-22.
②杨筑慧.侗族传统社会教育内涵及其与民族文化传承的共生关系初探[J].民族教育研究,2013,24(01):72-77.

代发展、科技进步,人们对宇宙的认识加深,认识的事物越发多样,但瑶族人在与自然和谐相处的过程中对后代的培养依旧穿插着他们的信仰,以告诫后人要敬畏自然、珍惜自然、顺应自然,在自然给予馈赠的基础上与自然平等相处。

三、广西灌阳县洞井瑶族乡历史发展概况

为了深入了解广西瑶族文化意蕴和教育现实,我们选择广西灌阳县洞井瑶族乡为个案,进行深入的田野考察。由于洞井瑶族乡规模不大,城镇化水平不高,总体仍然体现出较为明显的村落化生活方式。同时也因为瑶族喜好分散居住,较为集中的大村落较少,故而本章选择从洞井瑶族乡这个宏观视角考察其村落教育现实,以能够更加全面了解作为村落的乡村教育的发展现实。广西灌阳县位于中国华南地区,广西桂林东北部,总面积为 1 837 平方千米,占自治区总面积的 0.78%。① 现辖 5 个镇、2 个乡、2 个民族乡。2017 年总人口数为 295 717 人。②

（一）洞井瑶族乡概况

洞井瑶族乡位于灌阳县西南,东邻观音阁,西与灵川县大境瑶族乡接壤,北与兴安县漠川乡交界,南与恭城县栗木镇毗连,全乡总面积 212.2 平方千米,县政府驻洞井街,距离灌阳县城 48 千米,距桂林市 96 千米,是灌阳县距离市区最近的乡镇。新中国成立后属观音阁辖区,于 1984 年 8 月成立洞井瑶族乡,管辖范围为洞井、桂平岩、椅山、太和、石家寨、保良、野猪殿、大竹源、小河江 9 个行政村,112 个村民小组,140 个自然屯,人数为 9 316 人,瑶族人口占比 39%,是境内少数民族主要聚居地之一。洞井瑶族乡地处都庞岭余脉与海洋山交汇处,地貌以山为主,属亚热带季风区,雨量充沛,光照充足,年降雨量在 1 530 毫米以上,适宜种植杉、松、竹以及各种南方农作物。最高峰为漕垒界,海拔 1 439 米。海拔 1 287 米的第二峰为形似笔架的笔架山,也是海洋山南端主要山峰之一。海洋山东麓为灌江发源地,灌江是灌阳县最大河流,也是灌阳县人民依靠生存的母亲河,自西南向东北方向贯穿整个县城。全乡耕地主要分布在洞井东部丘陵

---

①灌阳县方志编纂委员会办公室.灌阳县志 1991—2005[M].北京:国家图书馆出版社,2018:18.

②灌阳县[EB/OL].https://baike.baidu.com/item/%E7%81%8C%E9%98%B3%E5%8E%BF/7183177? fr=aladdin.

第四章　勉爱和平:广西世居瑶族村落
教育研究

地带。①

　　支持洞井瑶族乡发展的三大产业分别为农业、畜牧业、林业。农业占传统主导产业地位，全乡耕地面积 8 000 公顷，人均耕地面积 1.3 亩，以粮食生产为主，包括水稻、玉米、小麦、红薯、高粱等作物。新中国成立前产量普遍较低，新中国成立后在政府的大力支持下，洞井瑶族乡人民获得技术支持，对田地进行土壤改造，改善灌溉条件，引进先进技术与品种，使得粮食产量得到了大幅度提升。此后，洞井乡还种植培育了西红柿作为支持家庭收入的经济作物，桂北负有盛名的灌阳木薯粉丝原料便产自洞井瑶族乡。第二大收入来源为畜牧业，主要以家庭养殖鸡、鸭、鹅、牛、猪等为主，可作为经济作物进行销售，也可为年节日时自家宰杀或招待客人。林业作为支持洞井瑶族乡发展的第三产业，林地 2 万公顷，森林覆盖率高达 86%。洞井瑶族乡具有丰富的森林资源，植被具有明显的纵向差异，800 米以下为杉、松等用材林，800 米以上为水源阔叶林。20 世纪 80 年代后期，洞井瑶族乡每年造林面积达 1 050 亩至 1 500 亩，森林覆盖率位于全县前茅。渔业在农业中所占比重较小，分塘库养鱼和江河捕捞两类，鱼种多为草鱼、鲢鱼和鲤鱼等。乡镇企业生产项目主要有木材加工、农具制造、谷物加工、商品零售、饮食服务等。目前政府充分利用互联网的经济效能，引导 10 家农户学习从事电子商务活动，在"互联网+农业"的建设上初见成效，促进了当地经济发展，提高了全乡人均收入。同时在惠民工程上加大民生资金投入力度，提升人民群众满意度。2016 年投入 33 万元资金完成小河江低改、保良村砂糖橘种植、椅山村茄子辣椒种植基地共 4 个扶贫项目，完成入户精准识别 1 731 户，完成建档立卡 711 户；在交通和基础设施建设上也得到了不断完善，例如，抢修塌方公路 35 处，修筑堤坝 2 500 多米，修复水渠 573 米，等等。②

（二）洞井瑶族乡文化

　　洞井瑶族乡是一个汉、瑶族杂居区，属盘瑶支系。当地瑶族多以赵、邓、俸、李等姓氏，据当地历史"五公同墓碑"记载："吾祖赵（俊胜）、郑（海德）、邓（蒋保）、俸（福安）、李（元应）等五公，原籍广东封州人也——明初，招西来灌平寇，屡建功绩，留守要隘，始落业于崇顺堡而家焉。"③内部以"优勉"瑶语作为交际用语，同时各个村落发音和词汇上略有些不同，但不影响日常交往。由于民族的融合与社会发展，不少洞井人也会使用灌阳话与他人交流。饮食方面在过去崇拜盘王的瑶族普遍禁食狗肉，盛行打油茶，认为

①灌阳县方志编纂委员会办公室.灌阳县志 1991—2005[M].北京:国家图书馆出版社,2018:31.
②灌阳县地方志编纂委员会.灌阳年鉴 2016[M].南宁:广西人民出版社,2017:304
③章乃昌.广西的民族乡[M].南宁:广西民族出版社,2003:74.

茶可起到提神、消除疲劳的作用,且作为日常用餐或招待宾客之用。成年男子喜饮酒,每家每户都会自制红薯酒与米酒供自饮。婚姻方面有入赘习俗,入赘女婿受到公平对待,有权继承女方家业,所生子女社会地位平等,家中长子或长女随母姓,次子或次女则随父姓。同样,无论入赘与否,在当地都享有平等待遇,无重男轻女的陋习,因此计划生育与子女受教育获得了较好的执行。①

洞井瑶族乡的古民居充满民族特色,承载当地的民族记忆,属于明清两代建筑,距离现今已有 600 多年历史,是典型的瑶族民宅建筑群,具有岭南水乡特征。于 2012 年被列入《中国首批传统村名录》,2014 年获得国家民委"中国少数民族特色村寨"称号。每座古宅中轴线对称,面阔三间,中为厅堂,两侧为室,厅堂前方设有天井以采光透风,寓意"四水归堂"。村中古宅户户相连,门道相通。祠堂和古民居宅内装饰多为青砖、条石、实木,雕刻技艺精湛,大门门额嵌有主人姓氏牌匾。当地文化底蕴深厚,人杰地灵,在明清历史上曾出过举人、进士,目前仍保存有较多珍贵的石碑与牌匾且保持原始风貌。在政府的重视下,洞井瑶族乡的古宅保存较好,且吸引不少游客游玩,体验民族风情,感受其特有文化。②

四、广西灌阳县洞井瑶族乡学校教育概况

目前,洞井瑶族乡学校教育的各项发展状况与不少少数民族贫困地区学校教育相似,在教学质量、师资实力、生源、教育体制、教育经费、教学环境等方面相较于其他地区较为落后,发展也较为滞后,对各项教育资源的需求较大,但应有的教学硬件条件都能够得到满足,且在政府的重视和社会发展下得到了支持,在不断发展之中。

(一)学校重视民族文化传承,开设相关民族课程

洞井民族小学在日常的教学生活中十分重视民族文化传承教育,积极响应当地政府的倡导开展各项民族活动,并且关注到学校中不少学生是来自山区的瑶族孩子,举办瑶族活动、弘扬文化的同时也为他们融入现代化生活提供了契机,提高了民族自信心。在学校的教学楼和黑板报上展示关于瑶族的传统文化习俗以及洞井瑶族乡发展历史,

①覃乃昌.广西的民族乡[M].南宁:广西民族出版社,2003:74.
②刘志宏,李钟国.西南民族村落与韩国传统村庄保护和建设的比较研究——以广西洞井古村寨、韩国良洞传统村落为研究案例[J].西南民族大学学报(人文社科版),2015,36(11):43-48.

如洞井瑶族乡古居民简介、瑶族歌舞、瑶族日常食俗、瑶族传统服饰、瑶族传统节日等相关科普知识。在开设瑶族文化相关课程上以瑶族特有的民族活动为主，班会文化宣传为辅，适当在思想政治课上向学生传达爱国主义教育和民族教育内容。所开展的民族活动有学习长鼓舞、讲述瑶族历史故事、举办庆典和民族体育比赛等。除此之外，在其他主课课程的学习过程中也采取了民族文化渗透的方式，使学生了解到民族文化、民族平等、民族团结的重要性，也体现了"钟灵毓秀，止于至善"的校训。除相关民族课程之外，其他课程按照国家课程标准开设，注重学生各方面的发展，并且结合当前疫情情况向学生传达防疫知识和培养学生爱国主义情怀。

（二）控辍保学措施实施较好，确保留守儿童顺利完成学业

留守儿童占比大是乡村学校常见的现象之一。进入 21 世纪以来，随着社会发展和城镇化进程的加速，农村向城市输送的劳动力数量快速增长，中国农村留守儿童的规模也随之扩大。在 2005 年全国 1% 人口抽样调查中获得的估算数据表明，在我国，17 周岁以下的农村留守儿童共有 5 861 万人，其中学龄儿童所占比例为82.95%。[①] 2010 年第六次全国人口普查资料数据显示，我国留守儿童数量已进一步增长至 6 102.6 万人，处于学龄阶段的所占比为 61.67%。[②] 许多父母外出务工将孩子留在家中上学，部分孩子会与亲戚生活在一起或是独自生活，缺少家庭关心与照顾，容易产生厌学心理，并且部分监护人由于自身文化水平或其他原因无法对其进行多方面辅导，导致留守儿童学习成绩不佳，辍学现象也时有发生。尽管九年义务教育政策实施后在一定程度上减轻了贫苦家庭的教育负担，使得各地区农村适龄儿童辍学现象得到了明显的改善，但不少地区依旧存在着严重的儿童辍学现象。因此，留守儿童作为一个弱势群体，必须得到重视。

洞井民族小学中留守儿童占比约 40%，多为偏远山区和周边村落的孩子。也正因为无法提供住宿，使得留守儿童在离开学校后寄宿于他人家中。除缺少家庭监管和情感上的关爱外，当地社会上许多不良文化也时刻影响着留守儿童。由于地区的落后和各方面条件的限制，教师也无法全方位对其进行监管和提供帮助。随着近几年控辍保学措施的加强与家长对教育的重视程度有所提高，洞井乡民族小学当前防辍方面实施较好，保证了每位学生都能够顺利完成小学学业升至中学，无辍学学生。

---

①段成荣,杨舸.我国农村留守儿童状况研究[J].人口研究杂志,2008,32(03):15-25.
②段成荣,吕利丹,郭静,等.我国农村留守儿童生存和发展基本状况——基于第六次人口普查数据的分析[J].人口学刊,2013,35(03):37-49.

（三）教学点布局分散，学校规模小，学生需求大

洞井瑶族乡现有9所村校，10多个教学点，大部分分散在崇山峻岭之中，班型小，教师稀缺，学生数量少。由于村村有学校，几户有校点，使得教育管理和教学组织有诸多不便。因此，自1999—2000学年起，洞井瑶族乡小河江村便进行了一次边远山区村办小学寄宿班的尝试。教学点分散的办学方式表面上能够满足适龄儿童就近入学，但从实际情况来说也并非完全符合。同一个自然村中户与户之间仍有一定距离，教学点无法提供住宿条件，有的路程在1小时以上，学生花费在上学往返的时间均在2—3小时，教学时间也得不到确切保证，加上艰苦的上学环境使得一些学生中途辍学。同时，复式教学年级多，教学不规范，教师与学生都无法长期承受这般压力，教学质量并不高。①

目前洞井瑶族乡有一所幼儿园、一所小学、一所初中。洞井民族小学位于洞井瑶族乡中心地带，学校占地面积约4 000平方米，现有1个篮球场、1间食堂、4栋教学楼与6间教室。现有在校学生273人，教师18人，一至四年级每年级设置1个班，五年级设置2个班，六年级则位于乡上初中部校点，每个班级学生人数约为50人。其中使用一栋教学楼作为当地的公办幼儿园，但性质为公办私营，互不干涉，加上幼儿园的占地面积，小学实质可使用教学楼为3栋。由于洞井民族小学为中心校，生源较为集中，无跨班现象。2002年，洞井民族小学获得华人捐助投资20万元建了一幢教学综合楼，总面积为520平方米，于2003年2月建成，缓解了学校基础建设压力。尽管撤点并校使得有限的教育资源得到了充分的利用，但也由于学生的集中，人口数的增多，加大了学校的人口容量压力，缩小了人均活动范围，学校规模小成了当前不少乡村小学共同面临的难题。因此，洞井民族小学目前还未有条件向教职工及学生提供住宿，距离学校较远的学生只能寄宿在亲戚家中，或者父母、爷爷奶奶到当地租房陪读以方便学生上学。食堂上学期间中午向学生提供营养餐，保证了学生的营养供给。

（四）教育基础设施得到丰富和新建，教学设备增多

在21世纪初，当地的校舍条件较差，学校校舍均为20世纪60年代群众捐资修建的砖瓦房。因年久失修这些校舍成为危房，学生只能挤在民众家中上课，教师也只能采用有限的教学条件进行授课。尽管学校规模小使得教育基础设施建设受限，但目前洞井民族小学在基础设施建设上基本能够满足学生日常需求。洞井民族小学每班都配备一体机，教学采用多媒体设备，教师可使用扩音器，学生单人单桌，改变了传统教学方式。相对于以往学校使用的破旧课桌椅的教学环境和教师仅使用粉笔和"一张嘴"的

---

①文庆标，王凤良.边远山区村小办寄宿班的尝试——灌阳县洞井瑶族乡小河江村小寄宿班的调查报告[J].广西教育，2001(34):7-8.

教学方式来看,已得到了较大改善。该校还有少先队员活动室,为学生提供活动所需道具。教室中配备有电子琴和民族传统乐器,操场设有体育运动器材。教学楼每栋为三层楼,具有专门的小型实验教室和多媒体教室。其中部分教室与器材为社会捐助以改善教学条件,目前该小学已没有年代久远的校舍,均为近年修葺的新校舍。

(五)师资力量得到提升,教学水平有所改善

师资队伍的建设关系着一个学校的生存发展与活力,是事关教育改革发展的战略性、全局性的基础工程,也是实现教育发展的根本保障。教师队伍结构在很大程度上也决定了教师队伍的质量,反映着教学能力和教学质量,其中主要包括教师的数量、年龄和性别。[①] 原先少数民族地区基础教育底子薄,尤其是中小学教师队伍素质低下,数量不足,老龄化十分严重。近年来,少数民族地区中小学教师队伍建设取得了显著成就,尤其是在"特岗计划"的政策下,不少年轻教师投身农村教育事业中,为该地区教育增添新鲜血液,降低了由于农村教师老龄化趋势带来的影响。青年教师的到来使得师资力量得到加强,并且也由于教师政策体系的优化和完善,使得教师权益、教师行为规范和岗位培训得到充分保障,大大提升了农村教师队伍整体素质和师资水平。配合较为先进的多媒体设备,青年教师为农村教育带来了更好的教学质量。洞井民族小学中现有教师18人,教师学历水平在大专及以上,大专学历占比最高,均具备教师资格证。其中年轻女性教师居多,年龄段在25—30岁占比70%,校内管理层也多为女性管理者,教师多为洞井本地人,个别教师为外地特岗教师。

在今后的发展中,洞井民族小学正在筹划征地20亩用于扩建食堂、学生与教职工宿舍,修建球场与实验楼,且已获得拨款。为学生提供更大的活动场地并且解决当前最迫切的学生住宿问题,在撤点并校背景下满足教育资源集中的教师教学需求与学生受教育需求,保障学生能够更好地享受受教育权利和良好的教育资源。

五、广西灌阳县洞井瑶族乡学校教育问题分析

(一)撤点并校所带来的优势与劣势

乡村教育是我国基础教育的薄弱环节,其学校分布特点为教学点分散、班级规模

---

① 周晔.农村小规模学校教师队伍专业水平结构的问题与对策——基于甘肃省X县的调研[J].教育研究,2017,38(03):147-153.

小、教育资源稀缺且浪费严重、教师素质参差不齐、教育质量相对较差等。农村撤点并校是为了提高教育质量,合理利用师资和学校资源,是目前缓解农村教育资源稀缺的重要途径之一。国家为优化农村教育资源配置,提高中小学教育投资效益与教育质量,促进教育健康可持续发展,实行学校临近合并,即学生人数偏少的村小学撤销合并到附近的中心小学。在撤点并校实施过程中,对农村地区小学进行了撤并整合,直接受影响群体为我国农村地区6—12岁的适龄学生。

从积极的意义上来看,撤点并校所带来的优势十分明显,整合和充分利用了附近周边的教育资源,使得学校在教育教学环境等各方面得到提升,有效提升了学生学习积极性,降低了儿童辍学可能性。具体表现在办学条件提升,有能力开设音、体、美、民族文化等课程;在住宿条件、教学楼、图书室等硬件设施上得到了增加和完善,教学风气和管理模式等软件设施越来越好,吸引了部分资质较好的教师来到农村地区任教,解决了农村学校义务教育就学问题,满足了师生对教育教学环境的需求,整体上提高了农村各地学校教育发展水平,也更便于教育教学管理。[1]

从另一方面来看,撤点并校政策在为向好的教育质量努力的同时也存在着不少问题。原先"村村办学"出现师资不足、地区偏远、学生数量偏少的问题逐渐被放大并受到关注。各地越来越多的中心校,虽然能充分利用教育资源,减少学校点分布散带来的弊端,但是由于撤点并校也使得部分学生不得不到距离较远的学校接受教育,寄宿求学,从而增加了寄宿学生的人数。开办寄宿制学校意味着需要承担更多的教育经费,寄宿学生要承受更重的教育负担。在合并学校后,学校在可容纳人数上更为艰难,学生人均获得教育资源变少,且教育质量低下。此外,大规模撤点并校使得农村义务教育学校偏离了就近入学制度的原则,改变了农村学生家庭的生产生活方式,出现了上学远、上学难的情况。撤点并校所带来的最直接的负面影响是学校数量锐减,家校距离徒增,学生生命、财产安全风险提高。且大多数中心校设在乡镇政府驻地,辐射半径大,许多学生由于无法就近入学推迟入学时间。[2]

在撤点并校的背景下,为方便教育资源集中,许多小班额的教学点合并到周边较大村落之中,洞井民族小学便是其中之一。许多周边村落与两个偏远山区的学生都集中到洞井民族小学学习,其中最远的山区距离该校15—20千米,部分学生则无法每天往返家校之间,且目前学校无法提供住宿,使得上学条件更为困难,相对产生的寄宿费、生

---

①胡宏伟,汤爱学,江海霞,等.撤点并校对不同收入家庭学生政策效应的比较评估[J].公共行政评论,2016,9(01):110-130,184-185.

②客中远.当前我国乡村学校布局调整问题研究[J].中国教育学刊,2009(08):16-18.

活费,甚至是亲人"陪读"产生的费用都是原先就近入学无须承担的。也有部分家长需要耗费大量时间与精力接送孩子,增加了经济负担和时间成本,这无疑也是免费义务教育在一些层面上无法有效落实的表现。① 再从文化层面来看,撤点并校也切割了文化与乡土之间的联系,正如偏远山区瑶族的孩子来到民族小学上学,有利于他们将文化带到乡镇上,但使文化得到传播的同时也让他们的文化与原先有了一定疏离。② 在开设民族文化传承相关课程时若学校无法较好地利用资源和科学有效地实施会使得学生对相关文化产生错误理解,从而与原先开设课程目的相悖。

(二)民族文化课程师资能力不足,无法达到理想的教学效果

作为盘瑶支系的洞井瑶族,在日常生活中也十分重视民族传统习俗的传承,这不仅是他们世世代代所传承下来的人类智慧,也是中华文化的重要组成部分。盘瑶是瑶族传统文化的主干支系,它包含了瑶族的大部分人口。瑶族拥有自身民族语言,属于苗瑶语族瑶语支"勉语"或"标敏"方言。由于瑶族没有文字,只能靠口头交流达到学习和传承的目的。

盘瑶信仰盘王,崇拜甚虔,每年夏历十月十六日前后必会祭拜盘王,唱"盘王大歌",跳长鼓舞。因此,在当地的小学民族文化传统课程中也不乏"长鼓舞"的身影。长鼓舞作为盘瑶支系的景点文化代表,流传很广,在许多地区盛行。宋朝史籍就有关于长鼓舞的记载,"瑶人之乐,有卢沙、统鼓、胡芦笙、竹笛……统鼓甩长,大腰鼓也"。可见瑶族中的文化习俗对于族人来说十分重要且极为珍视。瑶族作为纪念祖宗而制作的长鼓,为其而跳的长鼓舞,也就成了瑶族主体文化的一大特色。③

洞井民族小学有多个民族学生与教师共同生活学习,在开设民族文化课程的过程中同样存在着利弊。一方面,有利的方面十分明显,也就是能够使传统文化和语言得到传承、保护和学习,增强民族意识,顺应国家要求,保护和尊重少数民族文化;另一面也是在日常生活中所能体现的,例如目前多民族学生与教师的融合,尤其是在多个少数民族聚居地区,民族文化课程"教什么""如何教""谁来教"成了一大问题。由于该学校地区属于盘瑶支系,因此在开设民族文化课程中主要以盘瑶文化为主要内容。在如今的民族融合之中,学校也成了多民族融合发展的重要场所。为有效保护少数民族优秀传统文化,开设民族文化课程是十分必要的,这不仅关系着学生对自身民族文化的了解和

---

①吴鹏,秦冠英.就近入学原则与农村教育改革[J].行政管理改革,2012(09):25-30.

②程天君,王焕.从"文字下乡"到"文字上移":乡村小学的兴衰起伏[J].教育学术月刊,2014(08):3-12,33.

③李筱文.瑶族历史进程中的亚文化[J].民族史研究,2008(00):214-229.

继承,关系着今后民族的发展走向,但也加大了教师的教学难度。

在访谈中我们了解到,尽管学校内开设了民族文化相关课程,但由于周围民族文化氛围并不是十分浓厚,因此不少学生和教师也对此并非十分了解,只有边远山区的瑶族学生在传统文化的继承上更为明显,因此在实施上也只能达到科普的水平。教师作为课程的引导者,却缺乏充足的民族文化积累,只能通过网络和部分民族文化相关教材进行授课和开展活动,过程中更多是向学生进行"科普",其中的部分知识也受到了消极"民族刻板印象"的影响,无法科学合理地选择教授内容,使得在课程进行中无法达到理想的教学效果,给学生带来不好的学习体验。再从教师的自身背景来看,在开展民族文化类课程时,本地教师在适应方面或许相对于外地教师来说更为简单,外地教师进入新的文化场域,在适应生活过程中还要努力学习当地的少数民族文化知识,这无疑增加了教师的负担。再者,对于"双语教学"的不正确理解也使民族文化类课程在开展时存在困难。"双语教学"并非"双语言教学",它的本质是在教授学生知识的过程中,采用两种语言帮助学生进行知识的顺利转换,同时也达到保护"方言"和推广通用语言的目的。若是不根据实际情况进行"双语言教学",那么在今后学习外语时,无疑加大了学生的学习压力。无论是本地教师还是外地教师,若是对当地民族的语言不理解或不能顺畅沟通,那么在开展民族文化类活动时也无法达到较为理想的教学效果。教师要站在学生民族的角度去进行知识传授,而并非让学生感受到的是在学习自身民族之外的民族文化,这样才能够使学生感同身受,提升民族自信,提高其求知欲望。

六、广西灌阳县洞井瑶族乡学校教育的发展策略

要促进学校教育的发展不能只关注到一方,应该围绕需要解决的问题从多方面入手加强合作以达到更好的效果。家庭、学校、政府等都有责任为学校和学生的发展提供良好的环境,并给予应有的关注。

(一)多方合作减小撤点并校所带来的负面影响以优化乡村教育生态

客观上来说,大规模的撤点并校极大地节省了教育资源,改善了不同地区的农村教学问题。但我们也必须正视和努力减小甚至消除其引发的一系列负面影响与社会问题。学校教育的发展与多方有着密切的联系,因此也需要从不同方面加强联系与合作去解决这些问题,以达到优化乡村教育生态,精细化办学,满足多方需求的目的。

政府方面应该转变思维模式,发挥服务的主导作用,广泛听取当地民众对于撤点并校的意见与建议,鼓励家长参与到教育管理、决策、监督及评价的过程中,在此基础上进行师生比、教育资源、家校距离等的合理配置,不可"一刀切",以遏制撤点并校决策和实施中的盲目性。一些确实有必要保留的被撤点应该慎重考虑,关注学生就近入学问题,减少中心学校和城镇学校的容纳压力。

由于乡村学校相对于城市学校在办学条件上有不同程度的差距,使得愿意到乡村执教的师范生人数较少,而在职教师也更加倾向于城镇学校,因此师资的合理配置长期影响着农村教育的顺利发展。鉴于撤点并校的负面影响,部分家长担心教育质量问题,会选择将孩子送往城镇学校,导致乡村学校学生越来越少,规模越来越小,获得的教师资源则也会随着生源的流失而减少,从而使乡村学校教育陷入长期的发展阻碍之中。为解决这类问题,师范院校、基础教育学校及政府应该联合起来,激励师范生与教师扎根农村、为建设好农村教师队伍而努力。加大宣传力度,让乡村教师切身了解到目前国家优惠政策对其的帮扶和支持;改善住宿条件;提供多个学习平台与专业发展机会;在职称评聘和奖励上对青年教师给予合理的倾斜;鼓励符合条件的社会优秀人才参与"特岗计划";鼓励引导优秀教师与校长向师资薄弱的乡村学校提供帮助,保障乡村学校教育整体的均衡发展。

(二)重视民族文化课程师资能力的同时要关注到周围现有资源

要把乡村民族学校当作民族文化传承与发展的主要阵地,就应该优先发展乡村教育事业,使其能够承担得起提升儿童文化素质、有效传播当地民族优良传统文化的重任。作为少数民族聚居区的洞井瑶族乡,部分优秀民族文化传承人始终在继承和发扬的道路上不懈努力,为的是将族人们长期积累的智慧向后人传承,让他们在顺应现代化发展和多民族融合的时代里不忘原先的"根",同时也丰富绚烂多姿的中华文化。因此,学校应该加强与地方民族文化传承人的联系,将其作为一项有效资源加以利用。从专业和知识底蕴来说,民族文化传承人所积累的知识与经验远比校内教师丰厚。加强合作后,不但能够提升教师在民族传统文化方面的认识与了解,有效消除"民族刻板印象"的消极影响,而且在设计课程与活动上能够注重学习目标和课程的有效结合。从而在开展民族文化课程中丰富和扩展活动内容,使学生在参与过程中更加投入,提高学习兴趣与参与度。洞井民族小学依据地域特色开展民族文化课程,表现了学校教育对于民族传统文化的重视和顺应了当地民族对文化传承的需求,比如瑶族是一个依赖大山的民族,丰富的传统美育资源无不蕴含着大山精神——崇高、率真、神奇的"山地文明",瑶族传统美育资源能促进学校心理健康教育发展源于其自身蕴含的育人功能,心理健康校本教育能促进瑶族传统美育资源的利用与开发。① 在有效提升民族文化课程师资能力后可以结合当地民族特色和学校自身实际情况,同民族文化传承人与少数民族学生共同协商后,采取科学合理的方式开发民族文化类校本课程,明确学习与教学目标。

在信息化时代,时空概念成为一体,缩小了城乡之间的距离。因此,立足于发展地域特色与学校传统的同时应充分利用信息化优势。政府与学校可以抓住这项机遇,启动跨越式发展,通过互联网与优质的教育资源建立起联系,让学生能够获得与城市学生一样的文化信息,推动乡村学校快速发展,缩小城乡学校教育差距。②

(三)发展地方产业为农村劳动力提供更多就业机会以更大降低辍学率

儿童辍学是比学习成绩下降更为严重的教育问题,由于涉及影响因素过多,在解决上难度更大。③ 虽然目前洞井瑶族乡的辍学现象得到了很大的控制,但仍不容忽视这一问题,需要采取合理的措施做到长效保护。我们认为可以从家庭教育、学校教育以及社会治理等方面入手抓住关键,逐步解决留守儿童的教育问题。学校在关注学生的成长发展与家校合作的同时,应努力改变学生父母的教育观。目前,较多农村劳动力趋向于城市发展,农村劳动力减少,这也是产生留守儿童的主要原因之一。让子女获得更多父母的陪伴是降低辍学率的有效方法之一。而发展地方产业,增加当地就业的机会则是留住农村劳动力的合理办法。政府应鼓励当地农民参与农作物种植,引进农业专门人才为其进行技术指导培训,提供现代化的种植技术,提高产出效能。打通和扩大互联网销售渠道,提高农民收入和生活质量,提高其留在家乡的信心,其中也应提高农村女性劳动力在当地的就业机会。父母外出务工频率减少对降低子女辍学率显然是有益的。但对于农村女性而言,向非农业转移不但能够获得更多的发展资源,同时也是一个让其改变弱势地位、提高经济地位的一项重要途径。政府在留住农村劳动力发展地方产业的同时,要关注到如何兼顾到二者,这样不仅可以降低母亲外出对子女辍学的影响,而且能够维持母亲从事非农业工作所带来的收入。因此洞井瑶族乡在进一步发展地方产业增加就业率时适当考虑向适宜女性从事轻工业与服务业方向去引导,实现二者兼顾。④

---

①唐添翼.构建"理想+民族特色"的心理健康校本教育体系——以湖南省江华瑶族自治县第二中学为例[J].民族教育研究,2008(04):61-65.

②余婧.乡村学校转型与复兴的路径选择[J].教学与管理,2019(08):4-6.

③余婧.乡村学校转型与复兴的路径选择[J].教学与管理,2019(08):4-6.

④李强,叶昱利,姜太碧.父母外出对农村留守儿童辍学的影响研究[J].农村经济,2020(04):125-133.

·第五章·

海岛文明：广西世居京族村落教育研究

一、广西京族概况

京族是一个历经苦难的民族,遭遇了 19 世纪法国侵略者的盘剥压榨,经受海盗的劫掠勒索,直到新中国成立之后,这样一个饱经风霜的民族才获得新生。虽然曾经遭受过压迫剥削,但是也正因为这些苦难,成就了这个民族的热血之气,在朝鲜战争爆发之时,京族人民团结并号召东兴地区的其他民族积极参军,奔赴朝鲜前线。在经受压迫又从压迫中站起来的过程中,京族人民也受到了来自不同国家、不同民族的文化影响,为其多元文化的形成提供了可能,加之其独特的海岛文化,成就了广西京族的特色文化。

京族曾被称为越族,于 1958 年正式定名为京族。根据第六次全国人口普查结果,广西共有京族人口 23 282 人,主要集中在东兴市的江平镇和东兴镇,江平镇有 14 378 人,主要分布在京族三岛,即巫头、沥尾、山心;东兴镇则有 4 047 人。京族是以海洋捕鱼为主业的民族,世代生活在京族三岛上,在生产实践中形成了一整套海洋捕捞制度和与之相适应的习俗。这些生产习俗以多种形式保存下来,延续至今。[①] 京族三岛所处地区地形多样,有着丰富的物产资源,因此京族人的经济来源也非常多,渔业、林业以及围海造田之后的种植业都为京族人步入小康生活做出了贡献。

京族有自己的语言,即京语,且创造了自己的文字,即"喃字"。京语是一种以声调

---

①陈丽琴.民俗传统:京族民歌传承的文化生态[J].广西师范大学学报(哲学社会科学版),2014,50(02):108-112.

区别词义的语言,属于汉藏语系。京语以音节为语言单位,每个音节都由声、韵、调组成,且有不同的意义。京语在发展演变的过程中借用了大量的汉语词汇,具备独特语法特点,即京语的定语通常放在中心名词之后,如汉语的"红花",在京语中则是"花红"。语言离不开文字,在使用语言的过程中京族创造了"喃字"。"喃字"的造字法主要有假借、形声和会意等。每个民族对语言文字的使用都有不同的规则,京族的语言使用特点体现在语言禁忌方面。京族是一个以海为生的民族,经常要出海捕猎,而渔家出海最忌讳触礁、翻船等情况的发生,因此京族人在日常交流中就会有意回避"烧焦饭""油水"等词语,因为"焦"和"礁"为谐音,"油水"和"游水"为谐音,出海作业时只有发生了意外情况才会说"游水",这些语言使用规范体现出京族人靠海为生的独特民族习性和民族文化。

京族的海洋文化特质突出体现在饮食文化中。广西京族三岛集中的北部湾地区是一个天然的半封闭海湾,气候适宜,雨量充足,海产品极其丰富。其鱼虾类品种有两百多种,如金色小沙丁鱼、小公鱼、沙虫、文蛤、墨鱼等。京族人在日常生活中除了食用这些种类繁多的海鱼海虾,他们还喜欢吃的就是由这些鱼类腌制而成的"鲶汁"。"鲶汁"又叫鱼露,它集中了海鱼的鲜美,是一种色、香、味俱全的调味品,京族人不管做什么菜,都会放上一点鱼露调味,因此就有了"千汁万汁,不如自家的鲶汁"的俗语。

此外,京族人也喜爱甜食。例如用糯米和红糖熬制而成的糯米糖粥;用芝麻、花生和糖做馅的糖心糍粑,糖心糍粑又叫作白糍粑。除夕之夜,京族人家家户户都熬好糯米糖粥,做好糖心糍粑,以祝愿新的一年生活甜蜜、家庭美满。嚼槟榔是京族人自古以来就有的饮食习惯,古代京族女子以唇红齿黑为美,而槟榔不仅可以保持口腔的清新,还能够染黑牙齿,因此古代的京族妇女都有嚼槟榔的习惯。随着时代的发展与变迁,京族人的审美也发生了一些变化,现代生活中以牙白为美,而嚼槟榔这一饮食习惯也逐渐淡化。

每个民族都有属于本民族的特色节日活动,京族也不例外。哈节是京族最为隆重的民族传统节日,哈节又叫作"唱哈节","哈"是京族语言,意思是"歌",因此"唱哈"节即"唱歌"节。2012年,京族哈节升级为京族文化节,与商贸旅游博览会、东兴红木节等联合举办,将传统文化节日融入大型经贸活动,扩大了传统文化宣传领域。① 关于唱哈节,京族有个美丽的传说。由于京族位处中国的西南边境,自古便受各方压迫,历经无数战争,民众生活困苦。传说古时候有一位歌仙来到京族地区,为了鼓励深受压迫的京族人民反抗封建统治者以获取自由,这位歌仙教授京族人歌舞,这些歌舞反映了京族人

①《京族简史》编写组.京族简史[M].北京:民族出版社,2008:88.

第五章　海岛文明:广西世居京族村落
教育研究

艰难困苦的生活,并为京族人描绘出美好的未来生活,因此这位歌仙深受京族人喜爱。歌仙离去之后,京族人就为歌仙设立了哈亭,以歌舞的方式来纪念歌仙。唱哈节的各项活动都是在哈亭内举行的,哈亭是使用最好的木料建造而成的,坚固美观。哈亭除主要用作唱哈之外,里面还有全村共同敬奉的神像、神位和各姓的神仙碑位,哈亭既是祠堂、神庙,又是京族人的娱乐场所。① 一年一度的唱哈节已经传承了几百年,活动一般会持续一周左右,广西区内不同地区的京族人举办节日的时间也有所不同。沥尾一般在农历六月初十,巫头在八月初一,山心在八月初始,红坎则在正月二十五,不同地区京族人错开连续庆祝唱哈节的时间,可以推进京族人彼此之间的沟通交流,也使节日的欢快氛围持续时间更长。唱哈节分为迎神、祭神、"坐蒙"和送神四个部分。在这些环节推进的同时,"唱哈"环节也在进行。活动时,哈妹跳着关于祭祀的舞蹈如"进香舞""花棍舞""竹竿舞"等,并唱"哈歌"。除歌仙外,京族人向来崇尚大海,因此在唱哈节里京族人还会祭祀镇海大王以求出海顺利、平安丰收。

京族的婚俗文化也非常具有特色,京族的男女若想要组建家庭,需要经过踏沙探情、交换木屐、订婚三个步骤。在这个过程中,男女踏沙定情之后需要分别做一只木屐,且要为一对,不可两只都为左脚或是右脚,才能进入订婚环节,订婚还要合年庚、定彩头、联亲才算完成。在女子出嫁时,还要哭嫁三天,俗称"哭朝"。第一天哭"父母",感谢养育之恩,第二天哭"叔伯兄嫂",感恩帮助教育,第三天哭"姐妹",表达不忍分别。

虽然京族是一个人口较少的少数民族,但是依旧有其绚丽多彩的民间文化,包括民歌、民间乐器、戏剧故事。唱歌对于京族人来说是最普遍的交际娱乐活动,京族的民歌大都是倾诉生活苦难的,例如《渔工苦歌》,生动形象地反映了京族人在旧社会的苦难生活。表达男女之间相慕相恋的情感民歌也占有很大比重,如《两相思》《半浮半沉挂妹心》《风雨共舟歌》等。在新中国成立之后,京族人还唱出了很多感谢共产党的好歌,如《换弦弹新曲》《政策落实人心红》等,这些新时代的民歌,表达了京族人对党和政府的深厚情感。独弦琴是最具京族特色的乐器,结构非常简单,由半片大竹筒或三片木头做成方形的长匣即为琴身,在琴身的一端插上一小圆木与琴身成直角,另一端装一个把手并系上一条弦连接到小圆木上,即为独弦琴。现存的由独弦琴演奏的乐曲有《高山流水》《骑马》《这样好,那样好》等。京族民间流传着很多题材丰富的故事,包括京族三岛的传说、抗争故事、动植物故事以及爱情故事等,现存的有《京岛传说》《并蒂莲的传说》《宋珍和陈菊花》等,通过这些故事传达了京族人对美好生活的向往、对纯洁情感的歌

① 张熙,段超.关于加强京族优秀传统文化传承的思考[J].中南民族大学学报(人文社会科学版),2018, 38(06):26-31.

颂、对美丽家乡的热爱。

独特的地理位置成就了京族浓厚的海洋民族文化，京族海洋文化是京族人的精神家园，维系着京族最为浓郁的"乡愁"，①主要体现在衣、食、住、行的各个方面，而劳动生产方式则最能体现京族民族特点。如拉大网是京族最具特色的捕鱼方式，需要群体通力合作，既体现海洋文化又突出海洋民族乐于分享的民族性格。京族民间文学中的海洋文化主要包括海洋信仰崇拜文化、海洋生产文化和海洋生活文化，而且京族民间文化还具有以"和谐"为中心的文化诉求、不屈不挠的民族精神、道德教化等文化隐喻。② 京族哈节蕴含着丰富的信仰文化、仪式文化和音声文化。历史传说是京族哈节仪式文化不可或缺的集体记忆，通过具有宗教力量的故事传说隐喻祖先对京族民众护佑使得其渔业丰收，人民幸福安康是京族人形成文化认同的必要基础，共同的宗教信仰有效促使京族人形成相同的价值规范和行为机制。哈节仪式与京族宗教、社会历史、服饰文化相同，都蕴含着丰富的民族文化。哈节的仪式过程主要包括迎神、祭神、唱哈和送神，节日庆祝过程中不仅体现了仪式文化，更是民族文化认同作用于行为规范的体现。唱哈是哈节的重要环节，唱的哈歌是京族人以师徒口传的形式延续至今，也是京族人以歌祭神仪式观念的表达，它以变化丰富的鼓点声、诵文声、唱哈声所组成的仪式音声传承着一个民族的文化记忆，③唱哈与信仰文化和仪式文化共同构了京族文化的核心内涵。文化的形成受社会历史、经济发展以及地理位置等因素的影响，京族是靠海而生的民族，这就决定了京族的海洋文化、宗教信仰文化、仪式文化和音声文化都不同程度地体现出海洋特色，而民族的宗教信仰、节庆活动都是表达对海洋的敬畏和对海洋馈赠生活来源的感谢方式，是人与自然和谐共生的体现。

二、广西京族教育概况

（一）广西京族教育发展历程

旧中国时期，京族地区教育事业非常落后，晚清时期京族聚居村落仅有三四个私塾，且办学断断续续，辍学率高。清朝光绪年间，江平地区办起了有史以来第一所小

---

① 杨军.京族海洋文化遗产活态保护模式研究[J].广西民族大学学报,2018,40(03):115-120.

② 骆洋.海洋文化视角下的京族民间文学研究[D].南宁:广西大学,2018:38.

③ 张灿.从节庆仪式到文化展演——京族哈节仪式音声中的民族文化认同[J].广西民族师范学院学报,2018,35(01):49-53.

学——南服书院,包括初级部和高级部,于 1912 年更名为江平国民小学。20 世纪 20—40 年代,京族聚居地陆续设立了小学、初中和高中,例如 1928 年山心岛开办的国民初级小学;1929 年成立的红坎国民初级小学;1940 年沥尾岛设立国民初级小学;1946 年开设的巫头国民小学;1938 年在东兴简师的基础上成立的明江初级中学,后增设了高中部,并正式定名为防城县立江平中学并保留至今。这个时期虽然开始办学,但是由于教育经费有限,京族人生活困难,京族学生经常出现缺课的情况,教育质量并不高,京族三岛甚至有"瞎子岛"之称。

新中国成立之后,京族聚居区的教育事业得到了较快发展。自 20 世纪 50 年代开始,人民政府陆续把京族村落的私立小学改为公立小学,1952 年沥尾村建立了沥尾小学,政府扩大办学规模,统一调派老师和学校领导。此外,国家还对京族学生实行助学金、保送上大学等政策。1963—1966 年期间,京族地区实行"两条腿走路"的办学方针,设置耕读学校。学校把农活时间和教学实践错开,集中在中午和晚上上课,其余时间进行劳动。耕读学校针对渔民也设置了水期班,即水期适合时出海生产,不合水期时在家劳动学习。"文化大革命"前期京族的教育事业遭遇严重挫折,"文化大革命"后期掀起了大办中学的热潮。

改革开放后,京族聚集地的教育事业得到空前发展,各地开展改造学校危房的活动,学生数量大幅增加,教学质量有效提高。20 世纪 90 年代京族的教育事业进一步发展,江平中学在原有基础上增办民族初中班,沥尾村兴办初中并与沥尾小学合并,升格为东兴市直属学校,定名为"东兴市京族学校",在校学生与往年相比有很大增幅。

进入 21 世纪之后,京族聚集地实行"两免一补"政策、贯彻落实九年制义务教育政策、补助京族寄宿生,这些教育措施的完善,使京族的教育事业展现出良好的发展趋势。2010 年以来,京族三岛地区在校生数量逐年增长,学前幼儿、小学学生、初中学生数量分别从 2010 年的 1 089 人、1 920 人、1 293 人增加到 2018 年的 1 587 人、2 984 人、1 504人,增幅分别达到 45.7%、55.4%、8.6%。京族三岛地区学前教育三年毛入园率为89.2%,小学毛入学率为 100.1%,初中毛入学率为 103.4%,义务教育巩固率为 96.5%,高中阶段毛入学率为 85.6%。同时,教学设备也得到进一步完善,"十二五"以来,全市先后投入 1 000 万元经费建设京族教育基础设施、教学楼、学生宿舍、运动场等学校项目23 个,为东兴市京族学校、江平中学、江平中心小学等配备了现代化教学设施、实验仪器、计算机等设备,教育办学条件不断改善,教学设备基本满足京族地区教师、学生活动需要。在教育补助方面,东兴市京族学校、江平初中、江平中心小学等学校学生全部享受农村义务教育营养改善计划,针对家庭经济困难的幼儿、农村寄宿学生、普通高中学生、中职学生以及大学生都有不同程度的补助,保证京族学生顺利完成学业。

（二）京族文化与教育

1.京族文化与京族家庭教育

家庭教育是少数民族文化传承的重要途径之一,京族在历史上是一个有语言无文字的民族,"喃字"是我国京族传统文化的重要标志之一,是中华民族文化宝库中一颗璀璨的明珠。① "喃字"的发明使用仅限于精英阶层,民间的文学主要依赖代际的口耳相传。京族人热爱唱歌,自出生起便开始学习京族民歌,孩提时期唱《摇篮曲》;能够跟随父母出海时唱打渔歌或是出海歌;再大一些父母则会通过唱歌的方式把京族的传统文化授予孩子。在这样言传身教的过程中,京族的儿童就潜移默化地习得了民歌中蕴含的历史文化与传统习俗。不只是民歌,京族的家长还会给孩子讲民间故事,包括本民族神话故事、历史抗争故事、英雄人物故事等,这是故事的世代相传,更是民族精神的世代相传。京族是一个大量保留古老习俗的民族,尊老爱幼、孝敬父母、勤劳勇敢是京族同胞具备的优良道德品质,而形成这些道德认知和行为规范都需要通过家庭教育实现。

2.京族文化与京族学校教育

文化的传递与延续需要通过正规的学校教育来实现,相比于家庭教育和社会教育,学校教育创设的浓厚校园文化氛围、相关课程的开设以及专业教师的传授使得学校成了最适合民族文化传承的场所。1995年,我国第一所京族学校——东兴市京族中学在东兴市江平镇沥尾村成立,为京族三岛的京族学生提供初级中等教育。近年来,东兴市京族小学在"民族文化进校园"的大环境下,学校建设了民族教育展室、民族教育小基地、民族文化宣传长廊以及民族特色"读书亭"等,为京族学生习得传统文化提供了优越的传承空间,扩大了京族传统文化辐射范围。该校自2004年起增设京语课程,同时也开设了以"京族乡土教材"为教学蓝本的传统文化课程,为学生详细介绍京族的历史地理、民间故事、习俗文化、生产劳动、自然生态以及民族团结的相关内容,学生在了解本民族文化的同时也增强了民族认同感。此外,东兴京族学校还成立了独弦琴和京族歌舞艺术队,由专门的教师负责培训,并邀请众多民族文化传承人进行指导。通过各种形式,将文化融入学校,不仅发挥了学校教育功能、实现了文化传承的目的,也为传统的学校教育丰富了教育资源。

---

①黄安辉.中国京族研究综述[J].广西民族研究,2010,40(2):125-130.

3.京族文化与京族社会教育

通过社会教育途径实现京族文化传承主要体现在民族传统节日、社会研究机构以及博物馆的建设三个方面。"哈节"是京族最盛大的节日,也是京族传统文化在社会传承中最集中的展演场所。节日开展过程中蕴含了丰富的文化内容,主要包括京族民间故事、古典诗词、宗教信仰、传统民歌和舞蹈等,每一次"哈节"的举办都是一次文化传播的过程。为了更加完善的保存和传承民族文化,京族出现了很多专门对京族语言、乐器、文学等进行专门研究的社会机构,例如"京族字喃文化传承研究中心""京族独弦天籁艺术团",为京族文化的可持续发展做出了极大贡献。位于东兴市沥尾风景区的东兴京族博物馆和东兴京族生态博物馆于 2009 年正式对外开放,是一座以征集、收藏、保护、研究、展示京族文化与艺术遗存为主的民族博物馆。展厅以京族人的生产生活为主线,在这里可以看到京族的生活环境、生产生活方式、民族服饰、民族乐器等,以此实现了京族文化的社会教育意义。

广西京族文化也充分彰显出人与自然和谐共生意蕴,并将这种共生理念融入教育活动之中,这种共生理念主要体现在海洋资源与教育的互相融合上。丰富的海洋资源是京族人民赖以生存的自然资源,为了能够在利用资源促进经济发展的同时不破坏自然环境,京族充分发挥教育优势及时转换经济发展载体。京族早期的经济发展都依赖海洋捕捞业,为了避免海洋资源过度被开发,京族的经济模式逐步由传统捕捞业转变为海产品养殖业。为了满足养殖业所需要的技术知识,京族人开始自发进入学校学习,学校教育不仅提升了京族整体教育质量、实现个人发展,而且也直接促进了海水养殖业的发展,保护了海洋生物的生活环境,达到了人与自然和谐共生的目的。京族人与自然和谐共生教育还体现在旅游资源和学校教育的互相促进,金滩和红树林都是京族具有吸引力的旅游景点,但是由于前期过度开发,这些自然旅游资源受到破坏,为了保护生态环境,京族开始把关注焦点由自然风景转向人文风情。京族的中小学大力开发文化资源并编写乡土教材,通过学校教育实现民族文化的传承与发展,加强京族人对本民族文化的理解认同,营造民族特色文化氛围,塑造出文化内涵浓厚的旅游环境以吸引游客,弥补过度开发自然资源造成的环境破坏。综上所述,京族人与自然和谐共生教育体现出经济与教育互推发展特征。

三、广西东兴市氵万尾京族村落历史发展概况

　　氵万尾村是广西防城港市东兴市江平镇下辖的行政村,位于广西东兴市江平镇的最南部,东面可见白龙岛,南接北部湾,与越南隔海相望于西南,是我国典型的海洋民族——京族聚居的一个村落。氵万尾村原本是一个独立的海岛,是京族三岛中面积最大、资源最丰富的岛屿。当地属亚热带气候,四季节气不明显,夏季气温虽然较高,但有海风中和,并不干燥炎热。氵万尾村海滩呈金黄色,俗称“金滩”,有着全长 15 千米的海岸线,绵延开阔,平坦空旷,是天然的海滨浴场。氵万尾村是国家 AAAA 旅游景区——京岛风景名胜区核心所在地,同时拥有“京族哈节”及“京族独弦琴艺术”两个国家级非物质文化遗产。目前,全村总面积 13.7 平方千米,村中居住的有京、壮、汉、瑶等民族,共5 744人,其中京族人口约占 95%。耕地面积 3 695 亩,下辖万东、氵万尾、万西 3 个自然村,包括23 个村民生产小组,其中第 12 至第 17 村民小组是氵万尾村京族村民集中居住最多、杂居现状较少的地区,因其位于氵万尾岛的中部,岛中村民习惯称之为“中间村”,生活在此区域的京族村民多为阮、苏、梁、裴、罗、武、龚、杜、高、黄等姓氏。氵万尾村主要分布着京、汉、壮、瑶等族人,由于民族融合程度加深,氵万尾村京族村民受汉文化影响程度也加深,大多数村民都掌握了两种以上的语言——京语和汉语粤方言即白话。氵万尾村的村民日常交流主要使用京语,与其他民族的村民交流主要用白话。氵万尾村的京族村民对其他民族有着较高的认可度,各族村民能够和谐共处,团结共促村落发展。

　　从历史发展来看,1888 年清末政府正式设置方城县管辖氵万尾村之前,村落内部处于自治状态,由“翁村”这一传统社会组织来管理村内各项事务。新中国成立后,京族三岛建立起人民政权,成立了氵万尾、巫头和山心 3 个京族自治乡,原有的“翁村”制度逐步演变为京族民间社会组织,其政治职能也由相关政府单位行使。1949 年之后,“翁村”制度发挥的社会功能已经发生了改变,但是在氵万尾村的日常社会生活中仍然发挥着重要作用。目前,“翁村”组织主要负责村中“哈亭”的大小事务,主持一年一度的“哈节”的一系列仪式以及平日的各种祭拜活动。“翁村”的成员由村中的长老组成,设有“翁村”(村民称其为“亭长”)、“翁磨”(香公)、“翁记”(会计)和出纳等“职位”,成员年龄均在 50 岁以上。“翁村”组织的一些传统职能,如监督执行村规民约、处理村中各种纠纷、筹办各类公益事项等,目前已转由村党支部和村民委员会负责。新中国成立后,氵万尾京族三区行政归属权历经多次变更,1949 年防城县人民政府成立,京族地区在其辖区之内;1957 年,防城县被分为两个县,氵万尾属于十万山壮族瑶族自治县的江平区管辖;1985 年,十万山壮族瑶族自治县更名为东兴各族自治县;1978 年,东兴各族自治县县治迁至防城县管辖的防城镇;1979 年,县名更改为防城各族自治县,氵万尾村归其管辖;1993

年,防城各族自治县改为防城港市,并分为防城区、港口区和东兴经济开发区;1996年,东兴经济开发区改为东兴市,沥尾村隶属防城港市东兴市江平镇,直至今日。

从经济发展上讲,京族作为一个海洋民族,过去的京族人大都过着一种"靠海吃海"的生活,20世纪60年代中期,在我国政府的组织和资助下,沥尾村和巫头村开展了大规模的围海造田活动,大幅增加了耕地面积①,此时京族产业模式由传统渔业转变为渔农结合兼营盐业,同时沥尾村也变成了一个与陆路相通的半岛,既沿边又沿海,拥有良好的地理位置和区位优势。但总体而言,由于沥尾村土质碱化严重,粮食收成情况并不理想,沥尾村的贫困问题仍未得到真正解决,而且由于地处边境,受战争的影响,商品经济发展举步维艰,村落的整体经济发展水平较低。随着国家不断加强对京族地区的政策倾斜力度,尤其是改革开放后,京族三岛在经济结构、社会状况、居住环境等方面都发生了很大的变化。当前,村民的经济收入主要来源于浅海捕捞、海水养殖、海产品加工运输、汽车运输、旅游餐饮服务、边境贸易和渔船修造等,农、副、渔、商的多样化同步发展有效提高了沥尾村经济发展水平,大幅提升了村民生活水平。

从日常生活上讲,新中国成立以前,沥尾村村民住房以栏棚屋为主,房屋用竹木构建,居住条件较差。新中国成立以后,随着经济的发展、政治的稳定,京族人住进了石条瓦房,这种较为坚固的房屋可以起到防海风的作用。1980年以后,京族人开始建造具备现代化特色的钢筋混凝土结构的楼房,如今,沥尾村的村民住宅主要以楼房或别墅为主,有着良好的居住环境。此外,电视机、移动电话、网络宽带等也进入了沥尾村村民家中,摩托车和汽车代替了传统步行,村里到市区有专门的公共汽车,通信和交通的发展给沥尾村村民的生活带来了极大的便利。勤劳的京族人利用优越的地理位置,通过自己的劳动实现了"楼上楼下、电灯电话、经济收入、捕捞养虾、高级家具电气化、移动电话胸前挂、休闲进酒吧、享受桑拿浴"的美好幸福生活。②

四、广西东兴市沥尾京族村落学校教育概况

(一)学校概况

1.学校历史

东兴市京族学校位于东兴市江平镇沥尾村,始建于1952年,当时称为"江平镇沥尾

---

①《京族简史》编写组.京族简史[M].北京:民族出版社,2008:47.
②陈鹏,刘玉芳.京族人产业模式的变化及其对教育的诉求[J].黑龙江民族丛刊,2010(01):181-185.

小学",后历经"江平公社沥尾小学""江平镇沥尾京族小学""东兴市京岛中学",最后形成如今的"东兴市京族学校"。近半个世纪的变迁,历经磨炼,最终成就了现在民族特色鲜明、教育成果丰硕的东兴市京族学校。学校正式命名于 2003 年 8 月,东兴市为加快京族地区教育事业的进一步发展,将东兴市京族中学和沥尾小学合并成一所九年一贯寄宿制的民族学校,并改名为"东兴市京族学校"。该校是全国唯一一所以京族命名的民族学校,学校运用双语教学,学段包括小学和初中,在校学生几乎都来自江平镇的沥尾村、巫头村和山心村。目前,学校占地面积 25 806 平方米,建筑面积 12 609 平方米,该校的多媒体实施、学校标准化建设与其他经济发达地区相差不大,甚至优于一些非民族农村地区,这为京族学生接受良好教育提供了优越的条件。

2.办学理念

东兴市京族学校秉持着"特色引领,构建师生和谐发展的乐园"的办学理念,以"弘扬民族文化,创建民族特色品牌学校"为办学愿景,让学校呈现出"传承民族优秀文化,促进国际文化交流"的办学特色。东京市京族学校以高标准要求学生和教师,该校有着"明德、笃学、包容、创新"的校训和"敬业、爱生、求实、严谨"的教风要求。

3.教师及学生情况

2020 年春季学期,东兴市京族学共招收学生 1 027 人,小学生 695 人,初中生 332 人,其中京族学生 680 人,占学生总人数的 66%,其他少数民族学生 116 人,以壮族和瑶族为主,汉族学生 231 人,初中内宿生 39 人,留守儿童 9 人,学校整体升学率在 40% 左右。学校有教职工 94 人,专任教师 77 人,京族教师约占 40%,其中大专以上学历 77 人,教师学历合格率达 100%,中小学高级教师 6 人,初步形成了一支理论知识扎实、实践经验丰富的教师队伍。

(二)课程设置

1.校本教材

2001 年,京族学校开发了用于小学一至四年级的《京族乡土教材》,但是目前该教材已经停用。学校现有的校本教材是《中国京族经典民间故事》,教材由"过桥风吹""京族哈节""独弦琴传说""京族三岛传说""定情米粉""对屐成亲""海龙王开大会""鹅为什么不吃鱼"八个板块组成,教材借助哈哥、哈妹的卡通漫画形象分别对京族的婚姻习俗、传统节日、特色乐器、民族神话、饮食文化、优良品质等文化内容进行详细的介绍,让学生在轻松的学习氛围中了解京族,传承民族文化,推动民族发展。除该教材之外,其他相关的校本教材还在开发之中。

2.民族特色课程

自办学以来,学校坚持以民族教育为特色,借助京族聚居地的优势,在抓好常规教学工作的同时,积极开展具备京族特色的教学工作。学校开设了京族地方语课程、独弦琴兴趣班、竹竿舞、踩高跷民族体育课程等。

(1)语言

京族的特色文字为"喃字","喃字"为组合汉字,不利于学生的辨认和学习,而越南语和"喃语"发音较为相近,且容易辨认,因此东兴市京族学校在教授地方语言的过程中主要依托于越南语。目前,学校尚未开发出适合学生学习的京语教材,老师主要使用外语教学与研究出版社出版的《越南语》教材进行教学,教材共4册,足够满足学生的语言学习需求。学校从小学四年级就开设了语言课程,课程频率为一周一节,该学校的小学部和初中部分别有一位教师专门教授语言。东兴市京族学校的语言教学目标是让学生具备基本的语言沟通能力,能够辨认越南文字并能正确发音即可,对京族"喃字"的书写和认读没有具体要求,主要任务还是在通用汉字的学习上。语言课程采取随堂测试的考核方式,考试内容主要为口语,尚未设置专业的笔试检验文字的书写。

(2)独弦琴

京族和大多数少数民族一样喜爱歌舞,并拥有特色的哈歌、哈舞传统文化,为了让这些民族艺术能够通过年轻人持续传承下去,东兴市京族学校开设了独弦琴兴趣班,成立了京族歌舞艺术队。东兴市京族学校自2009年开始开设独弦琴培训班,目前,培训班的常有人数在100人以上,学校为其配备专业教师和教室,主要利用早、中、晚的课余时间集中学习,在课程中表现较为突出的学生教师会着重培养,让其跟随教师参加社区大型演出、京族哈节等庆祝活动。学校专门设置了独弦琴演奏室,共有独弦琴30台左右,独弦琴课程使用王能编著的《中国京族独弦琴演奏技巧》,教材中包含了弦琴的制作过程、编曲写作以及详细的曲目乐谱,教师会根据每一学期学生学习的具体歌曲进行复印,把书中的乐谱下发给学生。目前,东兴市京族学校初中部教独弦琴的教师是一位广西艺术学院的应届毕业生,这位教师曾经也是东兴市京族学校的一名学生,在校期间通过学校开设的独弦琴课程找到自己的兴趣所在,进入大学后对独弦琴进行了专业的系统学习,在完成本科学业之后回乡回馈母校。学校除了配备专业的教师对独弦琴进行单独教学,还会邀请社会中的民族文化传承人进行指导,如今东兴市京族学校的独弦琴培训班已经成为广西未成年人非物质文化遗产传承示范基地,为传承和发展民族文化艺术、打造民族特色品牌学校做出了重要贡献。

（3）竹竿舞和踩高跷

京族的竹竿舞是京族渔民欢庆捕捞丰收的一种舞蹈,主要是在海边的沙滩上进行,所用的竹竿原本是一种劳动工具,为了使这一富有民族特色的活动发扬光大,东兴市京族学校将竹竿舞和体育教学有机融合,开设了竹竿舞兴趣班。2003年以后,东兴市京族学校的竹竿舞成了历届广西少数民族运动会的表演项目。踩高跷原是京族人为了方便捕捞而发明的一种捕鱼方法,学校也将其融入体育课程,在开课前对体育教师进行集中培训,再在课堂上教给学生,同时学校也会针对竹竿舞和踩高跷两项活动举办竞赛,激发学生的学习兴趣。

（三）科普教育

在彰显民族特色办学理念的基础上,学校树立"科普兴校"的指导思想,进一步加大了科普教育的投入,注重开展科普实践活动,加强了学生创新能力的培养。2011年东兴市京族学校的青少年科学工作楼开始投入使用,共设4个科技创作工作室,学校每周对学生开放两次青年科学工作活动室,培养学生科技创新的兴趣,让学生能够真正爱科学、学科学、用科学。学校为激发学生学习动力,定期举办校园科学节、开展学生科普知识专题讲座、鼓励学生参加各个层次的科技创新比赛等一系列科普活动,如航模比赛、橡皮筋模型飞机竞时比赛等,近年来,该校学生还多次代表东兴市参加自治区科技创新科技大赛并取得了优异成绩。通过知识和实践活动的双向结合培养,学校培养出了思维敏捷、双手灵巧的兼具现代与传统特点的京族学生。

（四）对外交流

为进一步传播京族文化,加强文化交流,近年来,东兴市京族学校积极组织国内外交流活动,先后与香港、台湾地区,及越南、韩国等国家的多所学校及社会团体开展民族文化、民族体育方面的交流与对话。此外,京族学校也与各地高校建立了联系。例如,2010年柳州工学院英语实践基地在该校挂牌,2011年清华大学学生实践团到该校开展实践活动,2014年广西民族大学人类学、民族学专业师生到校参观交流,2015年钦州学院"国培计划"校长培训班来校参观。通过"走出去"和"走进来"扩大了学校对外合作与交流的渠道,拓宽了学校的发展道路,很好地促进了京族地区基础教育事业的发展。

近年来,在东兴市京族学校全体领导和师生的共同努力下,学校先后被授予"全国群众体育运动先进单位""全国民族团结进步模范集体""全国教育系统先进集体""自治区民族团结进步模范集体""自治区民族文化教育示范学校""广西科技创新先进单位""东兴市文明学校"等称号,其教育质量获防城港市 2019 年初中教学质量二等奖,教师在 2017 年东兴市中小学中青年教师优质课比赛小学学区中获一等奖。综上所述,东兴市京族学校目前已经发展为一所教学有特色、教育有质量、教师有能力、学生有素质的富于民族特色的品牌学校。

学校教育是广西京族人与自然和谐共生教育的主要场所,东兴市京族学校根据京族这一海洋民族的文化特色开设了一系列的课程和兴趣班,通过开发京族校本文化,教育学生要尊重自然,感恩大海的馈赠。而学校体育课程中教授给学生的踩高跷也是共生教育的体现。踩高跷来源于京族传统的海洋捕捞生产方式,这一民族传统生产工具通过与学校体育课的有机融合,不仅让学生学会了一种技能,更重要的是实现了民族传统文化的传承,学生在学习的过程中了解自然,习得京族祖先在适应自然、尊重自然的过程中取得的成果,培养了京族学生人与自然和谐相处的意识。

五、广西东兴市沥尾京族村落学校教育问题分析

(一)基础教育价值取向偏离

京族是一个海洋民族,临海而居的生活方式使京族形成了特色的经济文化类型,丰富的海洋资源为京族人提供了独特的经济发展路径。沥尾村以海洋渔业、边境贸易、旅游业等为主要产业模式,丰富的收入来源为村民带来了优渥的生活条件,但是,繁荣的经济发展同时也让沥尾村的基础教育出现了价值取向偏离的问题。京族人民以海为生,渔业捕捞是沥尾村村民的传统生产方式。进入 21 世纪后,海洋资源的进一步开发和信息技术的发展打开了海产品的市场,提升了渔民的收入,拉动了经济增长。但是,在这一传统产业中,推动经济增长的主要因素是自然资源的开发,而非学校教育中的知识技能,因此,京族村民产生了"读书无用论"的思想,家长不重视教育,间接阻碍了京族的教育事业发展。19 世纪 80 年代后,沥尾村边境贸易的兴起为村民再次提供了改善生活条件的机会。在边境贸易的支持下,京族人民凭借其天然的语言优势在短时间内获得了大量财富,沥尾村村民的生活质量也得到迅速提高。沥尾村的学生从小就生长在热衷追求财富的社会氛围中,导致其认为接受教育既不能对实际生活起到指导作用,也不能改善家庭经济状况,因此学生就产生了"读书无用"的思想。同时,由于执着于做生意赚钱,教育又需要高投入,家长既没时间管理学生上学,也不支持子女接受教育。学生的自我放弃与家长的冷漠态度让沥尾村学校的教师以及相关教育管理者对村落的

基础教育事业也抱有消极态度,未能发挥积极的领导作用,没有引导学生认真对待自己的学业,没有让家长认识到教育的重要性,因而造成沥尾村基础教育价值偏离。此外,当地教育管理者面临教师、家长和上级领导等多重压力,加之自己缺乏专业的教育理论知识,村落的教育水平未能得到社会认可,使管理者也产生了职业倦怠,未能正确认识自身能力,合理认知教育价值取向,在沥尾村基础教育阶段的学生教育价值取向发生偏离的时候,未能进行正确的价值引导,纠正错误取向。

(二)乡村教育师资力量薄弱

首先,相比其他民族地区的村落,虽然沥尾村的经济发展水平和城镇化进程水平较高,但是与城市相比,其经济水平、就业环境以及生活条件等各方面仍较为落后。与之对应的乡村教师的工资待遇、职称评级、教学环境等各方面都与城市教师有较大差距,据当地负责人事招聘工作人员反映,每年当地学校的教师招聘都存在招不满的现象,年轻的优秀教师不愿回乡,年纪较大的教师在教育观念、教学方法、知识技能上已经有所落后,进而造成沥尾村整体教师水平相对较低问题。

其次,沥尾村是一个京族聚集地,学校中京族学生的比例占据大半,在这样一个民族聚集地,学校教育除了承担着与国家其他普通学校相同的教育任务,还需要担负起传播民族文化以及促进民族团结进步教育的重任,但这两项教育任务对本就教师紧缺的沥尾村而言更是艰巨。以东兴京族学校为例,该校为了传承京族文化,自小学四年级就开设了语言课程,但是由于京语和"喃字"本身难度较大,且有些资料无法考证,学校开设的语言课程主要是以学习京语的相近语言——越南语为主。目前该校初中部的语言教师一个人就承担了初中部所有的语言课程,这位教师深入习得了越南语,但是京族的"喃字"他并不能认全,因此教授学生语言的时候就以越南语和越南文字为主,在这个教学过程中,学生只是学到了基本发音,而文字是语言文化的精髓,但却受教师水平的限制,京族学生并未真正地接触到本民族的文字文化,故继承民族文化的教育目的也难以落实。近年来,随着国家教师招聘政策的不断完善,沥尾村的教师和其他地区教师相同,只要符合学历、专业、年龄等基本条件都可以通过政府的统一报考,成绩合格后即可录取,这样看似公平公正的招聘过程,对于具有民族性特点的东兴市京族学校而言却有很大的局限性。学校开展的语言课、体育课以及民族艺术类课程都与京族文化息息相关,但是通过考试进行统一招聘对教师的民族并未限制,非京族的教师对民族文化不够了解就无法胜任相关课程。东兴市京族学校开设的竹竿舞和踩高跷等民族课是依托于体育课实施的,但是体育课教师也并不会跳竹竿舞和踩高跷,通常都是非专业教师在开课之前去参加培训之后返校上课,教师并未受过系统专业的学习和训练会直接影响教育成果。此外,东兴市京族学校对教师进行的集体培训更多的是校内培训,其培训的专业性、针对性和指导性都有待提高,培训未能切实达到提升教师水平、提高教育质量的效果。

最后,良好的物质基础、完备的政策保障和较高的社会地位是促进乡村教师寻求自我发展的重要外部因素。要满足教师的基本生活需求才能让教师安心追求教育事业,但是沥尾村的教师工资普遍较低,与当地做生意的人在收入上差距过大,乡村教师身兼重任却仍要为生活奔波,消耗了教师的教学热情和职业进取心。如上文所述,沥尾村是一个较为富裕的村庄,大部分家长对财富有着强烈的追求,认为教育并不重要,学生本身也存在"读书无用"的思想,因此一部分家长和学生并不尊重教师。作为一名乡村教师,面临着生活的压力和社会认可度低的双重压力,在此重压下教师会产生严重的职业倦怠情绪,没有了对教育事业的追求和热情,对个人发展不抱希望,自然不会继续提升自我并致力于教育事业。

(三)学校民族课程设置失衡

位于沥尾村的东兴市京族学校一直把传承民族优秀文化作为教育办学工作的重点内容。在"民族文化进校园"的背景下,该校开发了校本教材,开设了相关的民族特色文化课程,这些教材和课程都在传播民族文化、提高学生对京族的文化认同方面起着重要作用。但是,由于师资、经费等多重条件的限制,该校民族文化类教材存在着开发不充分的问题,民族艺术及文化类课程设置面临着结构不科学的窘境。学校在2001年就开发出针对小学一至四年级学生使用的《京族乡土教材》,但是目前该教材已经停止使用,现有的教材是《中国京族经典民间故事》。该教材由中共东兴市委宣传部和哈哥哈妹工作室共同编写,由广西人民出版社出版,东兴市京族学校的小学部和初中部都使用这本教材,教材依托哈哥哈妹的动漫形象对京族的一些风俗传统做了简要介绍。校本教材首先要满足学生的需求,而《中国京族经典民间故事》的使用范围却覆盖了整个小学和初中学段,这本教材在小学阶段作为文化类的校本教材使用是非常合适的,但是教材编写形式和具体内容对于初中生而言就显得过于简单和单薄。经过六年的小学教育,东兴市京族学校的初中生已经对京族文化有了一定的了解,《中国京族经典民间故事》仅对京族的基本民族风俗做介绍,对民族历史渊源、京族节日习俗背后蕴藏的深刻民族文化并未进行深入挖掘,已无法满足初中生的学习需求,而且这样的校本教材也并不能真正地让学生深入理解京族文化,传承民族文化更是难以实现。

东兴市京族学校为了传承京族文化开设了语言、艺术和体育类课程,但是其课程结构却并不合理。语言课程每周只有一个课时,且注重口语,没有专门的考试,然而语言和文字是一个民族传统文化的核心,要深入了解某一民族的文化意蕴,首先就需要学习本民族的语言和文字,它们既是研究工具也是研究内容。然而,京族学校却忽视了对文字的教学和考核。独弦琴是京族学校的重要课程,老师每天都会带领学生练琴,但是学生对独弦琴的学习仅限于演奏方法和弹奏技巧,对独弦琴的来源历史、制作方法、现存的独弦琴曲目背后的民族故事等重要文化内容没有系统的学习和了解,这是课程内部结构的失衡。语言课程和独弦琴课程之间的结构失衡以及独弦琴内部课程结构的失衡都在一定程度上局限了京族文化的传播范围和传播深度,民族学校的文化类校本课程只有做到教材内容丰富、课程结构形式多样、课程开展途径多维才能发挥学校传承民族文化的教育功能。

六、广西东兴市沥尾京族村落学校教育的发展策略

(一)正确定位基础教育,家校社联合共促教育发展

基础教育是我国乡村教育事业的根脉,提高基础教育质量首先需要各层教育管理者、教师、学生、家长和村民树立正确的基础教育价值取向,要认识到基础教育的重要性。沥尾村村民对当地教育认可度较低的根本原因在于商业发展较快且繁荣,传统渔业、旅游业和边境贸易等都不需要较高的文化水平就能够赚钱。面对这种局面,相关政府部门应在当地经济发展已经达到较高水平的前提下适当转变发展重心,大力宣传基础教育的重要性,并制定相关优惠政策支持基础教育发展,改变京族三岛基础教育功利化、世俗化的现状,从根本上革除"重商轻学""读书无用"社会风气。在发展基础教育事业中,政府起着价值引领作用,若要让政策落地,切实提高沥尾村学校教育质量,还需要学校领导、任课教师与学生家长的密切配合。沥尾村的所有中小学应立足于村落实际情况、依据上级政府政策要求统一教育目标,形成连贯一致的培养体系,从小学到初中全面落实教育方针,提高学生受教育意识,形成正确的价值观,做出正确的价值选择。教师是教育活动中的引导者,对学生的价值观形成起着关键作用,尤其是班主任应开展系列主题班会教育活动,用榜样示范的教育方式激发学生的学习动力,为沥尾村基础教育事业注入活力。学生受教育与否在很大程度上取决于学校以及社区学习氛围,其中社区中范畴内的家庭教育是所有教育的基础,沥尾村的家长大多文化水平不高,教育孩

子意识淡薄。因此,对家长进行正确的价值观教育也是转变沥尾村基础教育价值取向的重要工作之一。学校和家长之间要建立密切联系,教师向家长介绍科学的教育方法、灌输正确的教育理念,引起家长对教育的重视;家长应主动向学校教师了解孩子的学习情况,虚心向教师学习教育方法。只有家校之间形成教育合力,建立联动机制,才能为学生创造良好的教育环境,共同提高沥尾村基础教育质量。

(二)完善教师培训机制,提升乡村教师专业素养

教师是教育的主体,教师专业素养水平对学生学习质量起着决定性作用。由于师资短缺,沥尾村的大部分乡村教师都需要担负不同科目的教学,或是肩负行政任务的同时也有教学任务,还有一部分教师并未系统接受过相关的京族文化学习,但也不得不担任一定的民族文化类校本课程的教学任务。乡村教师师资缺乏的问题需要综合各方力量系统化解决,教师质量问题则可以通过当地政府与学校的努力进行改善。保障民族地区乡村本土化教师高比例,提升乡村教师综合素养,应对教师展开职后培训。培训应以促进乡村教育事业发展为目标,采用集中培训、网络研修、校本培训、学术交流"四位一体"的培训模式[1],全方位、多层次地为乡村教师提供提升与完善自我职业能力的途径。此外,地方教育部门还应该为乡村教师提供交流的机会,可以邀请高校相关专家深入乡村开办讲座和开展短期培训,也可以组织乡村教师到教育发展水平较高的学校听课学习,促进送教下乡的落实,加强城乡沟通交流,努力提高各级各类教师培训的实效性,加大对不同学科教师在专业知识、教学技能等方面的培训力度,提高乡村教师"一专多能"的素质。[2] 通过这种"走出去"和"引进来"相结合的模式拓宽乡村教师的教育视野,更新教师教育理念,完善教师教学技能,打造出既具备先进理论又契合本地发展需求的本土化乡村教师队伍。

(三)优化文化课程结构,促进民族学校特色发展

东兴市京族学校文化类校本课程的开发主要依赖于当地任课教师,优化学校校本文化类课程首先要让课程开发者树立多元文化教育观念。民族学校不仅要重视培养少数民族儿童对祖国的统一认识,也要培育学生对本民族文化的认同,增强民族学生对传承民族文化的责任感。因此,学校领导者和教师都需要树立多元文化教育理念,充分挖

---

①蔡其勇,郑鸿颖,李学容.新时代乡村教师队伍建设策略[J].中国教育学刊,2018(12):81-86.
②钟海青,江玲丽.本土化:边境民族地区乡村教师队伍建设的重要途径——基于广西边境民族地区的教育调查[J].民族教育研究,2017,28(06):5-11.

掘民族文化资源,找到民族课程和民族文化的契合点,将民族历史、民族风俗、民族语言、民族精神等融入课程。这就要求当地课程开发者要深入了解京族文化,融入京族生活环境,实现京族文化与校本课程的深度融合。在文化类校本课程开发过程中,要注意避免课程实施形式化、避免课程内容肤浅化。以东兴市京族学校为例,负责课程开发的教师首先要把民族文化的核心内容纳入课程内容,例如将"喃字"、民族历史发展、民族精神等实质性文化内容编入教材,让学生对京族文化的学习更加深入。其次,课程开发过程中不仅要注重课程内容,也要协调好每门民族文化课程之间的关系,合理分配独弦琴、语言课、竹竿舞等课程的时长,促进学生全面均衡发展。除了树立多元文化教育理念,优化学校校本文化课程结构,还要建立多层次课程目标体系,构建多元化课程评价体系。校本课程应依据不同的教育对象设置不同的教育目标,以语言课程为例,由于京族文字即"喃字"难度很大,东兴市京族学校对所有学习者设置的课程目标都是能够正确发音、流畅沟通即可,但是文字是民族文化的根基,不可弃之不管,学校应根据学生学习情况进行分班,对有基础的学生进行文字教学。多元化的课程评价体系在校本课程实施过程中也扮演着重要的角色,民族地区地方课程的顺利开展需要完整的评价监督机制,在课程评价的过程中兼顾国家课程和地方课程,把民族文化课程正式纳入评价体系。

· 第六章 ·

隆林火之子：广西世居彝族村落教育研究

一、广西彝族概况

彝族是中国少数民族中璀璨的一颗明珠，人口数量位居少数民族人口排名第六位，达到 871 万人。他们广泛分布在四川、云南、贵州、广西，其中凉山彝族自治州是彝族最大的聚居区。广西彝族人口较少，只有 7 000 多人，主要分布在百色市隆林自治县、那坡县、西林县、田林县。其中，隆林县人口分布最广最多，主要分布在德峨、克长、者浪、岩茶 4 个乡的 10 多个村，人口将近 5 000 人，本研究以隆林县为例，简要概述广西彝族历史文化的发展情况。

百色市隆林各族自治县地处广西西北部，位于广西、云南、贵州三省交界处，隆林县少数民族众多，世代相居。隆林彝族因与汉族、苗族、壮族、仡佬族等各个民族相互杂居，其民族文化发展是一种融合式发展方式。有研究学者指出，广西隆林县彝族大都来自云南彝族的迁移。许艳曾通过地理迁徙、历史追踪、民族习性等方面分析，现居于广西隆林县彝族一部分是由云南东川、曲靖地区于隋唐时期迁入，一部分是由明朝时期滇西一带彝族迁入。①

彝族奴隶制时期，彝族六祖分支相互内斗，战败者成为"白彝"，土司世袭统治下的彝族喜爱黑色，认为黑色庄重、高贵，故被称为"黑彝"。此外，由于不同地区方言不同，

---

① 许艳.隆林彝族源流探析[J].钦州学院学报,2014,29(09):48-53.

彝族支系繁多,除去黑彝、白彝,还有红彝、甘彝族、花腰彝等称呼。新中国成立后,彝族不再以尊卑、高低划分彝族支系,大都是从衣着服饰颜色、语言、风俗习惯来划分。王光荣指出,隆林、西林县的彝族大都是黑彝族,喜爱黑色,服饰多以黑色为主色,并在节日活动中衍生出"抹黑节",认为用烟灰抹在脸上即"抹黑脸"来相互打招呼,表示接受者会被认为是乐意接受彝族祝福。[①]

彝族服饰是彝族在彝族人生活和文化互动中所产生的物品,不仅象征着彝族人辛勤的劳动与创造能力,更是承载着传播彝族文化的重要功能。[②] 通常,彝族男子头戴帽子或缠黑布,用布在头上包有拇指粗细的"英雄结",上身穿对襟坎肩,身披"瓦拉"(一般称:查尔瓦),下面坠有流苏,下身穿宽大长裤。彝族女子头上戴花帕或帽子,帽子两端坠有串珠,上身穿右衽绲边上衣,下身穿百褶长裙,女性衣着色彩艳丽,百褶裙由宽窄布拼接而成,以黑、红、黄三色为主。这与彝族文化积淀有关,他们认为黑色象征坚毅和刚强,红色代表着热情和勇敢,黄色象征着善良与友谊。

有研究者指出,隆林的彝族与其他民族杂居,当地汉族、壮族、苗族人口众多,形成主流文化,对人口较少的彝族施加文化影响,改革开放后,思想观念革新使得彝族服饰在旧时特征中融入一些新的特点,让彝族服饰更能体现民族特色,也更能适应日常生活。如从传统服饰中继承了"上衣下裙""右衽百褶"的基本结构形式,以及装饰、缝制手法,又从现实社会和外来文化中吸收了"鲜艳浓烈""上窄下宽""上短下长""凹凸有致"的服饰艺术风格。[③] 如今,隆林彝族服饰主要根据年龄、性别进行划分,青年儿童女性大都是上衣、长裙,头戴绣花帕,衣服颜色鲜艳,以红、黑、黄为主;男性身穿对襟坎肩和长裤,身披"瓦拉",颜色以红、黑为主;中老年女性头包长头巾,上衣、长裤,颜色以黑、蓝为主。女性服饰根据年龄特点划分:青年者颜色艳丽,表现出生机勃勃、活力满满,年老者颜色素净,表达出她们性格沉稳、庄重严肃。男性服饰都为短衣、长裤,由于彝族多为山地民族,气候湿冷,因此一般身披查尔瓦御寒。

隆林地区彝族以农业为主,以种植玉米、稻谷、小米、高粱、小麦、荞麦为主,常做荞粑、玉米酒、甜酒。同时蔬菜丰富,养殖牲畜多为猪、鸡、鸭。每到过年过节或者客人来时,彝族人便杀猪宰鸡,热情好客,推杯换盏,好一片热烈的气氛。值得一提的是彝族著名美食"坨坨肉",在制作上,一般是用鲜活肥硕的猪仔,肉嫩鲜美,将其切成块状,形状

①王光荣.广西彝族支系浅析[J].广西民族大学学报(哲学社会科学版),1983(04):32-33.

②高子涵,陈劲松.彝族服饰的艺术特色研究——评《西南彝族服饰文化历史地理》[J].上海纺织科技,2021,49(05):65-66.

③许艳.隆林彝族服饰艺术当代重构探究[C]//中国艺术人类学学会,江南大学.2015中国艺术人类学国际学术研讨会论文集(下).中国艺术人类学学会、江南大学:中国艺术人类学学会,2015:4-16.

第六章 隆林火之子:广西世居彝族村落教育研究

如拳,最大也可以切成小碗状,不放作料,放入清水中煮至六成熟后,将其捞起来放入盐巴或调制的作料,将其腌制入味,端上桌子后,客人们边啃边嚼。① 由于"坨坨肉"讲究对火候的把握,因此肉鲜味美,入口不腻,越嚼越香,越吃越爱吃。

彝族虽然饮食丰富多样,但也有饮食禁忌,无论身处何地,彝族都禁食狗肉。狗在彝族日常生活中占据重要地位,同时也有彝族故事传说,狗吠叫的声音可以吓退邪祟,故彝族人为了表达对狗的感激便不再食狗肉。

隆林彝族石碑有记载,"不准同姓为婚……无论姑父舅男,只要婚姻相对,两无抗拒"。现在,隆林彝族法文化经历由"转房""通婚禁忌"到婚姻自主和自由。② 由于时代受限,过去禁止同家族相互通婚,鼓励姑舅表婚。同时,转房制在彝族婚嫁传统中占据重要地位,曾影响许多彝族人的家庭发展。转房是指如果哥哥死亡,弟弟可以征得同意与嫂嫂进行再婚,同理,弟弟死亡,哥哥也可以与弟媳再婚,该制度影响深远,甚至在20世纪90年代也有遗存。③ 随着人们的思想开放,这种习俗已经逐渐被摒弃,鼓励男女青年大胆地追求自己的幸福。现今,该地区形成族际通婚,其本质是文化认同,它在族内文化认同和族际文化认同的基础上,促进了更大范围更深层次的中华文化认同。④

毕摩在彝族社会里是非常受人尊敬的,主要是因为毕摩是彝族传统文化的集大成者。在彝族日常生活中,毕摩从事的是为人测吉凶、占卜、驱邪、治病的工作;在婚葬习俗和重大活动中,毕摩充当着祭司,通过在祭祀、丧事时念诵经文,通过"送灵""安灵"等仪式祭祀祖先,仪式烦琐,由于这些活动中具有神秘色彩,因此毕摩被认为能够沟通鬼神的大能。⑤ 此外,由于祭祀仪式繁多,相关知识体系庞大,因此毕摩还掌握历史、天文、医药、礼俗等知识,指导着彝族人日常生产生活的方方面面。在隆林县德峨乡每年一度的火把节中,就出现毕摩主持祭火神仪式的身影,他们在彝族祭祀中占据重要地位并在彝寨中极具威望。

火是彝族人传统生产生活的重要组成元素,也是彝族文化传承和发展的核心要素。⑥ 彝族生产生活中与火有着密不可分的联系,因此对火产生崇拜之情,由此产生出

①何自国.彝族饮食文化与川菜文化的比较研究[J].西南民族大学学报(人文社会科学版),2000(S3):143-145.

②李远龙,李婕.广西隆林彝族法文化研究——广西世居民族习惯法研究系列论文之八[J].广西民族研究,2018(04):101-108.

③李远龙,唐榕嫔.冲突与协调:隆林彝族传统婚姻习惯法研究[J].传承,2018(03):95-103.

④马富英,依乌,维色阿甲.藏彝族际通婚与文化认同——以四川省甘孜藏族自治州九龙县踏卡彝族乡为例[J].民族学刊,2020,11(05):36-42,135-136.

⑤杨兆云,单江秀.论彝族毕摩的角色[J].云南民族大学学报(哲学社会科学版),2007(03):113-116.

⑥邵鹏,张荣华,陶磊.文化自信的力证:火文化与彝族社会的和谐发展[J].贵州民族研究,2019,40(06):39-45.

彝族独具特色的节日庆典——火把节。彝族人会在农历六月二十四日举行祭火节,通过点燃火把、杀猪、羊祭拜祖先,同时进行歌舞表演。在广西隆林彝族,火把节同样占据重要地位,每年农历六月二十四日就会在隆林县德峨乡举行"火把节"的相关活动。该活动包括开幕式、祭送布谷鸟、火把驱虫仪式、群众文艺演出、民俗活动、篝火晚会、山歌对唱等内容。丰富多彩的活动内容不仅向来宾们充分展示了彝族民间艺术的独特魅力,而且吸引众多海外游客观光参与节日活动,让当地彝族同胞过了一个古老而传统的彝族节日,将优秀的彝族文化传承下去。其中,祭送布谷鸟活动是隆林彝族在举行火把节中的一个重要活动。有学者指出,祭送布谷鸟节可能是将当地仡佬族"吃新节"与彝族文化结合起来构建出的一个全新的节日。① 在节日中,彝族人将竹编的布谷鸟护送到山顶,并用肉和米饭供奉,他们通过将精神寄托于布谷鸟,以此期待来年五谷丰登等美好愿望。

彝族重要节日还包括彝族人自己的新年——彝族年。2011 年"彝族年"被选入国家级非物质文化遗产名录,这一节日申报成功体现出国家对民俗的重视。同时,也是由于彝族年是彝族文化历史变迁的见证,蕴含着彝族的习俗和信仰,包含着彝族独特的日历文化,对于一个民族来说,意义非凡。彝族年是彝族每年农历十月初一都要举行的祭祀和庆祝的大型民俗节日。彝族年一般经过年前准备、年节欢度、年后拜年三个阶段。年前,要提前打扫好房屋、酿酒待客;过年时,隆林彝族人杀年猪、宰羊,与众人分之,一起欢度佳节,如同春节时汉族一样,祭拜祖先、全家团聚、节日欢庆,期望来年幸福安康;年后,家家户户开始拜年,一拜家里长辈,一拜亲戚朋友,彝族人通过赠肉送礼表达心意,相互奉送礼金。

广西隆林彝族地靠三省交界处,与多个民族相傍而居。在这样一个民族杂居的地理环境中,仍保持着自己独特的文化特色。广西彝族对自然的崇拜深深扎根于彝族血脉中,彝族被称为"火之子",从出生到死亡,他们都是离不开火。熊熊火焰锻造出他们热情爽朗的个性,不曾熄灭的火塘伴随着彝族人的一日生活,从饮食、居住、交流、学习、传递等都在火塘旁边进行。一年一度的火把节是彝族最为重大的节日,彝族人会盛装出席祭祀火神。彝族丧葬多为火葬,火能够消除污秽,这是逝者最好的归宿,也是彝族人生死不离火的真实写照。

---

①许艳.隆林彝族"祭送布谷鸟节"传承现状考察[J].攀枝花学院学报,2014,31(05):53-56.

二、广西彝族教育概况

教育是一个民族的文化乃至整个社会延续和发展的基本条件,它往往与物质资料的生产、再生产以及人类自身的繁衍有机结合,共同构成社会再生产的基本内容。彝族具有悠久的历史和文化传统,也有着比较发达的教育和传承机制,彝族教育主要由家庭教育、社会教育和学校教育三部分组成。彝族传统教育促进彝族悠久传统文化的积累,随着现代学校教育的发展,进一步推动了彝族地区社会经济文化事业的进步。

(一)家庭教育

彝族进入一夫一妻制阶段时,家庭教育孕育而生,彝族家庭成为物质文化和精神文化发展的第一环。彝族的家庭教育具有广泛性,无论是生活生产技巧还是道德规范、伦理纲常都是家庭教育的重要内容。著名彝族叙事长诗《阿诗玛》描述了阿诗玛在少年时期学会的种种手艺:"女儿满五岁,背上背菜篮,上山找野菜,阿妈喜六场。女儿满七岁,七岁会绩麻,绩麻赛阿妈,阿妈喜七场。女儿满九岁,走路谁做伴?做饭去挑水,水桶来做伴。在家谁做伴?做饭站灶边,灶台来做伴,美丽阿诗玛,做饭赛阿妈,阿妈喜八场。女儿满十二,为父补衣裳,补裤又缝衣,为父遮风寒,阿爸喜一场。"[1]彝族的家庭教育具有意识性,父教儿、母教女是不成文的规定。在家庭中父母言传身教,将教育思想与实践过程结合起来,有目的有意识地对孩子性格进行塑造。彝族家庭教育也具有时间久、周期长的特点,从呱呱落地到长大成人离开家,因而彝族孩子深受家庭教育的影响。彝族家庭教育也有潜移默化的特点,家庭营造的氛围会悄无声息地影响着孩子的童年,家庭氛围越是和谐就越能促进一个孩子的良性发展。

(二)社会教育

在原始社会时期,由于彝族的生产力水平低下,彝族人共同劳动平均分配成果。为此,他们为了本族的生存与繁衍,开始向年轻一代传授各种生产技能和生活知识经验。在这一时期,还没有出现现代意义上的"老师",传授经验的人往往是年长者,他们有着丰富的阅历,但随着年纪的增长逐渐丧失劳动力,故更多的担任教育责任。他们通过直观的描述各种器具、武器,讲述彝族生产生活习俗,教育年轻一代要遵守族群和部落的规章制度和道德规范,从而使每一位成员都能获得赖以生存的生产和生活诸方面的知

---

①吴明海.中国少数民族教育史教程[M].北京:中央民族大学出版社,2006:143.

识技能。在原始社会,这样一个教育传授过程往往与生产、宗教过程相联系和混合,在狩猎、宗教仪式举行过程中传授本民族的文化知识。彝族原始教育的一大特点是,重视对青少年尊老爱幼、团结互助、不偷抢、礼貌待人的道德品质教育,这也体现出从最开始就根植于彝族血脉中的优良品质。但需要指出的是,由于各部落相对封闭,教育尚处于原始和封闭的一个状态,这也深深影响彝族的性格以及智力、创造力的发展。原始时期的教育多为经验讲述、口耳相传的部落教育,学校教育还并未出现,这种社会教育的方式深深影响着后一辈的知识观念和价值取向。彝族社会教育的形式多样,例如彝族人围坐在火塘旁听老一辈人讲述本民族的历史和文化传统;毕摩通过宗教活动传授丰富多彩的传统文化内容,在这个过程中,年轻一辈逐渐掌握本民族的历史文化、文学艺术、语言文字、伦理道德、宗教信仰等。由于彝族是一个聚居的民族,稳定的生活给彝族社会教育创造了良好的基础条件。

(三)学校教育

1.旧时学校教育的发展

彝族教育是随着彝族社会不断发展而逐步向前发展的。在不同的历史阶段,由于社会背景以及生产力等因素,彝族教育发展有所不同,主要包括彝族学校教育的产生与发展,汉文化对彝族教育的重要影响。

公元前7世纪,古蜀国的建立标志着彝族从此进入了奴隶制社会。由于生产力得到一定的发展,社会分工细化,简单的原始教育形式已经不能满足当时的生产生活需求,同时汉武帝时期推崇儒学思想,彝族地区开始出现汉文化与彝族语两种教育。新办的学校吸收一些少数民族子弟入学,培养出了一些人才。在此过程中,佛教、道教的传入也深深影响着彝族人的教育发展,这为彝族人更新陈旧观念、学习各种文化创造了条件,并在奴隶主中后期,儒、释、道对彝族社会产生了深远的影响。

公元973年,南诏国和大长和国先后灭亡,大理国的建立标志着彝族正从奴隶制转变为封建制。生产力的进步使得彝族地区的文化教育较之以前有了很大的发展。据记载,大力修建学宫书院为彝族的学校教育的发展奠定了基础。中央王朝对各民族地区给予宽松政策,要求自己管理本地区的事务,因此一些封建土司积极学习汉文化,但一些偏远地区仍然是以彝族语教育为主。明朝改土归流后,汉文化的输入和土司制度的衰落促进了彝汉人民的融合。

在新中国成立前,清政府腐败无能,西学东渐的思潮袭来,外国传教士纷纷进入彝族地区进行传教,举办一些教会学校。在学习圣经教义的同时,也学习中国语文、自然、

第六章　隆林火之子:广西世居彝族村落教育研究

美术等,并通过彝文撰写书籍。虽然这类学校是服务于文化入侵,但也在客观上推动了彝族教育的发展。从清末"废科举兴学堂"中招收彝族子弟,到民国政府采取特殊措施针对边疆教育,包括建立边疆教育司,在各民族中推行"国民教育",但很多措施都极为有限,流于形式。

2.现代的彝族学校教育

彝族学校教育在新中国成立后逐渐有了发展,但通过 2010 年人口普查发现,相比其他民族教育的发展,彝族教育的发展仍然较为缓慢。一方面,由于彝族居于山区,地理条件恶劣,交通闭塞,加上彝族受原始时期、奴隶主时期、封建时期的影响,封建残余仍然存在;另一方面,彝族地区师资队伍的建设、学校设施的修缮、扫盲运动和成人教育的推广力度也是影响彝族教育发展的重要因素。面对这样一种情况,专家和学者纷纷提出对策,通过加大对口支援协作、资金投入、职业教育、双语教学、素质教育等措施促进彝族教育的进一步发展。

(四)广西彝族的人与自然和谐共生教育

1.彝族和谐共生教育的内涵

一方面是文化和谐共生教育。广西隆林各族自治县是一个多民族杂居的民族自治县,由于壮族、苗族、汉族占据该县绝大多数的人口,形成以"汉、苗、壮族为主"的主流文化圈。其中,彝族人口不足 5 000 人,占全县人口的 1%。人口数量众多的其他民族文化对于人口较少的彝族文化形成挤压,隆林彝族始终在探寻一条既能保存自己民族核心文化,又能吸收外来文化强化自身民族文化的活力的路径。在这个过程中,教育发挥着独特的引导、传递作用,特别是学校教育,承担着主流文化的传递以及对核心价值观的塑造,使得学生转向一个自然人,能够适应社会生活。但是非主流民族文化如彝族文化如何在主流民族文化的缝隙中获得发展,如何与时代特征文化相融合,这也需要依靠教育的调节功能。掌握跨文化教育以及多元民族文化教育理念,使个体与社会达到共生,我们看到民族认同与国家认同、少数文化与国家文化、传承与适应三对关系并非相对的。教育在促进个体社会过程中也促进民族文化延续和发展;在促进个体个性化的同时也具有文化选择、交流、融合功能。如何对文化进行选择和调整是我们思考的重要问题。

另一方面是生态和谐共生教育。彝族独特的自然崇拜——火崇拜体现出了他们热情和勇敢的性格。自然崇拜是一个原始民族最早的宗教形式,人们把可以感知的自然物或者自然力量视为崇拜的对象。早在原始时期,人们敬畏自然的力量,但缺乏对自然的全面认识,通过举行食物供奉、祭祀活动来对一些深刻影响人们的自然力量进行崇拜。彝族对于火的崇拜也是源于此,由于这些力量在彝族人生产生活中占据重要地位,可以照明、取暖、驱赶凶猛的野兽,彝族人将农历六月二十四作为火神祭拜的节日,流传为"火把节"。彝族家中也有火塘,是人们坐在火塘旁边吃饭、睡觉、交谈、待客、学习、议事的文化场所,也是彝族人不可磨灭的记忆。彝族旧时丧葬多为火葬,他们认为火能够除去邪祟、净化污秽、消除疾病,此外,彝族生活以及信仰的各个方面都离不开火。总之,彝族是一个生死不离火的民族,他们是依托火而生的民族,这样一个民族将永远浴火重生、在火中书写他们的传奇。

2.广西彝族共生教育的特点

彝族的人与自然和谐共生教育具有原始性。彝族人始终信奉着火,不论是火把节还是火塘、火葬,彝族从生到死都与火相互依存。这是因为火在彝族日常生产生活过程中发挥着重要作用,火是来自自然界的馈赠,象征着自然的力量。原始彝族人由于生产力弱小,把自然奉为神明,崇拜和臣服于自然,他们约定俗成将某个节日用于祭祀火的力量。这种臣服自然的文化心理融入血脉中,在彝族与自然交流过程中,逐渐形成彝族人与自然和谐共生的特质,并通过日常生活教育实现传承。

彝族的人与自然和谐共生教育具有调节性。由于彝族文化并非主流文化,在社会中需要对彝族文化进行调整去适应。我们可以看到彝族人会将外来文化融入本族文化,以适应新时代的发展。例如广西隆林彝族的"祭送布谷鸟"是隆林彝族特有的节日,被列入广西壮族自治区第五批非物质文化遗产,该节日是在融合仡佬族、苗族"吃新节"内容与彝族史诗中关于布谷鸟传说衍生出的一个节日活动。"布谷鸟传说"是指布谷鸟声声啼叫催促彝族人早日进行春种,不要错过时机导致来年颗粒无收。该节日在农历六月二十四与彝族火把节同日举行,这个节日的创立丰富了彝族历史传说以及节日活动,让越来越多的彝族人能够了解彝族历史,通过节日体会彝族先祖勤奋的品格以及感恩自然力量的情怀。可见,教育活动的实践需要基于原始文化,但教育起到优化作用,以逐渐促成人与自然和谐共生生态的形成。

三、广西隆林各族自治县德峨镇彝族历史发展概况

2013 年,德峨乡根据百色市人民政府文件进行撤乡建镇,德峨乡正式更名为德峨镇。德峨镇地处隆林县西南部,总面积达 210 平方千米,平均海拔 1 600 米,多为山区,

境内居住着苗、彝、仡佬、壮、汉民族，人口数量达 30 000 人，少数民族人口占比 96%。德峨镇地势高、温度低、降水量多，全镇共有 9 个村子，100 多个屯。德峨镇集市是隆林县南部最大的交易市场，每隔六天就是德峨镇赶圩的日子。这一天，附近村寨的人背着货物前往镇上交易，是德峨镇约定俗成的交易日，赶圩人口数量庞大，身穿各色民族服饰的人们在讨价还价，购买衣物、食材、工艺品，一直到下午人才慢慢散去。

德峨镇是典型的民族杂散居区，五个少数民族分布在此，被誉为"活的民族博物馆"，是研究多民族文化发展与交往的重要地域。德峨镇地处云贵高原山脉，地势高、山体陡峭导致德峨镇与外界沟通交流少，地形也影响着德峨民族的心理、生产生活、交往程度，通过研究发现德峨镇各族更加重视血缘亲疏，族际族内交往频繁，社会相互协作，重情感而非物质，在群山怀抱的乡镇村寨中弥漫着民风淳朴、热情好客、重情轻利的氛围。① 值得一提的是不同村落下还有大大小小十几个屯（小组），彝寨、苗寨泾渭分明，具有边界意识。通过走访调查发现，苗族人具有自己的社会边界意识，并谈到与彝族几乎不怎么来往，彝族有自己的彝寨。谈到彝族具体情况时，他们也不甚了解。

受气候潮湿、雨水量多的影响，传统建筑应该多为干栏式建筑，房体用砖石修建，分为上下两层，上层住人，下层堆放杂物和木材，两层瓦片楼顶，倾斜角度大，有利于雨季排水。但是，在镇上或者是附近的村寨中，新建的楼房都是钢筋混凝土结构房。在德峨镇上楼房比比接壤相邻，仿佛身处汉族乡镇，有些楼房还具有欧式风格，外边装修华丽、配色古典，阳台设计出彩，等等。可以看出德峨镇人受外来思想的影响，对于建筑设计具有汉化的特点。在德峨的村落也发现家家户户都是现代楼房，但是干栏式建筑与现代风格楼房结合也极为常见，砖头修筑而成的房子，一楼留有空隙放木材，保留着干栏式民族特色，二楼、三楼用于日常生活和住人，窗户、阳台、门窗均为现代风格。

同时，通过了解发现，乡镇村寨年轻劳动力流失，父母外出打工，家中孩子由爷爷奶奶抚养，留在德峨的年轻人坦言想外出打工，但受父辈的阻挠。德峨经济方式为务农、畜牧、耕种、种植瓜果蔬菜，以及采摘药材、养牲畜等，通过出售劳动产品的方式获得经济利益。由于德峨地势陡峭，一般种植都在山脚平坦地带，呈方块式，由于日照少、雨水多导致玉米等作物收成不佳，影响德峨人日常饮食和家畜饲养。

德峨彝族于公元前七八世纪从云南东部地区迁移到德峨镇，现德峨镇附近彝寨主要是以黄、王两姓为主，还有韦、吴两姓。现德峨彝族人口有 1 700 多人，占德峨镇总人口的 5%，是隆林县彝族人口数量最多的乡镇，占隆林县彝族总人口的一半。他们主要

---

①许斌,周智生.西南边疆地区山地多民族聚居区社会空间分异与演变研究——基于桂西德峨镇的个案研究[J].黑龙江民族丛刊,2017(03):49-58.

在山谷或山腰处集中居住。这里的彝族多为黑彝,主要分布在隆林县德峨镇小德峨屯、保上村阿搞屯、那地村白泥塘屯、岩头村岩头屯、八科村团石屯等地。大部分家庭或村寨都是以彝语进行交流,但仍有少部分家庭交流使用西南官话和苗话。通过调查发现,几乎全部彝族人都会说西南官话,绝大部分彝族人会说苗话,部分彝族人会说普通话,而且年龄越大使用多种语言的能力就越强。① 同时,彝族崇尚火文化,在德峨镇每年农历六月二十四日将举行盛大的火把节仪式,欢度佳节的同时传承民族文化,活动声势浩海享誉海外。通过走访调查发现,年老妇女大都身穿传统彝族服饰,在阿搞屯、团石屯等村落还保留彝族火葬遗址。由于德峨镇苗族人口占比大,彝族人口占比少,彝族人主要分布在德峨镇下的屯中,受主流文化的影响和国家通用语言的普及,彝语备受冲击,目前学生对于彝语掌握不够熟练,只能用只字片语说简单的句子。由于德峨镇苗族人口占比达86%,是德峨主体民族,人口达28 000人,而彝族人口占比小,因此在德峨镇走访过程中我们容易看到的是大街小巷中身穿苗族服饰的老人,她们头戴黑色帽子或披着蓝色头巾,上身穿蓝色大褂,下身穿以黑色为主、红白条纹相间的长裙。同时也发现彝族人很少。由于当地苗族人口相对较多,苗族文化对于其他民族文化有着深刻影响。调查发现,大部分非苗族身份的民族都能够使用苗族语言,在隆林南部的德峨镇上苗语和普通话、西南官话成了这里主要的交流语言。

四、广西隆林各族自治县德峨镇中心小学教育概况

通过走访调查发现,彝族分布在各村屯,但是彝族学生大都在德峨镇中心小学就读。因此,这里以隆林德峨镇中心小学为例,对广西彝族村落教育加以考察与分析。

(一)德峨镇中心小学基本情况

调查得知,德峨镇中心小学目前共有24个班级,其中一年级4个班,二年级4个班,三年级3个班,四年级5个班,五年级4个班,六年级4个班。每个班班额大都五六十人,苗族学生占绝大多数,班里彝族学生共有六七人,全校彝族学生共有一百多人。全校共有70名教师,其中67名教师负责教学工作,3名教师负责学校日常管理。课程安排为早上4节课,并在一二节课后有大课间活动;下午有2节课和1节活动课(科技

①覃晓航,孙文玲.广西隆林各民族及中小学的用语状况和趋势[J].民族教育研究,2008,19(06):75-82.

第六章 隆林火之子:广西世居彝族村落
教育研究

文体活动课)。通过查看该校的课程安排发现,学校课程设置有语文、数学、英语、科学、健康、品德、安全、信息、文明、养成、音乐、舞蹈、美术、体育、书法、民族乐器、综合实践等;不同年级课程设置有所不同,一、二年级没有开设英语、科学课程和信息技术课,从三年级开始开设民族乐器课程以及其他拓展课程。值得一提的是,德峨中心小学从一年级就开设书法课程。此外,学校在保证完成教学任务的同时开展地方课程,如国防、法制、书法、生命教育、民族团结等课程,并开设有校本课程,如民族乐器学习课程等。由于德峨主体民族是苗族,2007年德峨苗族跳坡节被申报为"广西非物质文化遗产",德峨镇各学校纷纷将苗族芦笙乐器演奏和芦笙舞纳入民族教育特色课程,并将德峨镇常么乡常么小学挂牌设为"德峨苗族跳坡节传承基地",大力开展苗族技艺学习。

(二)德峨镇中心小学的主体构成

德峨镇中心小学处处弥漫浓浓的民族风情。学校少数民族的教师和学生占比达98%,各民族学生相处融洽。通过与彝族学生进行交流发现,彝族学生大概了解彝族的传统节日"火把节"的历史。由于社会的发展,多数彝族人穿戴现代风格的服饰,彝族民族服饰只有在重大节日穿戴,但家中老人还会穿民族服饰,保留民族文化特色。彝族学生对彝族民族服饰特征基本了解,彝族服饰风格与彝族人年龄相关联,彝族老年女性服饰多为蓝色上衣长裤,与汉族服饰无大的区别;彝族青年女性服饰色彩艳丽;彝族女童服饰下身是由黑色、红色、黄色、白色拼凑而成的百褶裙,上身是红色右襟上衣,颜色鲜艳。但是,彝族学生对于本民族语言只能简单掌握,说一些常用词如吃饭、零食名称等,彝族家里人一般使用彝族语言进行交流,但是从学生反馈情况来看,多是彝族长辈在家中教授孩子学习彝语。由于撤点并校的缘故,村小数量锐减,很多彝族学生都来镇小就读。班上同学民族身份各异,彝族学生只听过德峨镇有重要民族节日如"苗族跳公节""仡佬族吃新节",对于这些民族技艺和文化只是一知半解。彝族学生并不局限与彝族学生进行互动,也乐意与汉族、苗族学生接触交流。汉族学生对于当地的各少数民族文化的情况也不太了解。在不同民族互动过程中,双方并没有因为民族身份不同而出现冲突情况,彝族同学在访谈中介绍她时常教自己的汉族同学说彝话。在学校开展艺术活动时,各民族学生都拿出自己的特色民族技艺,如彝族斗鸡舞、苗族山歌等。

(三)德峨镇中心小学的民族文化建设

校园文化建设保留当地少数民族风土人情。走进德峨中心小学校园,会看到校园左侧文化墙陈列五个民族相关介绍,彝族、仡佬族、苗族、壮族、汉族都赫然在列,彝族介绍墙上主要介绍的是隆林彝族分布地、彝族的分支以及主要的节日活动,其他民族介绍墙也大体相同。由此可以看出,学校注重依托民族地域优势,对民族文化进行传承与保护。教学楼上写有"传承各个民族传统文化,托举苗彝仡佬壮汉之梦"的标语。在民族文化长廊中,长廊图案多为黑白色条纹图案,这也与当地苗族服饰颜色相呼应,民族特色在建筑设计方面也有所体现。同时,在一面书写教育方针口号的墙上,画着五个不同民族的孩子,他们身穿本民族服饰高举"中国梦",寓意各民族相互团结进步,共同为实现中华民族伟大复兴而奋斗。在另一个校门口的门卫室外雕刻有"彝族火把节""仡佬族吃新节""苗族跳坡节"三大重要节日的浮雕,可见,学校十分重视对民族文化习俗的传承。这些校园文化隐形课程既符合当地民族气息浓厚的特点,也满足不同民族学生对于本民族文化了解的需要,保存民族文化要紧紧依托学校这一重要传承场所。

(四)德峨镇中心小学的物质文化建设

德峨镇中心小学现代化设备齐全、建筑宽大明亮。教室设施配备有投影仪、多媒体黑板、音响、操作台等,学校较为注重教学形式多样化以及教学设施现代化。教室桌椅完好,电风扇、饮水机等基本设施齐全。学校投入使用的建筑新、场地大、功能全。学校配备有图书室、体育器材室、阅览室、科学仪器室等,这些能够保证学生课外兴趣活动的顺利开展。在参观的过程中我们还发现,学校正在有条不紊地修建新的教学楼,同时依靠大量对口支援项目,学校物质建设资金较为充足,办学条件在继续改善中。依靠"农村义务教育学校食堂建设项目"修建的食堂,每周将一周食谱和采购清单写在门口公示栏中,保证信息的公开公正。依靠"农村中小学校舍维修改造建设项目"建成的宿舍楼非常美观。依靠"广州市协和小学援助项目工程"修建的学生公寓"友谊楼"也已投入使用。教学楼门口摆立的"义务教育控辍保学政策宣传栏""义务教育阶段学生资助政策简介宣传栏""学生资助政策宣传海报"都在落实义务教育政策,保证每一个适龄儿童受教育的权利,帮助经济困难的学生能够有学上、上得起学、不失学。针对新冠疫情暴发和夏季天热降雨多的实际情况,学校竖有"防溺水安全教育知识""健康校园——防疫指南"宣传栏,要求学生注重卫生安全和生命安全,警惕新冠疫情和溺水事件的发生。

(五)德峨镇中心小学的不足之处

在走访过程中通过观察师生的日常教学行为发现,德峨镇中心小学仍有许多不足值得研究者关注。第一,个别教师身兼数职,从任课教师安排表以及 2020 年春季课程安排表中可以看到,语文和数学课是一到六年级安排最多的课程,平均每天课程安排一到二节,一周课时 10—12 节,主课教师除上语数外之外,还担任品德、民族团结、书法、科学、防艾、体育等多门课程,从中不仅看出语、数教师课程多、任务重、压力大,也发现如品德、科学课程没有专职教师进行教授,只依靠语、数教师的教学素养进行支撑。同时,艺术教师与"主课"老师职能相互重叠,部分体育、美术、书法课程也由语、数教师担任。从任课教师课程表来看,学校也有专任教师担任体育、音乐、美术、信息课程。第二,学生宿舍条件与整洁明亮的教学楼形成鲜明的对比。随机走进一间学生寝室,可以发现不大的宿舍摆放了 7 张架子床共计 14 个床位,小小的宿舍满满地摆放这么多床位,学生居住空间狭小,拥有一千多名学生的德峨镇中心小学只有不到两米的洗漱台供学生洗漱和洗碗,在洗漱台面上饭菜洒落一地,黑色青苔爬上墙壁,洗漱水池还漂浮着污物,卫生环境需要进一步改进。第三,学校民族地域文化融合还需要进一步增强。由于彝族人口稀少,镇小彝族学生不过百来人,因此学校民族文化课程开设主要面向占主体的苗族学生,如苗族的芦笙舞以及芦笙乐器演奏、跳坡节活动,学生都耳熟能详。但是,该校其他民族学生对于其本民族文化只知道重大的民族节庆,特别是彝族学生根本不了解本民族文化习俗。因此,民族文化的传承不仅需要彝族家庭成员的口耳相传,也需要学校教育担负传承民族文化功能,正如学校标语所说的要传承民族文化,弘扬苗、彝、壮、仡佬、汉族文化,为促进民族团结进步,为巩固民族统一战线打好坚实的基础。彝族学生了解彝族文化的途径只有每年一次的德峨大型民俗活动——火把节,因此,彝族文化了解的途径窄、学校彝族文化课程缺失、彝族学生对于本民族文化不够重视等问题都亟待解决。第四,文化共生教育的发展受到民族边界的阻碍。德峨镇是五个民族的杂居地,中心小学学生民族身份各不相同,通过民族学生相互交流从而达到不同民族文化的认同才是真正的文化共生教育。受民族村屯的地域和民族心理边界的影响,各民族学生对于其他民族文化的发展以及各民族习俗都不甚了解,在学校同伴的选择上更倾向同一民族的学生,这种情况可能出于父辈村寨的影响,可能也是出于对自己本民族身份的一种认同。但是,民族间相互的心理区隔不利于学生对于各民族文化的认识,这对于实现中华民族共同体意识这一目标仍有距离。

五、广西隆林各族自治县德峨镇中心小学教育问题分析

通过对德峨镇中心小学的教育环境以及课程设置、人员安排的了解,研究者发现学

校仍有一些宏观问题值得我们深思。

（一）师资队伍结构失衡引发教师职能划分不明确

经过调查了解到，当前镇小在读学生大约有 1 300 人，教职工有 70 人，符合国家对于农村小学师生比配额的要求。学校除每一个班单独配置语文、数学教师外，全校还有 2 名英语教师、4 名体育教师、3 名音乐教师、1 名美术教师、1 名信息教师、3 名分管行政的教师。学校较为重视语文、数学教师师资力量建设，对于英语、艺术（音乐与美术）、信息技术科目不够重视，使得师资力量失衡。从教师职能安排来看，全校仅有 2 名专职英语教师负责三年级、五年级、六年级的英语课，其中四年级英语由四年级各班数学教师进行授课，除此之外，每一个班语文教师和数学教师少则上 4 门课，多则上 7 门课。书法、体育、信息、美术、科学等科目都由语、数教师授课。

（二）多雨潮湿的气候环境导致学生卫生条件得不到保障

德峨是潮湿多雨的亚热带季风气候，这种气候易对学校建筑造成直接损耗，导致学校卫生环境较差。厚厚的青苔爬上水池墙壁，阴冷潮湿的宿舍墙上全是黄色污渍，寝室里漆皮斑驳的铁架床，还有门口汤汤水水洒落一地的洗漱台，是学生学校日常生活的写照。与之形成对比的是外表整洁的教学楼，宽大明亮的教室，教学设备一应俱全，每一间教室都配有白炽灯、饮水机、电风扇等基础设施，保障教师教学活动有条不紊的开展。两者对比具有强烈的反差，一边是拥挤阴暗的宿舍，一边是设备齐全的教室，于学生而言，教室是实施教学活动、帮助学生汲取知识的场地，重视教学设施建设是每个学校的首要任务；但宿舍是学生休息住宿、交流活动的空间，对于学生情感交流、社交技能的发展甚至是独立性格品质的培养至关重要。此外，作为学生日常生活的宿舍，卫生条件差对于学生身心发展造成影响，细菌丛生可能导致皮肤病、传染病的出现。在参观的过程中发现镇小宿舍附近没有热水供学生饮用和洗漱，生水不卫生会导致学生出现腹泻、伤寒等疾病。同时，狭窄多人的宿舍也会增加学生发生摩擦的概率，从而出现宿舍管理混乱、秩序不稳定等情况。

（三）多民族文化融合教育路径探索需要进一步加强

苗族作为德峨主体民族，人口占比高达 86%，德峨镇小学生大部分也是由苗族构成，一个班级五十多个学生就有四十多个是苗族的。由于德峨镇小的教育对象大多是苗族，在校本课程设计和民族乐器课选择方面都具有单一性。据了解，由于德峨大部分小学受"德峨苗族跳坡节被评为广西非物质文化遗产"的影响,以及地方教育局对苗族文化传承基地设点挂牌以促进苗族文化的传播,随之而来的是其他少数民族如彝族文化空间被压缩。虽然在校园各处都能看见五个民族的简要介绍,但在学校课程安排与日常生活中,苗族文化占据首要位置,苗族的跳坡节学生几乎都耳熟能详,苗族乐器芦笙也有很多学生会使用,对于苗族文化的重视势必冲击彝族、仡佬族、壮族、汉族文化,让本民族学生无法在学校中找寻文化认同和文化自信,仅仅依靠家庭教育的支撑作用并不能满足学生对于本民族文化的好奇心和认识深度。鉴于此,一方面,学校应当重视其他少数民族文化的发展空间,比如彝族文化保存良好,民族文化气息浓厚,那么如何将彝族文化资源转化成课程资源需要引起教师和学校管理者的重视。另一方面,德峨由于不同民族聚居而被誉为"活的民族文化博物馆",而学校只是重视苗族文化的传承,使其他民族文化发展处于不利地位。因此,学校应当肩负起民族文化传承主阵地的责任,让五个民族文化在德峨校园实现交融,打造民族融合典型学校,努力探索铸牢中华民族共同体意识的有效实践经验。彝族学生不会使用彝族语言、不了解自己民族的历史变迁,从侧面揭露新时代下少数民族文化保护的重要性。民族文化承载着一个民族的历史记忆,是民族赖以生存的情感纽带。每一个少数民族文化都弥足珍贵,值得被传承和珍视,德峨镇小需要开设多种民族文化融合的课程。

(四)各民族文化心理边界消融需进一步加强

德峨作为五个民族的杂居区,本应民族相互包容、相处融洽。但通过与当地村民进行交流后发现本民族之间交流频繁,同一民族之间居住在同一个寨子或屯子里,说着统一的民族语言,来往密切,交流频繁,村寨划分却将不同民族生活地域割裂。虽然同一村里居住不同的少数民族,但是民族之间有着意识界限,相比于本民族内部交流,不同民族之间交流较少。不少当地苗族村民会扎堆聊天,但是问及当地彝族情况时,苗族人显得不知所措,大部分人表示不知道具体情况,与彝族人相互来往的苗族人更是少之又少。民族之间的群体意识和心理意识使自己与本民族人紧紧抱在一起,但对于非本民族情况不甚了解。在与教师、学生进行交流中也发现,民族之间交流贫乏,在学校中苗族学生也会与其他民族成为朋友,相互玩耍,但他们更愿意与苗族学生玩在一起。对于彝族的学生来说,由于班级里彝族学生少,彝族学生更容易与其他民族走在一起,但是对于彝族学生来说更愿意结识彝族朋友。正如调查所见,学生群体多为苗族,彝族学生坦言在学校日常生活中并没有感觉他们与其他民族有什么不一样,一方面由于各民族文化相互包容使得民族之间的界限模糊,另一方面也是因为各民族学生之间缺乏交流使他们没有全面认识到本民族文化以及其他民族文化的不同。

（五）学生多为留守儿童，学业成绩无从监督

在与教师交流以及走访家长的过程中发现，德峨青壮年为了拥有更好的生活条件以及肩负抚养家庭成员的重担，选择去大城市打工。这不仅造成德峨劳动力的流失，也使得多数孩子成了留守儿童，这些孩子被迫由爷爷奶奶抚养。隔代抚养的缺点暴露无遗，尤其是当爷爷奶奶文化水平不高时，对孩子的学业不能给予帮助，在生活中对孩子一味地包容和溺爱，导致他们假期里使用电子产品频率增大，这些都会导致孩子成绩下降，而对学习却提不起兴趣和缺少积极性。在与学校沟通方面，孩子家长迫于生计和自身水平有限不能时常与教师进行沟通，了解孩子在学校的具体情况，尤其是家长会的缺席，既是对孩子个人发展的不重视，也是失去与学校沟通的良好机会。优质的家庭教育对学校教育起着支撑作用，但是家长拒绝沟通以及不能合理有效地监督，导致孩子成绩下滑，这值得注意。同时，身边缺少父母的陪伴会给学生年幼的心理留下烙印，不少留守儿童性格孤僻、内向、不善言谈，遇到问题只能深埋在心里，面对复杂多变的网络世界也容易成瘾，深陷其中不能自拔。面对这样的情况，需要学校与家长、社区携手共进，关心学生的心理健康，对学生成绩进行辅导与帮助，尤其是教师与学生相处时间长，更了解学生的性格，对于内向孤僻的学生要进行心理疏导，对于留守儿童也要关心爱护。农村与城市之间存在的经济鸿沟，父辈不得不走出大山离开家园外出打工，只剩年迈老人与小孩是不能更改的事实。但留守儿童这一特殊群体值得更多人关注，我们也应当重视德峨村留守儿童的现状，帮助他们获得更多的教育资源，为走出农村改变命运贡献力量。

六、广西隆林各族自治县德峨镇中心小学学校教育的发展策略

（一）关注留守儿童群体，改善学生住宿环境

德峨镇小存在大量留守儿童，学校宿舍破旧不堪，都对学生身心造成不良影响。一方面，改善学生住宿环境、保障学生的饮水用水健康是首要环节，当地教育局应当重视农村小学学生的生存条件，设立专项资金，翻修学校校舍，拓宽宿舍空间，配备热水器等基础设施，再建洗漱台、洗碗池，以此保障校园良好的卫生环境。另一方面，关注留守儿童心理健康和学习成绩，学校教师应当建立一档一卡制，对学生的家庭情况进行摸底排

查,给予留守儿童关心和照护,时常家访并与学生父母联系,鼓励学生学习,提升学生的学习兴趣;社会层面也可以通过爱心捐献和对口支援协作项目给予农村尤其是民族地区少数民族学生一些力所能及的帮助和慰问,为边远山区的学生带来学习资源,帮助他们拓宽眼界、重拾学习动力;家长方面要多与孩子联系和交流,避免孩子产生负面情绪,掌握孩子的基本情况,要多鼓励少批评,不要一味地溺爱孩子。

(二)加强教师队伍建设,调整教师职能结构

教师作为学校实施教育的主体,师资力量的合理配置是对教育资源充分利用的前提。第一,德峨镇小位居偏远山区,交通不便、经济发展平缓,使得师资流失速度加快,专职教师如英语、信息技术教师缺乏。留住教师才能留住学生的希望和未来,提升教师师资待遇,重视乡村教师的发展需要提上日程。第二,德峨镇中心小学受到升学压力的影响,重视语文、数学两大主课,忽视其他辅助类课程,不仅不能缓解学生的学习压力,还阻碍学生的全面发展。这要求对学校课程进行合理规划,在重视主课的同时坚持开足上齐艺术类、体育课程,满足学生的发展需要。第三,德峨镇小课程的不合理安排导致教师职能结构混淆和模糊化,英语教师稀缺,语、数、英教师独挑大任,一人分饰多个角色进行授课,过多的备课时间和专业技能加大了教师的压力,还容易导致学生对学习知识的不理解。这需要当地政府重视师资配备,通过引进人才和志愿服务等形式聘请专职教师,缓解学校师资力量不足的问题,尤其是农村英语水平薄弱、英语教师教学能力还有待提高等问题值得重视。不要让每一个孩子缺席,更不要让每一个孩子落下。农村义务教育的发展是义务教育发展不可或缺的一部分,重视教师群体建设也是义务教育发展过程首要解决的难题。

(三)促进校本课程建构,融合多种民族文化

德峨少数民族人口所占比例大,德峨镇中心小学少数民族人口占比达99%。隆林各族自治县下的德峨学校教育更应该称为民族教育。民族教育发展最为关键的一点是重视民族文化的传承,如同民族流淌的血脉,是一个民族的根与魂。不同民族杂居区的学校文化异彩纷呈、多姿多彩。学校是文化传承的重要场所,在环境中对学生施行文化传播,帮助学生认同民族文化。第一,多民族文化校本课程构建势在必行。目前德峨校本课程中只有简单的涉及苗族乐器和苗族节日活动的项目,对于另外四个民族文化却只字不提,这不利于各民族文化的传承和交融。因此,应该将多民族文化展现出来,如彝族文化中关于"火"的习俗和节日、彝族服饰、彝族语言都值得被保护和学习。学校

坚信各民族融合、共同进步、共同繁荣,在课程中却没有体现出来。学校需要对五个民族文化进行整合,选取每个民族具有代表性的技艺融入课程中,让民族学生从小获得民族认同感和自豪感,这对于今后社会稳定以及民族文化传承具有重要意义。第二,民族文化校本课程开发并不是一蹴而就的,需要社会各界的力量。德峨学校依托民族地域发挥民族优势,就地取材简单和方便,但是课程内容选择、课时安排、人员经费凑集都需要政府、各大高校、教师通力合作。政府应当重视当地民族资源开发,提供资金支持;高校人才可为课程设计提供思路和框架;教师熟悉当地民族文化习俗和学生性格特点,可为落实民族校本课程实施出一份力。第三,民族教师尤其是通晓民族语言的双语教师稀缺,需要加大此类人才的引进。目前,学校使用的是国家通用语和西南官话,教师多为汉族教师,民族教师也占据多半。但是,从与学生交流中发现,彝族等其他民族不会说本民族语言,流利使用本民族语言的多是爷爷奶奶。民族语言的断层使得本民族语言逐渐衰落。民族语言作为民族身份的象征,在日常交流中占据重要地位。学校采用普通话教学的同时也要注重民族语言的发展,通过整合民族语言资源,聘请当地通晓双语的老一辈教师,注重加强教师双语教学技能的学习等方式帮助当地学生挽救本民族语言危机。

(四)重视文化融合共生,加强各民族间的交流

民族文化繁荣发展不仅有利于缓解民族矛盾,维护社会秩序稳定,而且能促进民族文化的兼收并蓄,让其焕发新的活力。民族之间的交流是民族文化相互交融的重要途径,一方面,要求学校开展民族文艺活动,鼓励学生踊跃报名参加比赛,发挥民族特长,促进各民族之间的交流与融合,发现不同民族的文化魅力。同时学校要执行国家要求,加强少数民族团结进步教育,开设相关课程并普及相关知识,引导学生树立正确的民族观,正视自己是少数民族的身份,同时也是中华民族的一分子,杜绝民族激进主义和破坏民族团结的一切行为。另一方面,要求各民族聚居的村寨加强团结协作,村寨之间距离近,应当携手互助,正所谓"远亲不如近邻",鼓励各族人民抛开陈旧观念,正确对待民族之间的友好往来,重视各民族之间的深厚情感。作为家长,更要给孩子言传身教,不可搞民族独立、民族分裂主义。德峨少数民族人口占据多数,要发展民族地区经济,就要依靠各族人民相互帮助,例如平原地区收割粮食会与山地民族彝族、苗族"借人",等到山地民族干农活时也会通过"换工"的形式请其他民族帮忙,只有在这种友邦互助的环境里才能滋生深厚感情。同时互通婚姻也是加深各民族之间交流的重要方式,不同民族结婚不仅关系着各民族的风俗习惯和民族心理,而且影响着各民族的观念和当

第六章 隆林火之子:广西世居彝族村落教育研究

地民族风气。新思想观念吹入民族地区,越来越多的人意识到民族通婚并非异事,对于这种选择非本民族配偶的青年来说,也是对不同民族文化包容的一种体现。生活在民族不同的家庭里,孩子势必深受影响,对于民族文化的融合,人们的多民族文化的认同感也将大大提升。

·第七章·
上善若水：广西世居水族村落教育研究

一、广西水族概况

　　水族是世代居住在我国南方的一个古老民族,起源于南方百越族群的瓯、骆或濮支系,与壮、侗等民族有同源关系。水语属壮侗语族侗水语支。① 水族自称"睢",因发祥睢水流域而得名,故水家民间古语有"饮睢水,成睢人。饮睢河水,成睢人"②之说。水族人主要聚居于贵州,其中贵州的三都水族自治县是全国唯一的水族自治县,其余的水族人散杂居于云南、广西等地。水族在广西主要分布于北部的金城江、融安、南丹、环江、宜州、融水等地。广西水族因人口较少、人口分布分散,故而散杂居住在不同区域。散杂居少数民族,是指居住在民族自治地方以外的少数民族,及居住在民族自治地方但不是实行区域自治的少数民族。③ 散杂居的居住情况影响了水族文化在广西的延续与发展,形成了在学校场域中水族文化的边缘化,以及在社会场域中水族文化的遗失,加重了水族同胞传承水族文化的艰难程度。因此,广西水族文化相对广西其他世居民族文化而言处于"弱文化"地位,但深入水族乡村,走近老一辈的水族人可以窥见,他们仍然保持着对水族文化的崇高信仰,分析他们的生产生活可以探寻水族文化的"根"与

---

①梁敏.关于水族族源和水书形成之我见[J].广西民族研究,2008(03):95-105.

②潘朝霖,韦宗林.中国水族文化研究[M].贵阳:贵州人民出版社,2004:13.

③认真做好散杂居少数民族工作[EB/OL].http://cpc.people.com.cn/GB/64107/65708/66066/66078/4468071.html.

· 123 ·　　　　第七章　上善若水:广西世居水族村落
　　　　　　　　　教育研究

"源"。水族同胞在广西的生存发展是对水族文化基因的传承与发展,在传承与发展过程中,水族同胞在朝着与复杂自然环境、人文环境的和谐共生方向前进。

(一)农耕文化下的"鱼"情怀

水族精神文化与物质生活中贯穿始终、影响深远的,莫过于对"鱼"的顶礼膜拜和广为应用,鱼不仅是水家儿女视为图腾的偶像,同时也是水族生活方方面面的缩影。[①] "饭稻羹鱼"是水族农耕文化的缩影。"饭稻羹鱼"一词出自司马迁《史记·货殖列传》:"楚越之地,地广人稀,饭稻羹鱼……"[②]水族是百越族群中骆越的一支,曾长期生活在邕江流域的江河湖海之滨,养成了"早吃鱼、晚吃肉"的生活习惯。后因躲避战乱迁徙于黔桂边境地带,这一地带鱼水丰富,拥有富饶的生物资源,水族同胞基于对先祖的美好追忆,延续了"饭稻羹鱼"的生产生活方式,并经过代代传承,逐渐成为水族人民农耕文化的主题。农耕文化背景之下,水族同胞将鱼视为本民族的图腾,从水族的饮食文化、丧葬文化可以折射出水族人民和鱼有着十分密切的关系。首先,在饮食文化方面,水族无论是日常生活还是重要节庆,鱼都是一道必不可少的菜肴,鱼酸、韭菜包鱼都是独具水族特色的美味佳肴。水族独特的吃"素"习俗也足以看出其对鱼的重视度。在祭祀、丧葬活动中,水族人讲究"忌荤吃素",但对于荤素的概念界定与《辞海》中的定义,即与"不吃鱼类荤腥"大有不同,在水族人眼里鱼是素食,并将鱼视为一道重要的祭品以祈福消灾,保子孙平安。其次,鱼在水族社会生活中的重要地位在巫术和宗教活动中也得到较充分的表达。在祭祀活动中,鱼是必不可少的祭品;[③]在丧葬文化上,水族的墓碑两边雕刻鱼,中间雕刻一只葫芦。一是取谐音"双鱼托福(葫芦)",在当地发音里,"福""葫"是不分的;二是蕴含了水族远古传说,天下洪荒汉余兄妹二人藏于葫芦之中,得两鱼相托而生还并繁衍后代,故世代不忘之。[④] 最后,水族同胞对鱼文化的情怀还折射在生育文化上,水族人将鱼视为生育的象征,并将男孩比作鱼,将女孩比作虾,婴儿落地时不问生男生女,而是问是鱼还是虾,若妇人梦见鲤鱼那么预示着将会生男孩。

(二)水书——研究古文字的活化石

水族水书,被尊为研究古文字的"活化石",具有生命性、神秘性、实用性等艺术特

①钟华.从"饭稻羹鱼"探析水族文化之源[J].农业考古,2014(03):320-322.
②(西汉)司马迁.史记[M].北京:中华书局,2006:751-758.
③蒙爱军.水族传统生计方式及其变迁[J].中央民族大学学报(哲学社会科学版),2008(03):41-45.
④贵州省文物考古研究所.水族墓群调查发掘报告[M].北京:科学出版社,2012:1-5.

点,2006年被列为国家级非物质文化遗产。首先,水书的生命性体现在"泐虽"(水族文字),容纳了牲畜、飞禽等形形色色的生命体征,将生命的活力通过文字以具象化的呈现方式代代传承下来。水族文字不仅拥有汉字的基本笔画,更珍贵的是将"弧笔"也保留了下来,弧笔的运用使水族古文字在取之自然万物时,有了更加灵活的表征形式,生命气息更加浓郁。其次,水书的神秘性主要反映在水族古文字的巫鬼文化上,水族古文字在很长一段时间里用于占卜文化。水族人将其视为人与鬼神交流的媒介,在书写过程与我们的审美观念"背道而驰",借此表达对鬼神的赞美之意,达到祈求族民平安之意,其"人""鬼"两字的书写就淋漓尽致地体现了这一特点,因此水族人常说人的书写更像鬼,鬼的书写更像人。最后,水书的实用性体现在其内容反映了水族悠久的民间知识,涉及天文历法、婚嫁丧葬、祭祖占卜、生产生活等方面。

据《中国水族文化研究》一书记录,水族文字有500多个单字,难以应对水族人民的社会交往活动,因此常常通过配音、配字、配歌的形式使其成为完整的篇章,这种辅助性阅读并不是一种固定机械化的形式,可因时而变,具有机动性。明清以前,对于水书的传承,水族社会没有将《水书》教学纳入学校教育中,一般通过祖传和择徒传授两种方式进行传承,但无论是前者还是后者都只传男性不传女性,多以"一对一"的形式教授"秘籍"。总之,不管是过去还是现在,水书的传承,主要是以水书先生为主轴的活态传承,传承形式离不开人与书的镶嵌配合。一方面,这样的传承方式使得水书的内容融汇了水族族民的民间知识;另一方面,也导致传承环节的零散性、不规范性,同时传承人水书先生之间的交流较少,在传承中容易导致"故步自封"的现象出现。

(三)马尾绣——刺绣文化的活化石

水族的刺绣工艺根植于水族人生活的沃土之中,种类繁多,包括平绣、马尾绣、空心绣、挑绣、结线绣及螺形绣等,其中马尾绣是著名的水族刺绣工艺,闻名于世界,被尊称为刺绣界的"活化石"。马尾绣的出现与发展不是孤立的,而是受到历史社会的习俗、生产、宗教等方面的影响①,它是水族人经过长期历史实践创造出的古老而有代表性的水族文化标识,反映了水族人对美好生活的祈愿。马尾绣选取马尾作为主要材料,折射出水族浓厚的生产生活气息和精致的生活追求。贵州师范大学潘朝霖教授认为,选取马尾的主要原因是水族有养马赛马习俗,由此,马尾绣应运而生。马尾绣,即以丝线裹马尾制作图案的刺绣方法,其有两个较为明显的好处,一是马尾质地较硬,图案不易变

---

①王卓敏.湘西苗族凿花的审美内涵[J].装饰,2006(06):21.

第七章 上善若水:广西世居水族村落
教育研究

形;二是马尾不易腐败变质,经久耐用,马尾中可能含有油脂成分,利于保证外围丝线光泽。水族人在长期的历史变迁中,对自然万物有着特殊的感情,自然界中的日月星辰、花鸟虫鱼都是马尾绣创作的灵感源泉,其精妙的工艺布局、花纹样式都体现了自然属性。马尾绣背带纹样布局精美,针法运用丰富,色彩搭配典雅,刺绣技艺精湛,背带上的图案纹样中央是太阳,外围是祥云,四周是蝴蝶纹和蝙蝠纹,蝴蝶与蝙蝠的谐音均为"福",可谓是针针充满感情,线线串有寄托,片片深含寓意,款款流露期盼,它是水族妇女内心情感的外在流露,表情达意的有力载体。① 图案设计体现了水族的鬼神崇拜,带有"巫术"的图案占据马尾绣的主要部分并镶嵌有铜饰,看上去闪闪发光,增加了马尾绣的立体感,这不仅起到装饰的作用,也是为了驱邪避凶,还具有保佑子孙平安健康的寓意,寄托着水族人对生活的憧憬。因此,水族马尾绣背带有着"奢华"的外在美与"朴素"的内在美②。

(四)水族节庆——凝练的生活文化

节庆是文化系统的重要组成部分,它根植于文化土壤之中,以特定的仪式纵向传承并横向传播文化,对文化系统的运行起着不可替代的效用。③ 水族节庆包括端节、卯节、敬霞节、苏宁喜节等异彩纷呈的民族节日,其中端节是水族同胞传统节日中最为隆重、覆盖范围最广的节日。端节,水语称"tsje twa",汉语译作"借端"。④ "借"是"吃"的意思,"端"则含有汉语"开端"岁首之意,有缅怀祖先、共庆丰收的文化象征意义。关于端节的来历,有两种说法:一种说法是,相传在很久以前,水家头领拱登率众溯江而上,随后大家散居各地,约定三年后水历年谷黄的时候相会,三年后,大家相聚一起,由于当时共过一个端节,各地行走不方便,为解决过端节先后批次问题,拱登让各地头人伸手到鱼篓里抓鱼,按量依次排列;另一种说法是,古时有几个兄弟去看望老祖公,老祖公一时高兴,亲自去摘房顶的南瓜(另一种说法是取腊肉),不小心从楼上掉下来摔死了,为了纪念他,所以过端节,吃素菜。⑤ 端节节日活动丰富,包括赛马、祭祖等一系列独具水族特色的活动,是水族人对祖先崇拜和共庆丰收的历史追忆与记录。在端节的民俗活动中,隐藏着祭祀、祈吉、凝聚、沟通、娱乐、教育与传承等一系列社会功能和文化象征意

①柳国强,王宏付.马尾绣背带纹样的艺术构思与情感表达[J].丝绸,2014,51(06):63-67.
②林毅红.贵州水族马尾绣背带"奢"与"朴"的文化解读[J].贵州民族研究,2010,31(05):54-57.
③吴宗友,曹荣.论节日的文化功能[J].云南民族大学学报(哲学社会科学版),2004(06):62-67.
④罗春寒.从民间传说看水族的端节和卯节[J].中央民族大学学报(哲学社会科学版),2000(04):50-53.
⑤潘朝霖,韦宗林.中国水族文化研究[M].贵阳:贵州人民出版社,2004:503.

义。① 民俗学家钟敬文认为："传统岁时节日,是民众集体创造的文化产品,它是古代信仰物化形态的一种遗留;同时,它也是一种生活的节奏,一种逐渐形成的自我调节机制。"②这些风俗活动都承载着水族的文化力量,其中水族端节的赛马体现了古时的英勇作战之风,祭祖体现了孝道文化,通过祭祖仪式进行潜移默化的教育,培养水族人民敬重祖先、尊老爱幼、互敬互爱等高尚品质。通过参加各类节庆活动,族群成员无形中产生一种从族群到民族的文化认同感,从而增强人们的凝聚力、向心力,这种教育影响力起着潜移默化的作用,通过世代相传,维系了水族作为一个单一民族的生存、繁衍与发展,也正是这一系列文化构筑了水族端节独具特色的文化底蕴,凝练了水族的生活文化。

（五）广西水族的文化艺术

万物有灵的自然崇拜是水族人的信仰,水族人在长期与大自然和谐共存的生产活动中,创造了诸多的祭祀仪式舞蹈文化,如稻田祭祀仪式舞蹈,用以表达水族人祈求风调雨顺、五谷丰登、人畜兴旺的美好愿望。③ 水族舞蹈还包括芦笙舞、铜鼓舞、斗角舞等,其中最受欢迎的是芦笙舞和铜鼓舞,舞蹈内容多是反映水族农民的生产实践活动以及歌颂美好的爱情等,舞蹈形式各具特色。芦笙舞的表演人数一般为三男六女,穿红装戴银饰,男舞蹈演员边吹芦笙边跳舞,女舞蹈演员伴随着音乐翩翩起舞,舞蹈队形随着芦笙的调子变化而改变。水族同胞每跳起古朴热情的芦笙舞,无论是舞者还是观者都会回忆起先辈们奋斗拼搏的场景。铜鼓舞表演时,一人敲铜鼓一人以皮鼓伴奏,两种不同的鼓声交织在一起,舞蹈演员跟随鼓点起舞,随着鼓点有节奏的响起,灵活有力的铜鼓舞便出现在人们的眼前。铜鼓舞舞姿动作幅度大,舞者情绪饱满,充分展现了水族人民豪放、热情的民族性格。水族歌谣丰富多彩,根据内容分类有迁徙歌、造人歌、生产歌等,每种类型的歌曲之下又可以细分为众多的条目。水族同胞用美妙的歌声描述了这一类活动中值得纪念的事件。水族民歌形式多样,在与相邻民族的社会交往过程中,也融汇了兄弟民族的歌谣特点。在族民世世代代的传承创新中,歌谣的曲调变化不大,但歌词因时因地变化,其内容形式反映了水族人随时代的发展而不断改变的生活。水族歌谣丰富了中华民族歌谣的数量与种类,在歌谣的创作中遵循自然发展规律,儿童的年

---

①覃世琦.水族端节仪式、功能与变迁微探[J].贵州民族研究,2010,31(06):34-40.

②钟敬文.民俗学概论[M].上海:上海文艺出版社,1998:153.

③欧光艳.人类学视野下的水族稻田祭祀仪式舞蹈文化解读[J].西南民族大学学报(人文社会科学版),2011,32(03):38-41.

龄特点,如在儿歌中考虑儿童社会阅历浅,对世界充满好奇心的特点,用一问一答的歌唱形式,引导儿童获取知识,这折射出水族的教育智慧。

二、广西水族教育概况

教育是文化延续和更新必不可少的手段,是文化发展过程中必不可少的一环。[1]学校作为专门开展教育活动的组织机构,有专门的教育人员、场所,以及明确的教育目标,对水族文化的传承具有不可替代的重要作用。学校教育也蕴含着浓郁的生命性特征和文化性特征,是传承民族文化的重要载体。"少数民族教育有义务向学生灌输国家主流文化和主流价值观念,同时也有义务继承、发展和繁荣少数民族文化。特别是在当前少数民族文化不断流失的情况下,更应突出后者。各少数民族学校都要担当起传承和发展少数民族文化的责任。"[2]笔者深入广西南丹县六寨镇龙马村调研,试图描绘出水族文化在乡村中的传承现状,以探寻水族文化在乡村教育中的根源,并根据龙马村水族文化的传承现状,尝试提出一些建议,以起到抛砖引玉的作用。

(一)龙马村的教育概况

随着经济的发展与国家的重视,龙马村的教育得到较快发展。据统计,龙马村水族男子受教育情况如下:1951—1960 年,小学、初中、中专学历分别有 1 人,文盲 1 人,高中学历有 4 人;1961—1970 年,小学、初中、党校学历分别为 3 人、5 人、2 人;1971—1980 年,小学、初中、中专学历分别为 1 人、3 人、1 人;龙马村女子受教育情况如下:1951—1960 年,小学、初中学历分别为 4 人、1 人,就读于师范学校的有 5 人;1961—1970 年,小学、初中、中专学历分别有 5 人、4 人、1 人,就读于师范学校的有 10 人;1971—1980 年,小学、初中学历均为 2 人,就读于师范学校的有 4 人。[3] 从 1951—1970 年龙马村男女受教育情况可以看出,无论是在初等教育阶段还是在高等教育阶段,龙马村获取相应学历的人数都逐渐上升。随着国家对少数民族地区教育的重视程度不断增强,龙马水族学校的教育发生了较大的变化,主要体现在学生人数的增加,学校基础设施完善、师资队

①叶澜.教育概论[M].北京:人民教育出版社,1991:173.
②陈立鹏,李娜.我国少数民族教育 60 年:回顾与思考[J].民族教育研究,2010,21(01):5-13.
③玉时阶.传统裂变与现代超越——以广西南丹六寨龙马水族为例[J].西南民族大学学报(人文社科版),2009,30(01):35-39.

伍的壮大等方面。

（二）龙马村小学的教育概况

龙马村小学的教育概况相对于改革开放之前取得了飞跃发展,在校园的自然环境建设方面,龙马村小学追求绿化、硬化、净化、美化四化合为一体,为全体教职工和学生创造了良好的工作学习环境,主要体现在三个方面:一是绿化,校园绿化因地因校制宜,没有盲目地追求绿化面积,而是根据学校教学和师生生活的实际,合理规划绿化面积的占比率。二是硬化,校园硬化的选择符合学校的长远规划,校园环境的基础设施数量充足,在质量上追求合理、实用,基本实现了服务师生工作和学习的需要。三是净化,净化是校园文明的重要标志,龙马村小学拥有较为健全的卫生制度以及完善的校园生活常规制度。校园的课外教学环境和各功能教室干净整洁,保证了龙马村小学全体师生能够在舒心的室内外环境中生活学习。四是美化,学校的走廊、过道和室内的各种标牌美观精致,有与环境相协调的名人画像、名言,或师生的艺术作品等,学校致力于挖掘、保护校园内的自然、人文历史景观,通过这些自然与人文景观,学生耳濡目染,在潜移默化的环境中受到艺术熏陶和思想感染。在文化环境建设方面,主要体现在课后的校园广播、优良的校风和学风以及定期的文化艺术节、校园节庆等。另外,学校的教育活动会因时制宜地根据社会的实际情况以及学生的需要增加相应的课程,比如防疫抗疫知识,以及开展相应的安全疏散演练活动等。以上融趣味性和知识性为一体的教育活动,使学生不断积累知识,拓宽视野,陶冶生活情操,提高综合素质,丰富了学生的精神文化生活。龙马村小学的生源主要来自南丹县六寨镇附近的村民家庭。因水族在广西主要以散居的形式生存发展,与汉族、壮族、苗族等其他民族通婚,在时间的不断冲刷下,龙马村小学中拥有水族身份的教师、学生较少,熟悉水族文化的更是少之又少,加之在主流文化的不断融合下,学校虽拥有较为完善的自然环境与文化环境,但却与水族文化的联系较少,水族文化在龙马村小学的体现并不明显。

三、广西南丹县六寨镇龙马村历史发展概况

河池是中国有色金属之乡、世界铜鼓之乡、世界长寿之乡、中国水电之乡,是革命英雄韦拔群的故乡。河池市位于广西西北边陲、云贵高原南麓,是大西南通向沿海港口的重要通道,全市有壮族、仫佬族、毛南族、苗族、水族等 9 个世居民族,是广西少数民族聚

居较多的地区之一。南丹县隶属河池市,位于广西西北面,常住人口27.6万人,总面积3 916平方千米。南丹在历史上是兵家必争之地,位于西南公路210国道和黔桂铁路交叉口上。南丹是广西烤烟生产基地,中国锡锌生产基地,"中国瑶鸡之乡""中国长角辣椒之乡"①。2006年和2007年南丹连续两年获得"广西县域经济发展十佳县"称号。六寨镇位于广西河池市南丹县北部,与贵州省独山县交界,是西南出海大通道的必经之地,六寨镇所管辖的村落有六寨村、者远村、甲棉村、龙马村、银寨村等。

(一)村落基本概况

龙马村全村共有13个自然屯,2 338人,地处广西西北部。龙马村龙马屯有人口292人,其中男性147人,女性145人。水族家庭共21户95人,其中女性50人,男性45人。② 六寨镇龙马村水族与壮族、汉族、瑶族、布依族等其他民族杂居,居住在龙马村的水族主要有韦、潘、吴、莫几个大姓。过去,由于生产生活等缘由,水族和其他民族杂居,一起参与劳动,各民族之间和睦相处,历史上从未发生械斗和残杀事件。③ 现在,汉族、苗族、水族、瑶族等民族相互通婚,呈现出杂居的生活状态,不同民族文化相互交融影响,营造了民族团结的社会氛围。龙马村地处云贵高原边缘,平均海拔为700—900米,山地为龙马村的主要地形,占总面积的80%以上。龙马村的整个村寨依山而建,因位于河流冲积而形成的一个槽谷旁,稻田就多在槽谷的洼地上,当地水族村民有割草垫猪牛栏积肥和在春插前采集野生绿肥压作基肥的习惯,所以土壤有机质含量丰富④。2018年7月3日,农业农村部公布"前六批全国一村一品示范村镇监测合格名单",龙马村在列。

(二)职业选择概况

上层建筑反作用于经济基础,家庭联产承包责任制的实施解放了龙马村的剩余劳动力,随着龙马村经济条件的不断改善,村民受教育条件也不断改善,新一代年轻人的职业选择情况和老一辈水族人也有了很大的不同。进入20世纪90年代,以水族中学毕业生为主的打工者大量出现,商人、运输司机、建筑工人、个体工商户、小手工业者等

---

①江日青.广西南丹土司文化旅游开发探讨[J].南方论刊,2014(11):91-93.

②黄金.职业转换与水族家庭功能变迁——以广西南丹县龙马屯为例[J].铜仁学院学报,2007(03):53-57.

③玉时阶,等.现代化进程中的岭南水族:广西南丹县六寨龙马水族调查研究[M].北京:民族出版社,2008:12.

④南丹县地方志编纂委员会.南丹县志[M].南宁:广西人民出版社,1994:69.

职业在为数不多的人口中出现。① 据调查,年轻一代留在自己家乡的意愿不断降低,多是前往广州、南宁等城市打拼,从事自己擅长、感兴趣的职业,许多中年人感叹年纪大了,没有时间精力外出务工,他们都非常羡慕年轻人。在这样的时代浪潮之下,虽然还有不少水族人在家乡固守土地,在家务农,但龙马村水族人的就业选择相对于过去已经变得日益多元,职业选择也不仅仅局限于本省,职业选择范围愈加宽广,改变了龙马村水族清一色的农民身份,职业选择的改变牵一发而动全身,对龙马村水族文化的传承与发展有一定影响。

(三)龙马村的文化习俗

龙马村水族住房以木质结构的栏杆式建筑为主,一般为两到三层,保持"人上畜下"的样式,即在楼下圈养牲畜,楼上住人,适宜于潮湿多雨与虫蛇危害较大的居住环境,村寨周围修竹成林、古树参天,房屋建筑错落有致,体现了水族人与大自然和谐共生的生活景象。龙马村水族饮食以大米为主,喜欢吃酸辣味的开胃食品,因此,家中常备糟辣、酸汤、盐酸菜等。鱼是水族同胞款待宾客必不可少的一道佳肴。龙马村老人杀鱼的方法蕴含了水族人生活的智慧,不从鱼肚杀鱼而是从鱼的脊背处杀鱼,这样不容易伤到鱼肚里的肠子。除此之外,豆腐菜也是水族家庭常常出现的一道菜肴。水族豆腐菜制作过程中不添加油,而是加入一点酸水,这样制作出来的豆腐菜色香俱佳,有滋补养生的功效。在务农劳作的间隙,水歌是水族人日常劳作表达心情的重要方式,但龙马村年轻男女多外出务工,会唱水族歌曲的多是中年一辈。龙马村水族保留着水族文化的精华,但随着主流文化的不断影响,很多水族人都不再讲水族话,对本民族文化也不是特别了解,对汉族文化了解较多。年轻人不断外出务工,无论是在穿戴上,还是在水族传统的制衣技艺上,都没有延续水族千百年留下的文化象征,与汉族并没有什么差别。

四、广西南丹县水族村落学校教育问题分析

水族生命主体在历史的长河中呈现出顽强的文化意志,丰富的民族文化基因隐含于多元民族文化中,实现了交融共生。广西水族随着全球一体化进程的飞速发展,文化

---

①玉时阶.传统裂变与现代超越——以广西南丹六寨龙马水族为例[J].西南民族大学学报(人文社科版),2009,30(01):35-39.

传承出现了不同程度的断层,为抚平时代发展对水族文化冲击带来的文化裂痕,需以水族民族文化为依托,着力构建水族文化长效发展的教育机制。从教育的角度促进水族文化的传承,力求顺应现代化发展来实现文化因子与教育因子的交互衔接。笔者通过访谈调查的方式,深入调查了广西南丹县六寨镇龙马村小学传承水族文化的情况,发现既有一些值得学习和传播的文化传承经验,也存在一些问题,具体表现在教师传承水族民族文化的能力较为薄弱、民族文化的传承缺乏相应的支持条件、水族文化的传承缺乏民俗环境三个方面。

(一)教师传承水族民族文化的能力较为薄弱

从教师的来源地上看,龙马村小学的教师主体可以分为两类:一类是对龙马村生态环境不熟悉的非本土代课教师;另一类是对龙马村生态环境熟悉的本土教师。调查发现,这两类教师传承水族文化的能力都较为薄弱。代课教师对龙马村的村落环境较为陌生,对陌生环境的适应加剧了这类教师教学的压力,同时因为不是本土教师,相对本土教师群体而言缺乏对龙马村本土知识体系的理解和扎根龙马村不断提升教学质量的教育信念,以上不同因素导致代课教师在面对不同背景的学生时,缺乏跨文化的理解力。当教师教学脱离了民族文化和地域文化时,学生的多元文化需求就无法得到满足,进而影响到本民族文化的传承。由此,这类教师的内心常常会存在逃离与坚守的价值博弈。在"向城"与"升学"教育的导向下,民族地区基础教育的内容与教育方式呈现"离土"与"离根"的现象,譬如少数民族地区学校教育及教师对民族文化传承的漠视。[①]这种现象在另一类教师的身上也有所体现,他们对龙马村的情况较为熟悉,但通过访谈发现,这类教师对传承水族文化虽然表示支持,但在教学过程中并没有采取实际行动进行教学,无论是课程内容的构建还是课程目标的设立,基本都没有融入水族文化的知识。在升学指挥棒的指引下,这类教师甚至认为传承民族文化是教育教学工作的负担。他们无法找到传承民族文化和提高教学任务两者之间的平衡点,甚至认为传承民族文化和提高学生的学习成绩两者之间以一种相互矛盾的关系存在。在日常的教学活动中也缺乏对民族文化的传播渗透,这些都反映了教师缺乏传承民族文化的意识与能力。教师是学校教育的主力军,不仅需要承担教书育人的责任,还需要拥有传承民族文化的意识和能力。教师除了对学生传授知识,其一言一行都会影响学生的行为举止,对学生的行为具有潜移默化的引领作用,教师自身的价值选择会对学生产生直接影响,因此,

---

①卢德生,冯玉梓.民族文化传承与教师的文化自觉[J].教育探索,2010(11):101-103.

提高教师传承民族文化的能力至关重要。

（二）民族文化的传承缺乏相应的支持条件

对水族文化的传承,学校缺乏相应的支持条件,具体表现在以下几个方面:首先,学校缺乏相应的民族文化校本课程,造成民族文化的传承在学校教育这一环上基本处于"断层"状态。随着学生踏入校园,自身的民族文化与学校的主流文化相碰撞后,基本处于分离的边缘状态,而传承、改造和创新水族传统文化最基本的途径之一就是课堂教学。由此,进入学校课程、课堂教学的民族文化就有可能得到重视,得以不断传承发展。其次,教师传承民族文化缺乏相应的激励机制,民族文化的传承除了依靠教师的教学能力,还需要教师自身怀揣对本民族文化传承的情怀,肩负民族文化传承的使命。现实情境下学校缺乏相应的激励机制,教师在繁重的升学压力下,对传承水族文化就会变得力不从心。因此,充满生命力的水族文化进校园后,常常出现"千校一面"的静态、狭隘的窘局。最后,水族文化传承途径堵塞,缺失家庭教育这一主要通道。水族是一个古老的民族,在进行文化传承的过程也受到现代化的冲击,其传承方式、途径也有待探索。实际上,家庭环境始终是水族文化传承的天然场域,也是保持浓厚水族民族特色的坚实后盾与联络民族文化的天然纽带。但通过深入调查发现,广西水族家庭在祖祖辈辈的迁徙过程中逐步丢失了水族文化基本要素,虽拥有水族身份,但对于自己民族的文化却丝毫不了解,对本民族文化的认知多通过道听途说的方式。有些水族人对水族文化的代表如水书、端节甚至都没有听说过,对于马尾绣也是经过深刻的回忆,才想起在家乡小孩子的背带上出现过。

（三）水族文化的传承缺乏民俗环境

人类社会发展史其实就是一部文化变迁史,记录了社会发展的进程。随着全球化与现代化进程的加快,广西文化的当代变迁不仅是文本式的展现,也是人们生活的一部分。当老一辈水族人还沉浸在传统文化之中时,年轻一代已经接受了新的文化。新旧交替,人们的文化心理在冲突中变迁甚至变异。广西水族的年轻一代对自己本民族的文化了解不深,主流文化影响着这一代的价值观和生活方式,也就出现了老一辈水族人和年轻一代水族人对本民族文化的理解存在较为明显的差距。莫里斯·哈布瓦赫在其名著《集体记忆》中认为,每一个集体记忆,都需要得到在时空被界定的群体的支持。尽管集体记忆在一个由人们构成的聚合体中存续着,并且从其记忆中汲取力量,但也只是集体成员的个体才进行记忆,这些根植于特定群体情景中的个体,也是利用这个情景

第七章　上善若水:广西世居水族村落
教育研究

去记忆或再现过去的。① 长期以来由于我国把发展经济的着力点放在实体经济上,对促进民族地区繁荣发展在长时间内存在着分歧与误解,仅重视提升民族地区的经济水平,忽视了民族文化的传承发展。在少数民族地区对文化传承的忽视是普遍现象,这间接导致了原有的地理生态环境、人文环境受到严重的破坏,在自然生态与文化生态上形成碎片化问题,从而影响了民族品格的培育和我国文化软实力的提升。由于广西水族人口数量不多且分散居住,族群文化赓续困难,本民族文化的集体记忆不断褪去。以端节为例,端节是水族人较为重视的节庆文化之一,但龙马村水族的节庆氛围也随着民俗文化的缺失而逐渐淡薄,其中端节的主要节庆活动——赛马,在龙马村也比较少见。不少节日随着时间的流逝而消亡,最根本的原因就是它丧失了对人类的精神补偿作用,人们不再需要它。② 端节起源于以血缘为纽带的群体性祭祀活动,是水族同胞祭奠祖先,祈求平安、丰收的活动,通过端节协调人与自然的关系,给予人精神上的满足和安慰。随着自然科学技术的迅猛发展,水族人对自然界的变化不再像过去那样感到神秘莫测,端节不再具备强有力的心理补偿作用,随着其功能在水族活动体系中的不断退化,端节在广西也不断没落。

广西水族散而杂的居住情况导致水族民俗文化土壤的贫乏,水族人民对民族文化记忆的不断流失。水族学生进入校园环境后,一方面,学校主要以传授基础知识为主;另一方面,水族文化相对于其他人口较多的民族而言,在龙马村属于"弱势文化",并不具备与主流民族文化一争高下的竞争能力,此外,学校教育在升学压力的影响下,对于龙马村各个少数民族文化的传播,并不能做到面面俱到,尤其是在该区域处于边缘地带的水族文化。因此,水族文化在学校环境中缺乏相应的民俗环境,水族文化进校园就没有取得特别显著的效果。

五、广西南丹县水族村落民族文化教育与传承的思考

(一)提高教师民族文化传承的能力

在教师个体与学生群体的交往行为中,教师的行为方式本身就是一种信息源,为学生提供了一种文化的基本参考体系。民族文化的传承也是教育的过程,两者并不矛盾。

---

① (法)莫里斯·哈布瓦赫(Maurice Halbwachs).论集体记忆[M].毕然,郭金华,译.上海:上海人民出版社,2002:39.

② 刘竹.节日文化与精神补偿论析[J].云南师范大学学报(哲学社会科学版),1999(02):33-36.

如果教师认为传承民族文化耽误了学生学业,侧面反映了教师传承民族文化的意识较为薄弱,在课堂教学中主要有三种表征:一是对水族文化了解不深入;二是虽了解但是并不能熟练运用到课堂教学之中;三是教师的创新能力不足,不能将水族文化与时代的发展紧密相连,与时代相分离,教师在主动输出水族文化时主要以静态知识体系的形式呈现,教学吸引力不强。因此,难以激发学生的学习兴趣。

教师民族文化的传承意识与传承民族文化的能力息息相关。首先,对于缺乏乡村知识的代课教师而言,学校应积极关注此类教师的生活、工作状态,除了职前的精心培养,还需为民族地区乡村教师提供良好的职后发展平台、优质的工作环境、较好的生活待遇等。其次,对于本土化的教师而言,一是需要有自主教育的意识,在日常教学中不仅要增强自身传承民族文化的意识,也要多增长专业知识、民族文化知识,强化跨文化理解能力等,树立终身学习和终身发展的意识,并积极关注和学习民族文化的相关法律法规、政策文件、最新动态等,实现教学能力的与时俱进,减少因缺乏对水族文化的了解而出现的无意识传承情况。具体来讲,教师要批判性地看待和解释教学中学生呈现的文化行为,深入识别文化个体在不同的交往过程中的身份和所要达到的意图。二是要加强合作意识,教师要有与不同学科教师之间相互合作、进步的意识。比如,不同学科教师之间的跨学科合作、教师与社区之间的合作、教师与家长之间的合作以及教师与教学技术部门之间的合作等,并且在合作中不断有意识地提高文化传承和教育传承的教学技能。三是增强教育赋予的责任感和使命感,强调教育信念指引教学行为,有意识地提高传承水族文化的意识,关注多元文化形态中水族个体的文化背景、民族心理和民族意识等特点,将培养不同民族创新精神和内源性发展动力视为己任。教师与多民族社会基本要素的密切配合与交流互动,不仅为个体和族群的发展奠定了基础,也为民族地区多元文化课程建设提供了汲取活教育资源的途径。人类的繁衍靠基因遗传,人类的文化传承靠教育传递。这两类都是人类生存发展的代际传承的基本方式,虽然生物基因不可改变,但是社会文化基因可通过教学的传递以形塑学生的行为。教育是文化的一种生命机制。因此,加强教师传承民族文化的意识显得尤为重要,只有教师在教学生活中真正意识到水族文化的优秀成果,将民族文化与教育教学结合起来,才能让民族文化在课堂教学中生根发芽、代代传承。

(二)建立相关的支持条件

1.积极开发民族文化校本课程

首先,在校本课程开发方面,需鼓励不同学科教师参与水族文化校本课程的开发,在完成国家规定课程学习的同时,达到将学科特点与水族文化相融合的目的。水族文化蕴含着丰富的数学文化,其一体现在数数文化方面。古语有云:数源于"数(shǔ)",意即数是"数(shǔ)"出来的,水族人民在漫长的生产生活实践中,逐渐抽象产生出数的概念,并进一步发展出数的语言、符号与计数方法(包括基数、序数及其运算,度量方法以及数字习俗等)。① 甲骨文的一二三的写法是通过数量的累积写出来的,水书中也存在类似的方法,比如水书的"雨""草""秋"等,计数方法也与其他人类文明一样,水族先民也可能使用过结绳的方法进行计数。② 其二体现在轴对称的数学思维之上。比如用马尾绣制作的背带、盛装、围腰等精美绣品中都蕴含着数学中常见的几何平面图形——正方形、三角形、圆形等,数学教师可采用学生熟知的情境,结合马尾绣的图片引导学生观察,学生便能自然地归纳出轴对称图形的概念,感受到水族民族文化与学科学习的联系。不同民族、地区的人民拥有着独特的居住形式,老北京的是四合院,福建客家人的是圆形土楼,水族傍水而居,房子由松木、杉木等木材悬空搭建而成,称为干栏,这种干栏式居住形式既能防潮防湿又可拥有较为宽敞的地方来接待客人。这种古建筑是展现水族文化古老悠久的最好载体,其中渗透着轴对称的数学思维,是开发校本教材的重要资源。水族干栏利用了等腰三角形的稳定性、矩形的对称性,教师可以引导学生观察水族建筑的特征,让学生感受水族文化与数学的关联性,激发学生的学习兴趣,增强水族学生对本民族文化的认同感和自豪感。

2.建立合理有效的教师激励机制

广西水族学校需要建立合理有效的教师民族文化传承激励机制,不断促进教师对本民族文化的传承与创新。具体措施为:其一,组织以传承民族文化为主题的教师教学大赛,通过比赛的形式展现教师传承民族文化的能力,并在活动中增强学校、教师传承水族文化的能力。其二,考察教师是否能将水族文化灵活融入课本教材、课堂教学中,融入的方式并不仅仅是静态的知识呈现,更应该包括水族文化的动态知识,如以水族文化的刺绣代表——马尾绣为例,教师在讲授马尾绣时,若只是根据教材所提供的内容讲授,那只是起到了"复读器"的作用。马尾绣拥有精湛的刺绣技法,一方面,可通过解读马尾绣的发展历史等有关的知识点以拓宽学生的视野;另一方面,可以引导学生了解不同刺绣工艺之间的联系与区别,这不仅能使学生掌握水族马尾绣和其他民族的刺绣工艺,同时也是开阔学生思维、提升学生创新能力的重要途径。教师的激励机制应该通过

---

① 韦宗林.释读旁落的文明——水族文字研究[M].北京:民族出版社,2012:124,152.
② 张和平,唐兴芸.苗族文化中的数学智慧——兼谈与古典数学的共通性比较[J].贵州民族研究,2012,33(01):62-68.

多种形式进行,通过举办不同形式的比赛,组织具有丰富经验的专家学者对水族教师进行较长时期的系统的专业指导和督学等,并在相关比赛上聘请水族文化传承人、高校教师等相关人员对教师进行考核评价并颁发证书予以奖励,并制定相应的评审细则,公正评判结果。可将大赛考核作为教师评职称的条件之一,以此不断激励教师传承民族文化,更好地将民族文化与学校教学相融合。其三,增加传承水族文化的经费。"经济基础决定上层建筑",增加传承经费,打造具有水族文化特色的学校,引进水族文化传承人,开设马尾绣刺绣班、水书班、铜鼓舞班,创设民族文化的学习基地,定期组织学生参观水族基地,使学生亲身参与和感受水族文化,利用文化的渗透作用让学生自觉传承水族文化,培养水族学生的社会化个性。① 培养新一代水族文化传承人,不断弘扬民族精神。增加水族文化的建设经费是学校建设民族文化基地、丰富学校民族活动的必要措施,没有充足的经费支持,在校园里开展丰富多彩的水族文化教育活动便只能是海市蜃楼、纸上谈兵。

3.重视家庭教育在传承水族文化的重要性

广西水族学校教育需重视家庭教育在传承水族文化中的重要性。随着市场经济的发展,社会开放性信息联系的加强,生产、生活方式的变化,人们的观念也发生了相应的变化,最终也会导致水族人民传承民族文化意识的弱化。② 家庭作为传承民族文化的场域,主要以"无意识"的教育为主,拥有天然的民族文化土壤,任何非主流文化要发展,均离不开其赖以生存的自然环境与社会环境。③ 家庭是社会的细胞,不仅是生存繁衍的基本单位,而且是文化传承的基本单位。传承文化的过程是教育的过程,具有维护家庭成员情感的作用。水族家庭能够为子女提供一个小型的族群教育氛围,在日常的家庭交流中,民族文化的传承拥有天然的滋养土壤,水族传统文化中水书的传承、岁时节庆等文化在家庭场域中都能窥见养育自身民族最本源的文化,其中端节是水族覆盖面较广的民间节庆文化之一,节日的开展体现了水族人民的生存智慧,是展现水族多元文化的大舞台,也是青少年学习本民族知识的生活大课堂。因此,家庭教育作为本民族文化的原生土壤要承担起传承民族文化的责任,尤其非遗传承家庭更是要担起历史赋予的使命。另外,要借助民俗文化的契机,利用水族的节庆文化强化民族文化的传承。水族端节、卯节等节庆是水族文化集中展示的机会,每逢节日每个家庭汇聚一堂,在增进家庭成员情感的同时,也通过节庆习俗传承着水族的民族文化,在不同的节日阶段家

---

①郑杭生.民族社会学概论[M].北京:中国人民大学出版社,2005:245.
②朱英.从社会群体透视社会变迁[J].华中师范大学学报(人文社会科学版),2007(06):62.
③郭杰忠.生态保护与经济发展互动关系探析[J].江西社会科学,2008(06):13-17.

第七章 上善若水:广西世居水族村落教育研究

庭教育的传承都有着不可替代的作用。最后,家庭教育要积极地与社区教育、学校教育相配合,树立正确的家庭教育观,克服"学而优则仕"思想的影响,以及在男童、女童教育方面的物质投资以及教育观念的人文投资之间分配不公平情况,保护女童的受教育权,不断打造系统性与科学性兼顾的民族文化传承体系。

(三)营造传承水族文化的氛围

首先,各级政府要重视水族文化的传承,调动政府资源为传承水族文化搭建平台,改变只喊口号不落实行动的形式主义,明确水族文化开发和保护的责任主体。龙马村水族文化的传承应由当地文化部门、民族事务部门共同来承担。在少数民族散杂居地区,文化部门主要负责民族文化的保护和开发,但是,需要明确的是由于文化部门缺少民族工作的氛围,工作人员对水族民族文化的了解不深,使得他们在具体工作中,经常会把"民族文化"等同于"民俗文化",用"民俗文化"的概念来取代"民族文化",这显然不利于民族文化的保护和开发。在少数民族散杂居地区,民族部门有民族部门的优势,文化部门有文化部门的优势,两者应该加强沟通和协调,把各自的优势整合起来转化为胜势,共同推动少数民族文化的发展和繁荣。① 其次,当地需重视培养壮大传承水族文化的人才队伍,为民族文化产品创作积蓄力量。对于广西散杂居地区的水族而言,其人才队伍的培养工作面临的困难比聚居区要大得多,水族文化中水书的传承主要依靠人与书配合进行活态传承,马尾绣文化也是由水族人一针一线缝上的技艺,水族节庆的开展以及丰富多彩的民族文化活动(如民族艺术节、文艺会演、歌会、舞会、体育比赛等文化活动)都需要人的参与,因此只有把传承水族文化的人才从数量和质量两个维度上壮大起来,水族文化的传承才能变得更有生机与活力。

---

①吴梦宝,楼跃文.少数民族散杂居地区民族文化的保护与开发[J].中国民族,2004(11):28-29.

·第八章·

八桂静穆：广西世居回族村落教育研究

一、广西回族概况

伊斯兰教自唐代传入中国，至宋代始进入广西。定居广西的穆斯林及其后裔，后统称为回族。[①] 宋代时期，广西大地上播下了回族最初的种子，元代少数回族先民因致仕而进入广西，回族大量进入广西是在明、清两代。分布在广西各地的回族的迁徙情况各不相同。[②] 回顾广西回民的迁徙史，能看到两条清晰的路线：一是从甘肃、河北、云南、四川等地迁入广西的省际长途迁移；二是以桂林为中心，从桂东北地区南迁到柳州、南宁、百色等地的省（区）内短途迁移。元末明初，回族人民正式迁入广西定居，通过不断发展壮大，至今已形成一个以桂林为中心，包括临桂、灵川、永福、平乐、鹿寨在内的聚居区，其余分布在柳州等地。桂林回族人口居广西首位，广西回族人口具有大分散、小聚居的特点，他们与当地其他民族和谐相处，共同发展。广西盛产竹子，桂林的竹资源尤为丰茂，广西回民心灵手巧，就地取材，生产具有南国翠竹清幽之器的广西竹筷，开创了具有鲜明的回族民族特色的竹器手工业和竹器产品。广西回民以一把削刀，实现了具有民族特色的竹器手工业。他们手中的另一把屠牛刀也同样不容小视。回族宗教生活中有特殊的要求，饮食方面有严格的禁忌，因此屠宰业在回族经济生活中占有重要地位，成为回族经济活动的一项重要内容，亦是最能体现回族民族特色的行业。广西回民

---

①常启明.广西回族文化教育史概述[J].中国穆斯林,1996(06):24-26.
②马明龙.广西回族历史与文化[M].南宁:广西民族出版社,1998:17.

经商,讲究和气生财,买卖不成仁义在,他们吃苦耐劳,勤奋经营,买卖公平,互惠互利。广西回民常说"人心一杆秤",做公平交易,也是《古兰经》上的告诫。广西回族教育在早期主要是一种特殊的民族教育,经历了私塾教育、经堂教育两个阶段。经堂教育主要是在清真寺进行。桂林的经堂教育比较发达,在全国有一定的名望。民国时期,近代回民小学开始出现,新中国成立推动了广西回族教育向正规普通教育转变。广西回族文化教育与其宗教信仰密不可分,回民的生命体及文化中均流灌着其宗教信仰的"气脉""血脉"。明末至清末广西各地清真寺普建,经堂教育兴起。受新文化运动影响,广西回族文化教育掀起高潮。有识之士创办刊物、出版书籍,民国初年广西回族的先觉之士创建了新式学校和团体。抗战期间,众多穆斯林逃往南下,为广西回族文化教育带来了发展机遇。广西回族历史上,文化教育方面曾产生出一些杰出的人物,取得辉煌的成就。如诗人伯笃鲁丁、回族画家马秉良。回族信奉伊斯兰教,是广西唯一信仰伊斯兰教的民族。元朝时,伊斯兰教随回族传入广西,至今有700余年的历史。清真寺是穆斯林礼拜和举行宗教、料理宗教事务的场所。广西回族的清真寺最早是于清朝建立的,其他清真寺大部分建于明代。作为虔诚的伊斯兰教教徒,广西回民每年主要过三个重大节日,即开斋节、古尔邦节和圣纪节,节日均以伊斯兰教历计算。每年教历九月为斋月,男满十二周岁、女满九周岁以上的回民,都要封斋。斋戒期满,逢开斋节,这一天从拂晓开始准备,洗大净、沐浴净身,换上新衣服,到清真寺会礼。古尔邦节一般在开斋节后70天举行。广西的回民大多生活在城镇中,长期与汉族同胞杂居在一起,穿着与身边的汉族同胞无异。进入清真寺礼拜时,男子头上戴小白帽,女子头、脸、脖子都笼罩在色彩不同的纱巾下。广西回民的清真饮食,既守教规,又兼具鲜明的民族特色。广西回民主食大米,面食居次,玉米、薯、豆类再次之。历史上,桂林的回回馆、麻记清真餐馆,南宁的合和馆、三合馆,柳州的沙街白记米粉馆等都是数得上的清真饮食字号。桂林的清真菜系在广西最为有名,主要有白切鸡、烧鸭等。传统特色美食有油香、油条、馓子等。油香是回族对油饼的一种特殊称法。在穆斯林看来,油香是神圣的食物,当家里来了贵客,或孩子满月、过百日,或儿女结婚、亲人故去、回族的传统节日等都会用到。

回族文化是以伊斯兰教文化与中国传统文化为基础而形成的一种民族文化。[①] 回族文化更是伊斯兰文化与儒家文化相结合的产物,同样的经典,不同的讲法,穆民有着不同的受益。回族文化深受伊斯兰文化的影响,但是回族文化不等于伊斯兰文化,回族文化经过前人的多次改造,特别是"以儒释经"运动以后,回族文化整体框架与儒家文化一脉相通。回族穆民信奉伊斯兰教,《古兰经》和"圣训"是伊斯兰教的立教之本。

---

①张思琦,马惠兰.回族文化与筑牢中华民族共同体意识[J].中国穆斯林,2018(06):41-43.

《古兰经》中的思想可以成为伊斯兰的一种信仰精神,亦是伊斯兰文明的历史传统。对于穆斯林而言,"志同道合者"则是《古兰经》中所说的"教胞兄弟"。穆斯林要遵经顺训,既然已有行善的明命,那就亲如兄弟般给陌生的"路子"提供"免费的午餐",因为这是伊斯兰教倡导的兄弟情义。回族生活中有两个十分重要的概念,一个是时间概念,即星期五——主麻日,回族民众习惯将一切重要的事情都放置在这一天做,显得吉祥和尊贵。另一个是地点概念,即清真寺。同样,回族民众习惯将任何重要的事情都选择在清真寺里进行,清真寺作为一个精神圣地,也是回族民众所有安全感的来源。因此,"围寺而居"是回族民众的生居特点。与广西其他世居少数民族不同,广西回族基本上是一个商业民族。这是广西回族的一大特色,也是广西回族经济的一大特色。广西桂林市雁山区草坪回族乡潜经村是回族同胞最为集中的聚居地。潜经村与广西各地的村寨无异——依山傍水,林木葱茏,炊烟袅袅,小桥流水人家。然而,古色古香的老建筑,庄严肃穆的清真古寺,独具民族特色的回民小学,构成了潜经村鲜明的回族文化元素。对于潜经村的回族来说,他们的生活习惯与文化已趋同于周边汉族,但在村中仍会看到人们摆放香火和牌位,去清真寺礼拜的情景。在广西回族民间的森林崇拜文化中,最值得一提的是回族同胞对竹木的利用。在广西回族民间,存在着质朴的爱树、植树、敬树和护树风尚。广西回族同胞以一种坚定而内敛的情怀表达了对林木的质朴爱愿。一棵棵高大挺拔、生命力旺盛的大树亦如他们屹立的生命之树,书写着广西回族同胞坚韧、勤劳、祥和的民族品性。他们脸上的静穆,来自广西这方热土上生活的安宁与满足,来自乱世沉浮之中民族心魂的形塑,更来自祖祖辈辈坚定的虔诚信仰。

二、广西回族教育概况

回族是一个具有强烈宗教信仰的独特民族,故而其教育具有宗教教育与世俗教育双重特性,即回族教育中千百年来传承的"念经与念书",我们将其概括为经堂教育和学校教育。

(一)经堂教育

经堂教育对回族等穆斯林民族的价值观、人生观乃至思维模式、行为方式有着重大影响。① 广西回族进行穆斯林经堂教育始于柳州，并形成了比较完整的宗教教育体制——"小学"的任务是"审字析音"，学习阿拉伯文与波斯文；"大学"的标准则为"天经讲贯"。经堂教育主要在清真寺进行，以培养宗教人才为主，同时也对回族儿童进行启蒙教育。② 经堂教育是一种非正规的宗教教育，但在满足回族宗教与生活需要、增强回族民族意识等方面起着重要作用。桂林的回族在全广西回族中占比最大，教育分小学、大学，在全国有一定的名望。当地的穆斯林对经堂教育投入了相当可观的人力财力，从现存的一些碑记中可以证实。如立于清嘉庆十七年临桂县旧村清真寺的《学田碑记》和桂林崇善路《核理法供膳碑刻》对经堂教育均有详细记载。现在桂林旧村中的经堂教育已经消失了，为了适应社会的变迁及回族宗教需求的变化，经堂教育逐步从广西回族的宗教信仰的舞台消退。广西回族文化教育事业曾有过三次较大的发展时期。

1.明末至清末的普建清真寺和经堂教育兴起时期（1647—1905 年）

明末至清末广西普建清真寺，这带动了经堂教育的兴起。马雄始于康熙十二年至十七年任广西提督，在任期间，出资创建柳州城内清真寺，捐资购地扩建了桂林西外清真古寺。最重要的是，他通过延聘全国各地著名经师如常志美、马忠信等来桂任教讲学。在马雄的努力和众多经师学者及圣裔入广西讲学传教的影响下，广西回族文化教育得到了发展。通过普建广西各地清真寺，推动经堂教育的兴起。广西各地的清真寺现存共 37 座，于清初至乾隆间始建的共 13 座，于嘉庆至清末建的有 9 座，占广西清真寺总数的近 60%，桂林清真寺的比重最大。近三百年来，广西各地经堂教育培养出的阿訇约 90 人。

2.回族新文化运动推动下的发展时期（1906—1936 年）

由于受全国回族新文化运动的影响，广西回族的先觉之士开始倡议举办回族新式学校，提倡经汉学两通。南宁的马驹誉于 1906 年在南宁创办的一所私塾性质的立德小学，柳州马介甫于 1932 年创办的柳州私立民德小学，是广西兴办的较为正规的回族小学。1936 年由马健卿、马民芳等 13 人发起，在桂林西外清真寺和西巷清真寺设立民国基础学校两所。

3.抗战期间为蓬勃发展时期（1937—1944 年）

北平成达师范学校在马松亭阿訇率领下，南迁至桂林西外清真古寺设校复课，利用学校众多的人才和培养新人才的优势，大力开展抗日救亡活动和振兴广西回族文化教育，在历史上留下不可磨灭的功绩。

---

①马明良.回族经堂教育之得失及其出路[J].回族研究,1998(04):70-76.
②翁乾麟.广西回族和回族研究评述[J].广西民族学院学报(哲学社会科学版),1990(01):23-28.

此外,现阶段的宗教教育主要存在于家庭式的宗教教育和礼拜时阿訇的"卧尔兹"讲经活动上。家庭式的宗教教育主要存在于有虔诚穆斯林成员的家庭,老人为主要推动者。现有的研究中对于家庭式的宗教教育多是通过对高龄的教师进行访谈而获得的资料。宗教教育的推广离不开家庭成员之间的耳濡目染,这也是宗教教育主要传播路径。

(二)学校教育

1932年,柳州回族马介清建立的"私立民德小学"是广西回族举办的第一个正规小学,至1949年,广西有回族小学19所。私立民德小学的出现开启了广西回族学校教育的新纪元,为后期学校教育的发展埋下了萌芽的种子。这些学校多数规模小,财力有限,学校基础设施不完备,难以解决所有回族儿童的教育问题。抗日战争爆发后,回族知识分子对回民教育给予了充分重视,并利用报刊提出了加强爱国主义教育、国防教育、生产教育、宗教教育以及国际交流教育等战时回民教育方略,从而引发了社会对战时回民教育的广泛关注,在推动回民教育持续发展的同时,也唤醒了回族学子的民族认同与国家认同意识。[①] 当时,成达师范学校在桂林的时间虽然不算很长,可是它除了培养出不少师资和阿訇,还在桂林领导和参与了很多抗日救亡活动和社会活动;成达师范学校在桂林期间积极宣传抗日救国,坚定了桂林回族同胞抗战必胜的信心,为中华民族取得抗日战争的伟大胜利,做出了应有的贡献。[②] 在桂林,成达师范学校的教学中突出了抗战的内容,在《招考师范部新生简章》和《招考阿訇专修班学生简章》课程设置中,将爱国抗战的教育与伊斯兰文化相融合,以激发回族民众积极抗战之情。爱国爱教是回族一脉相承的优良传统,成达师范学校将抗日救亡活动与教育融合,为当时广西的爱国抗战行动做出了不可磨灭的贡献。

三、广西桂林市雁山区草坪回族乡村落历史发展概况

(一)草坪回族乡发展概况

回族由于从事商业和手工业活动的需要,多在城镇或城镇附近的乡村聚居。广西

---

①凌富亚.抗战时期回族知识分子的教育方略——基于报刊资料的考察[J].民族教育研究,2015,26(05):87-91.

②马行汉.回忆我的母校——成达师范学校[J].中国穆斯林,2003(04):41-44.

回族主要与汉族杂居,很少与壮族、瑶族杂居,因此回族与汉族的关系较为密切。桂林草坪回族乡成立于 1984 年,是广西唯一的回族乡。该乡成立后,桂林市委、市人民政府对于草坪的发展给予了极大的关心,把草坪回族乡作为全市 33 个乡镇扶贫点的重中之重。草坪回族乡坐落在漓江核心景区东岸中段,距桂林市区 37 千米,全乡总面积 34 平方千米,辖 3 个村委会和 1 个居委会,共 11 个自然村,总人口 5 187 人,其中回族人口 1 976 人,占总人口的 38%。草坪回族乡是桂林市五城区中唯一列入第一批新型城镇化建设示范乡镇,是第二批广西特色景观旅游名镇示范单位,是国家级民族团结进步模范集体。草坪乡街区(草坪街)还被评为 2014 年广西第一批名村名镇,是境内拥有国家 4A 级以上景区最多的少数民族乡,漓江 20 里精华风光穿境而过,山水秀丽、洞奇石美,风光旖旎。

2012 年 11 月国家发改委批复的《桂林国际旅游胜地建设发展规划纲要》明确了要打造草坪休闲旅游主题小镇。草坪被列入重点旅游片区发展规划,进入了统筹推进重大旅游项目建设清单,草坪成为胜地建设的重点区域。草坪回族乡位于桂林市重点打造的漓江"动感东线"旅游带核心区域,是桂林漓东百里生态旅游示范带建设乡镇之一。雁山区以漓江东岸百里生态示范带建设为契机,先后筹集资金近 2 亿元,全面实施草坪休闲旅游主题小镇建设,高起点规划城乡、突出民居特色实施风貌改造,大力推进城乡基础设施和公共配套服务设施建设,高品质发展生态农业和休闲旅游产业。通过三年多的不懈努力,取得了可喜的成效,城镇面貌焕然一新。草坪回族乡被评为 2013 年广西民族团结模范集体;草坪街区(草坪街)被评为 2014 年广西第一批名村名镇。2015 年末,全乡实现财政收入 522 万元,年均增长 12%;全社会固定资产投资完成 1.58 亿元,年均增长 33.3%;营业收入 4 018 万元(不含冠岩景区),年均增长 13.6%;税收收入 110 万元,年均增长 20.2%;利润总额 128 万元,年均增长 8.6%。2016 年上半年,全乡经济平稳发展,社会和谐稳定。草坪休闲旅游主题小镇建设的强力推进,已经成为漓江东岸百里生态示范带不可或缺的重要组成部分。2013 年 8 月,乘着桂林建设国际旅游胜地的东风,依托桂林市城镇化示范乡镇建设,雁山区启动实施草坪休闲旅游主题小镇建设。在建设过程中,雁山通过坚持高品位规划、大强度投资、精品化建设,努力把草坪打造成为桂林漓江东岸旅游的集散中心、中国南方喀斯特地貌区自驾游目的地和中国乡村旅游民宿基地。草坪回族乡先后在 2015 年获广西特色景观旅游名乡称号;2016 年获广西壮族自治区五星级乡村旅游区。2017 年"柿里回乡"休闲农业核心示范区荣获自治区四星级休闲农业(核心)示范区称号;2017 年草坪乡潜经村荣获中国少数民族特色村寨。潜经村是回族人口聚集地,在桂林回民和伊斯兰教中具有重要地位。抗日名将白崇禧手书的"抗日建国"石碑就屹立于潜经村中。2013年,雁山区科学规划,开始进行民族特色村寨建设,突出了生态保护。在潜经村恢复青石板路,保护土坯墙,维修跑马楼,恢复重建清真寺和具有600年历史的古井台,自此,这座古村落又重新焕发了活力,进一步彰显了民族特色。

为全力推进草坪民族团结进步示范乡创建,促进全乡经济社会发展,区、乡党委、政府始终把民族团结工作作为重中之重,积极推进民族文化保护传承。投入资金500多万元,对白氏宗祠和清真寺进行维护修缮;积极挖掘回族特色文化,收集全乡文物古件,打造了一座集中展示草坪回族文化特色的回族文化陈列馆;2017年潜经村被授予国家级特色村寨,草坪回族乡荣获自治区"民族团结进步创建活动示范乡",全乡呈现出民族团结的良好局面。同时,潜经村也是雁山区的旅游扶贫村,旅游精准扶贫工作正在稳步推进。目前,正通过各种措施,依托生态优势,紧抓民族风情,开发游客与回民互动参与的体验型旅游产品,从而改变过去单一的农家乐形式,使游客停留时间增长,发展民族特色风情和民族旅居业态,实现可持续发展,促进农村增收。

1.基础设施日趋完善

2013年以来,雁山区全面启动草坪回族乡基础设施建设,先后筹资2亿元,完成了道路、电力、给排水、垃圾处理、园林绿化等基础工程,城镇基础设施和配套设施不断完善,进一步增强了城镇对周边辐射的集聚能力和承载能力。四年来,先后修建了碧岩阁至草坪8.8千米二级公路、兰口至大田连接线3.3千米、700米迎宾大道、滨江路、镇区内街外环道路、漓江绿道等车道人行道,并设置了交通标识,安装了路灯,配套了道路无障碍设施,实现路面硬化率、路灯亮灯率100%。民族广场、公厕、路灯、园林小品等配套设施不断完善。2013年开始进行民族特色村寨建设,改造旧村庄,恢复青石板路,维修跑马楼,整修村容村貌,重建清真寺,恢复600年的古井亭等,一个焕发出青春活力和民族光芒的特色村寨屹立在漓江河畔。

2.特色农业流光溢彩

2014年以来,雁山区认真贯彻落实自治区、桂林市关于推进现代特色农业(核心)示范区建设部署,全力推进雁山"柿里回乡"(以柿子种植为特色的回族乡村)休闲农业核心示范区建设。核心区面积4 322亩,拓展区面积5 403亩,辐射区面积20 000亩,核心区以"一带一路"(漓江绿道观光带、碧草公路)为主线,重点打造碧岩竹海休闲区、农家果蔬采摘区、花卉银杏观赏区、农业生活体验区、万柿大橘示范区和回乡小镇度假区六大主题区,其中主核心区为万柿大橘示范区。

3.休闲旅游卓有成效

在草坪漓东百里生态示范带建设中,我们以城乡居民为主体,以发展旅游休闲产业为基础,带动三产提升,推进产城融合式发展,着力在打造旅游品牌、重塑老街业态、推介旅游资源等方面下功夫,整个镇区实行景观化、市场化管理开发。2017年旅游接待游客量突破100万人次。

4.实施农村环境综合整治工程

雁山区党委、区人民政府始终践行"绿水青山就是金山银山"发展理念,采取有效措施不断加大生态环境保护和建设力度。一是建设污水处理站,全区共有污水处理系统40处,经处理均达到《城镇污水处理厂污染物排放标准》一级B标准或一级A标准。二是建立垃圾转运站,扎实推进城乡清洁工作。2015年以来投资1 900万元,建立4个垃圾转运站,实现了村收乡运区处理模式。建立了定期大清扫机制,全面实施农村垃圾收集转运处理工作。三是实施亮化硬化工程。全区共安装太阳能路灯980多盏,行政村实现村村通公路。四是持续推进改厨改厕。全区完成农村改厨改厕2 000户。改造后的厨房干净整洁,厕所拥有标准的便池、化粪池和冲洗器"两池一洗"设备,让农村家居环境更加舒适。

(1)实施漓江整治"七大行动"

雁山区组织实施七大整治行动,铁腕治理"四乱一脏"。先后开展了60余次排筏整治行动、漓江流域网箱养鱼整治、清理废船、漓江流域违法建设、挖沙、河道两岸建筑垃圾清理、养殖场拆除等工作,参与行动达4万人次,生态环境得到明显改善,游客量不断增加。同时,加强森林资源保护,以保护漓江两岸森林植被为切入点,以提升涵养水源、调节气候等生态功能为目标,为唤醒村民保护漓江两岸生态竹林的意识,区人民政府每年财政出资对草坪绿道两旁竹林进行生态补偿,为草坪回族乡生态建设打下坚实基础。

(2)实施绿化造林

一是加强公益林地保护。雁山区深入实施"自治区级绿化示范村屯"创建和石漠化综合治理等生态工程建设,积极开展"万人百屯"义务植树专项活动,全面推进造林绿化,完成石漠化综合治理新造林抚育29.41公顷。全面落实生态补偿机制,林地资源得到有效保护,有力改善了城乡生态面貌,实现全区林地面积1.39万公顷。2015—2018年期间,完成4个生态乡村示范村建设,3个乡镇获评自治区生态乡镇,29个行政村获评市级生态村。二是饮用水源保护工作。将集中式饮用水源地、漓江水域(草坪段)作为重点保护对象,划定饮用水源保护区范围并树立警示标牌。三是污水处理系统。草坪回族乡截至目前共有污水处理系统10处,经处理过的出水水质达到《城镇污水处理厂污染物排放标准》一级 B 标准,其中草坪回族乡靠近漓江范围的处理排放水质达到一级 A 标准,受益人口 4 371 人。

(3)实施水利、大气污染防治工程

一是全面推行"河长制",切实加强饮用水源保护。以党政领导负责制为中心,明确了漓江流经草坪回族乡段的河长名单,扎实推进漓江河道水环境综合整治,促进河道保洁常态化、长效化。推进了大雁排洪渠、良丰河等生态水系建设,持续提升水环境质量。二是着力整治大气污染。对辖区道路扬尘及渣土运输车辆过程中抛洒滴漏、污染路面等突出问题开展专项整治,加大道路洒水力度,空气质量继续排在六城区前列。雁山区连续三年在桂林市环境保护委员会目标责任考评中成绩优异,2017 年获得桂林市环保工作考评一等奖。

5.城镇建设凸显新风貌

过去 5 年,以"书记工程"为抓手,实施约 20 个项目,投入累计达 3 亿元,全面实施草坪乡城镇化示范乡镇建设,全乡基础设施日趋完善,彰显回族特色,草坪乡成为桂林市第一批城镇化建设示范乡镇,并获"广西特色景观旅游名乡"称号及第二批广西特色景观旅游名镇示范单位。基础设施和公共配套设施建设日趋完善。实施建成了碧草二级旅游公路 8.8 千米、兴阳二级公路 5.8 千米等大公路交通设施,投入约 3 400 万元先后完成了 700 米迎宾大道、滨江路、镇区内街道的改造,园林景观、垃圾转运站建设改造全面完成;将排水、电力、通信管网线路全部规整。交通、水利、人畜饮水基本完善。新修机耕道 17 条,通村公路 7 条,共修灌溉渠、排洪渠、水渠 12 500 米,完成自来水管网改造 4 000 多米,全面实现了全乡通村道路及村道硬化和 5 000 多人的安全饮水。文化活动中心、草坪政务服务中心及财政、计生、司法办公楼已投入使用。草坪城镇教育文化医疗、公共服务基础设施建设全力推进,医疗、公共服务水平明显提升。

旅游产业凸显新亮点。过去 5 年,对冠岩、神龙水世界、云雾山庄等项目,实行跟踪服务,推进旅游项目建设,目前神龙水世界二期工程正在进行勘察地界和租地协调工作,云雾山庄正在开展升级改造,帐篷酒店拟落户草坪。筹集并投入资金 1.6 亿元打造了漓江边最美小镇——草坪休闲旅游主题小镇。推进漓东百里生态长廊示范带草坪段建设,建成了全市首条兼具绿道慢行系统的碧草二级旅游公路,基本建成首条漓江沿岸碧岩阁至草坪段绿道慢行系统,草坪 22.4 千米慢行绿道被誉为桂林最美绿道,实现旅游接待游客同比增长 30%。修建了连接兴安、阳朔的便捷通道兰口至大田二级公路,旅游基础设施得到巨大改善。

农业特色产业形成新优势。围绕建设融生态、旅游、休闲、观光为一体的特色农业,在潜经村建立200亩无公害蔬菜生产基地、180余亩提子基地、40亩池塘荷花和80亩成片格桑花、向日葵花观赏带;对提子、竹子、黄皮果、柿子种植基地进行全方位改造和提升,注入现代农业生产要素和经营理念,在2015年获得桂林市休闲农业(核心)示范区称号的基础上,2016年申报自治区级示范区。现已建设3座观景平台,1版柿子文化墙及修建机耕道路约2 000米。五年来,实现提子增收51万元,全乡扩大果树种植面积5 800多亩、蔬菜种植达3 300亩。坚持种养结合,努力提档升级,成立"公司+农户"养殖场13个,农村合作社6个。保护好潜经村白氏宗祠历史文化和清真寺宗教文化,突出草坪回族文化特色,形成草坪特色旅游品牌,实现用品质留住游客,用特色创造发展是其未来的发展目标。

(二)草坪回族伊斯兰文化教育

回族是我国一个大分散、小聚居的少数民族,伊斯兰文化是回族文化的核心。明代经堂教育的诞生意味着回族开始了以伊斯兰文化教育为核心内容的民间教育。回族伊斯兰文化的传播开始向着正规化的方向发展。回族文化的核心——伊斯兰文化在中国传统文化中一直呈现为一种异质文化,作为传承这种文化的载体,回族经堂教育主要进行的是伊斯兰文化的教育。

对于草坪回族乡的回族人来说,清真寺是其文化宣传和传承的另一个重要载体。现在清真寺关于伊斯兰文化知识的普及与传承,原则上采取自愿学习为主。一般在主麻节礼拜前阿訇都会讲经,会有很多穆民前去认真聆听。在采访中了解到,去清真寺的年轻人越来越少,老人们很希望自己民族的文化一代一代地传承下去,他们很担心年轻人对伊斯兰文化越来越不了解,越来越不愿意了解。就目前的情况来看,草坪回族乡的伊斯兰教的经堂教育并没有得到一个很好的保留。部分阿訇也放弃了认真培养伊斯兰教接班人的神圣责任,伊斯兰文化渐渐在衰退。草坪回族乡作为广西唯一的回族乡,现有的伊斯兰文化教育对于回族文化的传承与发展并不理想。

四、广西桂林市雁山区草坪回族乡学校教育概况

本次调研地点选择草坪回族希望小学。回民小学是回民教育的基础,亦为回民子弟应受最低限度的教育,因此其在教育上的地位是非常重要的。桂林市草坪回族希望小学创建于1928年1月1日,位于桂林市雁山草坪回族乡草坪街5号,其主体校区在乡

街道,此外,还包括潜经村回民小学和大田村回民小学两个教学点。这三所学校实际上可以认为是一体化发展的,属于一个"总校"的三个教学点。潜经村回民小学是草坪回族希望小学的教学点,潜经村小学共有 56 名学生,一个班 8—10 名学生。潜经村教学点有三个年级,四年级之后到草坪回族希望小学学习;教学点有 9 名教师、5 个班级。草坪回族希望小学以"崇德、勤学、自强、创新"为校训,学校的办学理念为多元共生,即多民族的孩子在这里共同发展。截至 2020 年 8 月,学校共有 24 名教职工,253 名学生,回族学生占主体。草坪回族乡还有一个大田村,该村也是回族聚居的地方,整个草坪乡以大田村和潜经村回族居多,潜经村以回民文化为主,大田村以农业文化为主。草坪回族希望小学先后获得"桂林市文明单位"、雁山区少数民族传统体育项目训练基地、"桂林市安全先进单位"等全国、省(区)、市级荣誉称号。2017 年 1 月 25 日,中共中央办公厅、国务院办公厅颁发的《关于实施中华优秀传统文化传承发展工程的意见》和 2017 年10 月党的十九大报告为民族体育传统文化保护利用和体育教育教学改革与发展奠定了理论基础并指明了方向,激发了学界的研究热情,进一步明确了"共生"的出路。[1] 草坪回族希望小学经常开展民族传统体育活动,课间活动中有关民族传统体育课程教学的态度十分积极,从传承中国传统优秀文化的角度来说,其真正实现了民族传统体育与学校教育的和谐共生,与该校的办学理念十分契合。该举措对于新时代民族传统体育与学校教育共生的发展,实现民族传统体育与学校教育共生,实现学校体育教育改革、传承中华民族优秀传统文化具有非常重要的意义。

草坪回族希望小学的学生以回族、汉族、瑶族、壮族、黎族为主,其中回族学生较多。学生来自不同的村落,上学的距离也有所不同,住得较远的学生会选择一年级开始住宿。内宿生一日三餐均在学校吃,午觉在教室睡。该校活动场地较小,没有跑道,所以课间活动在一定程度上受场地限制,很少开展田径运动,课间活动共 1 小时,快板、佤族竹竿舞、壮族绣球运动、壮族板鞋舞、滚铁环都是学生课间进行的活动,民族体育互动是全员参与的,一、二年级的学生因为年纪较小,课间活动采用 1 分钟活动,该校学生强健的体魄与课间活动的开展密不可分。课程安排依据国家规定执行,各门课程都能有序开展。例如在计算机课上,每位同学都有自己的电脑。思想政治课上,教师将课程相关内容融入快板舞的舞蹈中,编辑好台词,该活动已成为该学校的特色。

乡村教育是中国教育的短板,打造高素质专业化乡村教师队伍有益于为乡村教育的振兴做好准备。该校共有 24 名教师,教师不仅要教授课程知识、管理课间活动,组织

---

①冯发金,王岗.困境与出路:新时代民族传统体育与学校教育的共生研究[J].北京体育大学学报,2018,41(12):130-136.

第八章　八桂静穆:广西世居回族村落
教育研究

学生吃饭也是教师的日常工作之一。该校教师多为大专生和本科生,均有教师资格证。教师队伍中有两位是英语专业的教师,此前一位教师休产假,当前该校英语教师较为匮乏。该校非专业教师也进行过1+1培训(教一门主课,再兼教一门其他的课程)。该校教师中男女教师的比例持平,教师队伍中年龄大的教师较多。该校教师通过继续教育、自考等方式接受继续教育,并有机会参加国培、区培、网络研修等培训活动提升自身的专业发展。虽然教师的专业能力在进行专业培训后得到一定程度的提高,但是长期的历史积淀和乡村教育天然的劣势使得教师队伍的建设仍需要进一步发展。此外,教师配备人数较少、教师薪资较低等问题都是导致教师资源流失的重要原因。职称是决定乡村教师工资水平的关键因素,教师的科研能力是影响教师职称的重要因素。该校教师多为大专与本科毕业生,教师队伍的科研能力仍须不断加强。

学校采用多种形式积极开展民族文化和传统文化教育,取得良好效果。例如,2018年10月30日下午,桂林戏曲研究院9位艺术家走进桂林市草坪回族希望小学,为师生们带来了一场优秀戏曲传统文化的视听盛宴。首先由桂林戏曲研究院秦志平老师展示的是广西三大戏曲之一——彩调中的有名片段《王三打鸟》。戏曲一开场,便迎来了同学们雷鸣般的掌声。传统戏《王二报喜》讲的是:不要骗,不要赌,要做一个正派正直人的故事。让同学们在欣赏的同时,进行了思想的洗礼。在戏曲表演的同时,秦志平老师结合表演曲目,为大家介绍戏曲的基础知识。点评结束,秦老师还结合戏曲的基本功动作,与同学们一起互动,把此次活动推向高潮。戏曲进校园,国粹动人心。通过本次戏曲进校园活动,让同学们亲身欣赏和体验了戏曲表演艺术的独特魅力,了解了戏曲艺术的相关知识,为进一步弘扬优秀的民族文化,增强文化自信,促进传统文化的传播和传承,培养青少年对戏曲的喜爱,奠定了坚实的基础。2019年10月,为庆祝中国少年先锋队70周年建队日,草坪回族希望小学开展了"红领巾心向党,争做新时代好少年"建队日主题活动。该活动的开展为校园营造了浓厚的节日气氛,在潜移默化中激发了学生的光荣感和使命感。2020年3月,该校在线上开展"三月三"学校民族团结进步教育主题活动,以别样的方式欢度广西壮族"三月三"传统节日,学生们通过广西中小学"空中课堂"观看2020年"三月三"学校民族团结进步教育线上课程。学生们在家制作民族艺术品、手绘民族作品,不同民族的学生通过制作壮族三月三手工铜鼓,不仅丰富了假期生活,也将民族文化传承潜移默化地深入教育教学活动中,使得师生对民族传统节日的认识更加深入,并在一定程度上培养了学生们爱家乡、爱祖国的情感。通过参加以民族文化为主题的教育教学活动对提高教育质量、培养青少年的马克思主义观具有重要的理论意义和现实意义。民族文化为主题的教育活动对学生的价值观、人生观、信仰、理想的形成具有重要的影响作用。开展民族文化为主题的活动对提高该校的教育教学质量、培养青少年马克思主义观具有重要的理论意义和现实意义。

五、广西桂林市雁山区草坪回族乡村落教育问题分析

（一）学校教师宿舍建设不足严重影响乡村教师的职业幸福感

教师宿舍楼建设是学校基础建设的重要任务,宿舍楼的建立为草坪回族希望小学进行教师队伍的建设提供了有效的物质保障。如何加强对学校教职工宿舍的建设是每一个学校管理的重大问题。学校教职工宿舍的建设问题是学校基础设施建设的重要组成部分,其潜移默化地影响着学校教师队伍的建设。教职工宿舍的建设不单是教师休息、生活的场所,也是学校基础设施建设的重要体现。所以,加强学校教职工宿舍的建设是教育管理者不可忽视的重大问题。部分年轻教师的家距离学校较远,学校提供较好的住宿环境有益于在有形和无形中为学校教师队伍的建设带来新的改变。良好的教职工宿舍的建设可以为教职工带来良好的生活环境,为教职工营造一个环境优美、和谐温馨、富有生活乐趣的"家"。

（二）乡村教师价值迷失和任务泛化导致队伍建设困难

乡村小规模学校师资匮乏、资源不足等特点在一定程度上阻碍了乡村学校的发展。年轻教师在乡村学校工作到一定时间就想调到城市学校工作,主要源于结婚生子和子女教育的原因,这也导致部分教师没有将工作的重心放到改善学校教育质量上,而是想着如何逃离乡土、逃离小规模学校。草坪回族希望小学的教师队伍中年轻教师数量非常少,面临师资力量不断减弱的问题。其次,草坪回族希望小学的教师人数较少,教师的日常工作中除了需要具有专业知识技能,还需要将地方性知识融入课程中,进行创造性的教学转换。目前该校的师资力量较为薄弱,日常的教学沿袭城市学校单一和固化的模式来开展,以至于无法在本土找到地方性知识和学校课程内容的转化要素。最重要的是,该校教师需要照顾学生的住宿以及吃饭等日常活动,因为教师人数较少,所以每位教师需要承担的工作较多。因此学校教师的"结构性缺岗"是制约草坪乡学校教育的现实问题,这种问题所带来的直接后果就是乡村教师压力大、负担重,易引起职业倦怠。

（三）学生能力急切需要得到改变

草坪回族希望小学和潜经村小学的学生部分为留守儿童、贫困儿童,家距离学校较远,普遍存在学生认知经验、学习态度与习惯,学校的家庭条件供给等方面的问题,这些因素都或多或少地影响学生的学习成绩。家长教育投资能力的差距也是影响学生学业发展的重要因素。潜经村留守儿童大量存在学生群体家庭结构的欠完整性及教养功能的局限性,进而引发一系列问题。例如,有的学生会用买早餐的钱来买游戏卡等,由此导致自身营养不足,身体发育受到影响,所以父母作为主要教养者的时空缺失,使得学生家庭教育功能弱化,最终严重影响学生家庭教育的成效,家校合作亦得不到有效实施。乡村教师职业倦怠对学生成绩也有显著负影响,教师职业倦怠感越强,学生成绩就相对越低;教师职业倦怠感越弱,学生成绩相对就越高。相较于学生个人层面和学校层面两个变量,教师职业倦怠对学生成绩的影响更大。[1] 显然,当前乡村学生学习能力提升受到多方面影响,急需得到改善。

六、广西桂林市雁山区草坪回族乡学校教育的发展策略

（一）加强学校基础设施建设以提升乡村学校办学吸引力

学校的基础设施建设是学校发展的基础。基础设施的好坏在一定程度上会影响学生的全面发展。在进行草坪回族乡学校基础设施建设的过程中,需要加强规划、加强乡村学校基础设施的管理,逐渐从根本上改善草坪乡学校的办学条件。学校基础设施建设包括校舍、实验室、操场、食堂、多媒体、计算机、桌椅等方面的建设,其中校舍是学校办学的最基本条件,校舍建设的质量和标准不仅关系着教育教学活动能否正常建设,可以说,校舍建设是学校基础设施的重头戏。[2] 因此要加强规划和管理,根据该地区中小学教师宿舍的现状,结合当地教育发展规划,制定可行、有效的改造规划,确保教师住宿环境符合当地教师队伍的需要。教师住宿环境不仅事关教师住宿水平的问题,亦关乎未来师资力量的发展。对于学校基础设施的建设,每年在安排财政预算时,首先应保证教育经费不断增长,切实落实教育经费"三个增长"和新增教育经费符合该地区中小学的发展要求,学校的占地面积、操场、教师宿舍的建设均是该地区中小学基础设施建设的重要内容。集中时间、人力、财力,逐步从根本上改善草坪乡学校的办学条件,促进该

---

①丁亚东,刘盈.乡村教师职业倦怠与学生成绩——基于CEPS2014的实证研究[J].教师教育研究,2020,32(04):72-78,128.

②吴雪樵.谈农村中小学校舍建设[J].现代教育科学,2009(08):69.

地区义务教育的均衡发展和乡村教师队伍建设,大力提升乡村学校办学吸引力。

(二)增强乡村教师学习能力以提升专业发展能力

关注并培养乡村教师的学习能力,是消解乡村教师的教学麻木感、促进其专业发展和推动乡村文化建设的重要驱动力。教师个体自发自觉的学习行动、乡村学校学习支持体系的构建以及政府层面的保障扶持是乡村教师学习能力生成与提升的重要保障。① 教师学习意识的培养和主动学习意愿的激发是促进乡村教师专业发展的重要路径。教师职业倦怠导致的不想学、不愿学的意识是制约其学习生成力提升的重要因素。教师自主学习能力的提升能够进一步提升其专业技能、专业情意,使其在教研活动、培训活动中体验到职业成就感,以此激发教师的学习能力素养,不仅能够让教师学习能力提升和专业能力发展,而且为该地区中小学学生学业成绩的提升提供了保障。要推动乡村教师学习能力提升需要做到:一是给乡村教师减负。乡村学校与城市学校相比,在地理位置、办学规模方面存在较多不足,导致教师、管理人员较少。通过与专家型教师进行长期合作或与城市学校进行帮扶活动,在一定程度上能够减轻教师的负担,获得优质的师资力量。在互联网环境下,"互联网+双师教学"的模式在广西部分地区取得了良好的效果,依托互联网技术亦为草坪回族乡学校教师队伍发展提供良好的发展机遇。二是构建乡村教师学习共同体,培养终身学习态度。学习共同体除了具有共同愿景、成员异质、多元参与、共享资源等一般共同体的特征,还有其自身的特殊性,即以学习为核心,以人的成长为终极目标。在学习共同体中,学习既是一项活动,又是一种态度,既是一个过程,又是一种生活方式。② 学习共同体的建立有益于教师之间相互交流学习心得,以期更好地实现彼此专业技能的发展。当地的中小学教师在参与国培、区培等培训活动时,通过建立微信群、QQ群等方式进行研讨,通过学习共同体开拓视野与视角,促进教师学习能力的提升和专业能力的发展。三是持续不断地增加学校学习资源的供给。要想提升乡村教师的学习能力,学校应根据教师的实际需要提供相应的资源与机会,以供教师利用,从而助力乡村教师学习能力的提升。

(三)家校社结合共同推动乡村学生学习方式变革

明确家庭责任,实现家校合作。首先,加强家庭与学校的联系,为该地区中小学家庭教育提供个性化、多样化、可供选择的教育资源,建立家庭与学校之间的联系,从而使学生获得健康成长。其次,充分发挥学校的主导作用,积极开展家校共育,为留守儿童、

---

① 黄晓茜,程良宏.教师学习力:乡村教师专业发展的重要驱力[J].全球教育展望,2020,49(07):62-71.
② 张爽.学校学习共同体的意蕴与创建[J].中国教育学刊,2011(07):66-69.

单亲家庭的儿童创造良好的环境。教师在日常生活中积极关注学生的身心发展状况,积极建立家校合作的教育共同体,在教育合作中,实现学校教育和家庭教育共同发展的教育目标,保障学生身心健康发展,为学生成长为社会主义事业的建设者和接班人奠定坚实的基础。扶贫必先扶智。教育在脱贫工作中发挥着基础性、保障性作用,是阻断贫困代际传递的根本之策。① 信息技术手段有助于课堂教学的智能化、信息化和个性化,构建富有智慧的课堂教学环境,实现传统的"知识课堂"到现代"智慧课堂"的转变。依托信息技术的发展促进学生个性化的发展,通过利用大数据对学生进行智能化教学,分析学生的学习情况;通过强化练习提升学生的学习能力,激发学生的学习动机,契合学生全面发展的要求,同时强调突出个性化。"互联网+"时代的混合式学习赋予了学习新的含义,混合式学习是一种创新式的学习方式,教师角色由学科专家、知识的传授者转变为学习设计者和学习促进者。这种新的学习方式的引入,对乡村学生学习能力的提升起到积极推动作用。

---

①禹晓成.扶知扶智断穷根固本强基谋长远[J].中国民族教育,2018(10):32-34.

·第九章·
融合之力：广西世居汉族客家村落教育研究

一、广西客家人文概况

　　广西的 12 个世居民族中,古代汉族的北方移民自称为"客家人"。"客"与"主"是相对而言的。按语言学家王力先生解说,"客家"就是"外地人"的意思。关于客家人形成的论述中,比较典型的是"六次大规模南迁"的说法。第一次南迁是在秦始皇时期,在秦始皇统一中国后,派 50 万兵丁"南戍五岭"(今两广地区),"与越杂处"。秦亡后,南下的秦兵便留在当地,成为首批客家人。第二次南迁是在东晋"五胡乱华"时期。当时,为了逃避战乱,占全国人口 1/6,约 100 万的中原汉人被迫踏上了南迁之路,其中一部分人流入赣闽粤地区。第三次南迁是在唐代的"安史之乱"及唐末黄巢起义时期。这两次社会大动荡迫使大量中原汉人南迁避祸,致使闽赣边一带人口激增。第四次南迁是在宋王朝南渡时期。当时元军大举南下,大量江浙及江西宋民从莆田逃亡至广东沿海潮汕及海南岛。第五次南迁是在明末清初时期。生活在赣南、粤东、粤北的客家人因人口繁衍,而居处又山多地少,遂向川、湘、桂、台诸地,以及粤中和粤西一带迁徙。第六次南迁是在 19 世纪中叶太平天国时期。当时为避战乱,一部分客家人迁徙到东南亚,有的被诱为契约劳工,被押往马来西亚、美国、巴拿马、巴西等地。广西的客家族群便是在"六次大规模南迁"的历史大背景下逐渐形成并发展起来的。

　　客家人在迁徙中历尽艰苦,从不畏难,适应性强,每到一个地方,都能发挥拼搏精神,开辟出一派新天地。广西的客家人,自强精神尤盛,他们奋争拼搏的精神,正代表了广西客家人自强不息的豪气。① 总体说来,客家人是我国古代中原汉族自北而南的移民。据学者评估,广西约有客家人700万左右,桂东占80%。贺州有客家人50万。此外,北海、钦州和防城港等沿海区域也有大量客家人定居。客家话是客家人的文化特征和标志,它比较完整地保留了宋代重修《广韵》之前记录的中上古汉语语音系统中的10个声调。在漫长的社会生产和实践过程中,广西客家文化的积淀非常厚重,形成了特色的客家文化:一是"敬畏文字",有"敬惜字纸"的风习。客家文化中把"字"看作是圣贤的灵魂和寄托,认为随意丢弃纸张就是亵渎圣贤的神圣。二是"围屋"。"围屋"是最具特色的民居。围屋,顾名思义,即围起来的房屋,一般呈封闭状态,易守难攻。这些围屋以一道外墙将所有的建筑都包纳在内,隔绝外界的一切危险,只有一道大门与外界保持仅有的联系。客家人一般以血缘为纽带聚居于围屋之内,一座围屋里居住着一个家族。② 在广西的客家围屋中,贺州莲塘镇的围屋分布最为集中,且有三处建筑群保存得非常完整,它们依然发挥着固有的作用。其中最大的是"江氏围屋",居住有32户人家,200多口居民。而许多散居的客家,虽无力建成围屋,但其居所也多建成有堂屋、厢房等分设进层的、具有鲜明的中原"四合"院色彩的民居。③ 从以上的特色文化中可以看出广西客家的变与不变:变的是外观,不变的是内质。广西客家的宗亲观念、尊师重教、人际伦理、民风民俗、风物色彩等与当地习俗文化有机结合,形成共生。

二、广西客家教育概况

据文献记载,"客家"一词源自唐朝。客家群体中英才辈出,即使是在当今世界,客家人中依旧有众多时代骄子,这与客家人十分重视教育有着直接的联系,是客家人重视教育和教化的必然结果。广西客家教育情况大致可分为三种类型,即"家庭教育""宗族教育"和"学校教育"。④

(一)家庭教育

广西客家聚居区的传统家庭教育,从方式上看,主要表现为在家庭的日常生活和生

---

①陈碧,石维有.广西客家研究二十年[J].广西社会科学,2014(05):28-33.

②李春宴.试论赣南客家围屋文化[J].思想战线,2008,34(A3):154-155.

③陈碧,石维有.广西客家研究二十年[J].广西社会科学,2014(05):28-33.

④林开彬,农柳凤,黎琳,等.近代桂东南地区客家教育探析——以广西陆川乌石镇为例[J].广西梧州师范高等专科学校学报,2005(04):23-28.

产活动中,长辈通过言传身教以自己从客家先辈中继承来的在长期迁居繁衍中形成的本族群的习俗文化、生活经验与知识、人格素养等来感染晚辈,逐渐培养晚辈对"客家精神"的认同感、为人处世的原则和谋生的基本技能。因此,从内容和职能上看,客家传统家庭教育主要包括"劝学教育""为人处世教育"和"谋生技能教育"三个方面。

1.劝学教育

客家一贯崇尚文化,重视教育。热爱学习和阅读是当时推崇的社会风气,即使是贫困的家庭也都非常支持子女的教育。在家族方面,各宗族都重视兴学和人才的培养,把发展好本族的教育事业作为本族兴旺发达的大业来看待。旧时代中若有人考中了"秀才""举人"以及现代社会中考上大学,成为"硕士生""博士生",都会被视为全村的骄傲和荣耀,并会给予各种资助和奖励。在舆论方面,"秀才不出门,能知天下事","耕田要养猪,养子爱读书"等通俗易懂的话语激励着一代代客家人潜心学习和读书。

2.为人处世教育

客家人的伦理道德观念、行为准则规范等"为人处世"标准既传承了中原文化的精华,又与客家先民屡经战乱等因素而不断向南、向西迁徙的过程中经历的磨难以及在穷乡僻壤的环境中艰苦奋斗的锻炼分不开。在这个过程中,经过客家人长期生活经验的积淀以及与瑶族、壮族文化的有机结合,这些伦理道德观念、行为准则规范等逐步演变为客家人相对稳定的传统习俗、社会风尚、道德标准,从而具有了巨大的历史惯性和行为驱动力,乃至今日仍有形或无形地对人们起着规范与约束作用。在伦理道德上,客家人要求尊祖敬宗、孝敬父母、优待亲属族人、怜惜孤寡;在社会交往中,客家人讲究有礼有节、不卑不亢、光明正大;在人生态度上,客家人奉行拒恶从善,守正自洁的行事态度;在家庭生活中,客家人有着持家节俭、团结互助、和衷共济的美德。

3.谋生技能教育

客家人不仅非常重视知识教育,而且兼顾生存技能的培养和发展。在以家庭为单位的自然经济条件下的近代广西客家社会中,长辈向晚辈传授谋生技能已然成为家庭教育的重要内容。这也是家庭不断发展壮大,形成家族甚至有影响力的大家族所不可或缺的一个环节。广西客家人中"子承父业"的现象十分常见,在长辈们从事经商事业时,晚辈则在一旁观摩和学习长辈的经验和技能,在这个过程中便学习了谋生技能。

（二）宗族教育

客家人具有较强的宗族观念,聚族而居,围屋而住,是客家地区的普遍现象,[1]他们经常利用对祖先的祭祀活动或与其他族人聚众的机会,由族长本人或指派专人向族人进行"读谱"活动,即向族人朗读族谱,讲述祖宗艰苦创业的历史,对族人进行教育,其重点是宣读和讲解族规、祠训。在这种肃穆的气氛和严格的纪律下,族人怀着敬畏之心去听长辈在"读谱"活动中讲述的内容,这样可以促使族人意识到家族聚众团结的要求和意义,同时熟悉族规、祠训。[2] 另外,客家人还利用各种宗族集体活动诠释和传承客家习俗文化。宗族教育是客家人传统习俗和共同的文化积淀得以继承与延续的重要手段,同时对于培养和加深客家年轻人对自身文化的感情以及传承客家人的优良品德起到了积极的作用。

（三）学校教育

1.传统的学校教育

在科举时代,私塾可以说是最初级的学校,是启蒙教育的基础。广西的私塾在清代盛行,数量很多,但具体情况在旧志中无记载。由于私塾承担着启蒙教育的任务,其教育对象是大众群体,因此在封建社会背景下,私塾对于族群整体素质的提高具有十分重要的意义。

2.近代国民教育

1905年,科举制度被废除,第二年广西设学务公所,学务公所是县级新教育行政机关。同年将三峰书院改为官立高等小学堂,这是广西开办近代小学教育的开端。在没有实施新学以前,学校的职能在很大程度上聚焦于培养科举人才,且其更为重要的职能是传承维护封建统治的儒家思想及伦理道德,并要求学生切实遵循。进入民国以后,国民政府教育部颁布《普通教育暂行办法通令》,废弃清朝"忠君,尊孔"的教育思想,确立"注重自由、平等、博爱"的公民道德教育,以"实利教育、军国教育辅之,更以美感教育完成其道德"为教育宗旨。

"家庭教育""宗族教育"和"学校教育"这三种教育类型在近代广西客家聚居地是处于三足鼎立、平行存在和发展的态势。家庭教育是客家人立德、为人、生存的根本,宗族教育是客家家族持续发展、稳定、团结和壮大的保证,学校教育则是提高家族整体素

---

①周建新.客家祖先崇拜的二元形态与客家社会[J].西南民族大学学报(人文社科版),2005(03):11-15.
②李春霞,程丽秋.论家族祠堂文化的教育与传承——以博白客家家族祠堂为例[J].玉林师范学院学报,2016,37(04):40-43.

质的必然要求,三者相互联系、相互制约。

三、广西客家人与自然和谐共生教育的内涵及特点

人与自然和谐共生是指人与自然之间保持一种可持续发展的状态,做到尊重自然规律,相互协调与发展,最终实现人与自然的和谐共生。客家地区的共生教育与其文化发展和生态承载力有着必然的联系,客家文化的存在和发展,至今仍不能脱离生态环境而存在,二者相互协调、相互制约,最终达到共生之境。

明清时期广西客家人居住的地方地势起伏剧烈、地面高差大且坡度比较大且陡峭,遇到暴雨时容易山洪成灾,造成严重的土壤流失。在旱季,沟溪经常由于水源不足而干涸。当地居民抓住地形起伏、峡谷众多的特点,筑坝筑塘建坡以蓄水抗旱、治洪;地形坡度大有利于修建渠道引水灌溉。这些水利工程是当地客家居民有效利用山区自然条件的生态智慧结晶。受到地势的影响,粤闽赣地区客家人居住的地方出现了"垌田"与"山田"两种不同的农田景观。垌田一般是由河谷地、岗地形成,地势较平坦开阔、阳光充足,土地生产率比较高,离村落较近也便于管理;山田则是指在两座山之间把沟谷开辟为水稻田。随着山沟层层而上,田与田之间的高差比垌田要大。"垌田"和"山田"的开辟也体现了当地客家居民在应对不同的地形地貌方面的生态智慧。明清时期,粤闽赣地区农田景观、水利工程的生成一方面缘于当地的地形地貌、水文、气候、土壤等自然因素,另一方面则是当地农民生态智慧的外化。这一生成过程是农民、生态、社会之间的一个复杂互动的结果,有机地构成了具有一定功能的体系,实现了人与自然的和谐共生。

水上民族文化是客家文化的重要组成部分,主要以渔民文化为代表。客家人象征着刚性的山,与柔性的水结合在一起,便多了一种韵味。在水上生活的客家人,有着自己独特的民俗文化。水上的客家人分为两种,一种以打鱼为主,一种以货运为主,他们长期生活在水上,形成了共同的生产生活习俗。这种生产生活习俗与居住在陆地上的客家人有一些不同,例如在服饰上,夏天时水上的客家男人大多穿短裤,而陆地上的客家人则不这么穿;在饮食方面,水上客家人一般是两饭一粥,早上一般以喝粥为主,由于他们自己不种植粮食,因此需要定期用鱼虾去换一些米。受到自然环境的影响,水上客家人在生死婚嫁之礼方面也形成了自己的特色。客家水上民俗文化是一种典型的生态文化,客家人依山傍水为生,在江上日出而作,日落而息,撒一片渔网,唱一曲渔歌,形成

第九章　融合之力:广西世居汉族客家村落
教育研究

了一种天人合一的水生态画卷。

四、广西东兴市马路镇历史发展概况

为深度了解客家人的文化以及村落的教育情况,我们选择广西防城港东兴市马路镇及其相关村落作为调研地点,进行实地考察与分析。东兴是广西壮族自治区下辖县级市,位于中国西南边陲、广西南部,东南濒临北部湾,西南与越南接壤。1996 年,东兴成为县级市。截至 2020 年 3 月,全市辖东兴、江平、马路 3 个镇和 31 个行政村 11 个社区,有陆地边境线 39 千米,海岸线 50 千米,区域面积 590 平方千米;常住人口 15.71 万人(2016 年)。东兴有"世界三大红树林示范保护区"之一的北仑河口红树林保护区,有京岛风景名胜区、屏峰雨林公园等国家 4A 级景区,有大清国一号界碑、中越人民友谊公园、民国"南天王"陈济棠故居等历史文化景观。2008 年第二届中国旅游论坛上,东兴市被授予"中国最佳生态旅游城市"荣誉称号。2012 年被《老年日报》等涉老网站评为中国十大养老胜地。2010 年 10 月 16 日,被中国老年学学会授予"中国长寿之乡"称号。2018 年 11 月,入选中国县级市全面小康指数前 100 名。2020 年 3 月,获得全国村庄清洁行动先进县称号,被中央农办、农业农村部予以通报表扬。2020 年,被选为"中国夏季休闲百佳县市"。

(一)村落概况

马路镇位于广西东兴市西北部,距东兴市 16 千米,是防城区西部和北部与东兴市联系的交通枢纽。相传古时这里有个财主养了两匹马,常在此地练习跑马,故名马路。1949 年前称镇平乡。1950 年称马路乡。1990 年 12 月改镇至今。1996 年前归防城区管辖,1996 年 4 月划为东兴市管辖。全镇总面积 165.3 平方千米,辖 8 个行政村,1 个社区,84 个自然屯,135 个村民小组,2004 年总人口 13 550 人,耕地面积 1.4 万亩。马路镇背靠十万大山,资源丰富,享有东兴市"绿色后院"之称。全镇有林面积 16.2 万亩,其中肉桂林 9.5 万亩,年产干桂 100 万斤以上;八角林 1.2 万亩,年产 40 万斤。橡胶林 2.4 万亩,茶叶 900 亩,年产绿茶 100 吨;森林覆盖率 65%。盛产的"东兴桂""大红八角"驰名中外,"皇帝果"远近闻名。储量大且质量上乘的花岗岩和得天独厚的旅游资源有待进一步开发。近年来,马路镇以"改革开放为依托,更新观念为保证,科技发展为动力,农业结构调整为重点,资源开发为着力点"的工作思路,全面实施"农业稳镇、企业强镇、绿色富镇、科技兴镇、依法治镇"的发展战略,带领全镇人民奔小康,使得马路镇的物质文明、精神文明、政治文明建设同步发展。如今的马路镇,乘着改革的东风,积极营造和改善一个更具魅力的投资环境,凭借边贸城市经济发展的辐射作用,以崭新的姿态,欢迎八方客人的到来。

(二)村落文化

村落文化是中华文化不可或缺的一部分,在中国村落千百年的发展历史和中华文明的发展历程中具有重要的作用。广义的村落文化是指一定的村落共同体在社会生产、生活中创造的物质文明以及精神文明的总和;狭义的村落文化则是指村落共同体的精神生产和精神生活的总和。也有学者认为村落文化是乡村生活中农民的生活文化。其内容主要包括:风俗习惯、规矩礼教、庆典仪式、节日社火、文娱活动及生活和生产方式等。[①]

客家村落文化是体现客家特质的文化,客家文化特质也通过客家村落共同体体现出来,因此,了解客家文化的内涵对于研究客家村落文化具有重要意义。客家村落文化不仅同客家文化特质密切联系在一起,更为重要的是,客家村落文化是基于客家村落共同体的文化。客家地区聚族而居,宗族观念非常强。客家地区原为古百越文化所在地,百越文化崇信巫鬼,因此,神灵信仰氛围也较为浓厚。客家村落文化主要包括宗族文化、神灵信仰、风水信仰文化,可以说,宗族、庙宇、风水是客家村落文化的核心元素。[②]

1.宗族

同北方汉族明显不同的是,客家族群聚族而居,因此客家区域单姓村的数量明显超过北方村庄。即使是多姓村,客家村落的宗族文化氛围也远比北方更为浓厚,几乎每个姓氏都有祠堂、族谱,即使祠堂和族谱在"文革"中被毁损,20世纪90年代以后,祠堂重建和族谱重修也蔚然成风,几乎每个姓氏都重新拥有了祠堂和族谱。

客家地区宗族组织比较发达,通过研究认为,这种现象出于以下五个方面的原因:一是客家先人在中原时就已存在完整的家族组织;二是出于迁徙过程的生活需要;三是出于防御外来势力侵扰的需要;四是出于封闭的自然经济的需要;五是出于伦理道德观念的需要。有学者通过对闽西客家研究发现,闽西客家地区宗族组织发达,一是由于汀江、武夷山等山水阻隔,偏远的地理状态无疑为宗族社会提供了条件;二是出于防御的

---

①黄亚芬,魏菊芳.客家文化的"活化石"——评《客家村落》[J].东岳论丛,2016,37(05):193.
②兰寿春.文化资产活化的三维思考——以闽台客家村落文化为例[J].龙岩学院学报,2016,34(04):33-37.

第九章　融合之力:广西世居汉族客家村落教育研究

需要。另外,客家先民大多源自中原,客家先民将封建伦理观念的核心"君君、臣臣、父父、子子"和"三纲五常"以及表现较为强烈的家族、宗族观念等群体意识带进闽西深山,并出色地使之落地生根,枝繁叶茂。

2.庙宇

客家村落的另外一个比较明显的特征是神灵信仰比较普遍,几乎村村有庙,每个庙里面都有神灵。在"文革"时期,同全国一样,客家村落的庙宇在一定程度上被毁,神灵塑像被砸碎。"文革"后,北方的庙宇很少被重建,而客家地区不同,庙宇迅速被建立起来,甚至建的数量比之前更多,质量也更好。

客家地区庙宇中的神灵,既有道教也有佛教,也有地方民间信仰的神灵,多神杂糅,共居一个庙宇之中。在赣南、闽西、粤东这三角地区内聚居的客家人,"多神崇拜"传统宗教的原生文化形态保存是比较完好的,因为这三角区域历史上交通比较闭塞,与外界交流少。周建新和陈文红对劳格文主编的《客家传统社会丛书》进行分析,认为这本书不仅记述的神明多种多样,神明信仰的内容也非常丰富,举凡某一神明的起源、寺庙建造与兴毁、神明形象、供奉神明(包括主神和配祀神)、祭祀人群、信仰活动、信仰组织、庙会、传说故事、神明与宗族、族群和地方社会的关系、碑刻铭文等,无不一一详细记载,真实辑录在册,真可谓是一部反映客家地区神明信仰全景全貌的"大百科全书"。

3.风水

客家地区作为风水思想的策源地与大本营,是风水观念和活动昌盛之区。[①] 南宋时期,风水逐渐形成两派,即江西形势派(实为赣南派)和福建理法派,两派风水广泛流传于客家地区。赣南是客家风水民俗的发祥地,而福建理法派是在南宋时期从赣南派的基础上发展而来的。客家地区风水术之所以广泛流行,一是因为生存环境的客观需要,人们要在山水阻隔的地方寻找一块好住处。二是因为祖先崇拜的需要,寻找一块繁衍生息之地。三是因为受儒家文化的影响,风水术可以倡文风,兴文运。四是因为经济发展与资源争夺的需要。五是因为受原百越地区巫文化的影响。

4.平民文化

祭拜自然和神灵是客家生活习俗中的重要活动。在客家人的文化习俗中,有祭拜树木、崇拜土地的观念。土地神是客家人的保护神,也是客家人信仰中地位较高、较为尊贵的神灵,所以客家人在住宅内、村口以及坟旁都会设立神位来祭拜土地神。客家人认为供奉香火和祭品,跪拜祈祷土地神能保佑自己的耕种作业风调雨顺以及自己的家人健康平安。客家人对于自然和土地的崇拜与祭拜土地神密切相关,客家人房屋和祠

---

①陈文红.风水实践与客家传统社会的结构与运作[J].江西社会科学,2005(12):139-142.

堂前后栽种的树木被称为"风水林""风水树",这些树木是神灵自然的代表,无人敢动也无人能砍。有一部分客家人会将"命"不好的孩子祭拜给古树、庙宇等,以期望孩子身强体健、好养活。除了古树、土地神等,客家人也会祭拜观音、伯公等神灵,这一系列祭拜行为正是平民文化的彰显,体现出客家的平民百姓认为一己之力有限,期望通过祭拜的外力帮助使自己的生活幸福、耕作风调雨顺。

5.不缠足的观念

北宋诗人徐积诗咏:"但知勤四肢,不知裹两足。"客家人的活动以"生存"为核心,大多数客家妇女没有缠足的陋习。至今客家妇女以天足著称,是中国史上又一特例。[①]丘陵山地是客家地区的主要地形地貌,也是客家人世代生长、耕作的地方,更是客家人政治、经济和文化的发源地。丘陵山地不仅影响了客家人性格的塑造,而且赋予了客家文化山区文化特性。缠足陋习影响了一代又一代的汉族女性,但是客家妇女却并未被此陋习侵害。丘陵山地的地形地貌正是客家妇女不缠足的根本原因,而且客家妇女要承担繁重的劳动作业,要到田间耕种,缠足会降低劳作效率和劳动能力,无法适应客家生产生活。

6.山歌文化

如果不缠足是为了适应客家生活,那么山歌的创作则充分体现出客家人的性格和情感生活。客家山歌是客家方言地区山歌的总称,是客家民系形成过程中的一种重要的文化产物,它历史悠久、源远流长,是我国古代民歌的"活化石",是我国民族民间音乐的一枝奇葩。[②] 作为客家人生活中不可缺少的重要活动,山歌是极具代表性的文化活动,与客家人的生活、劳动息息相关。山歌的内容贴近客家人的生活,歌词中涉及祭拜、对酒、劳动等不同的活动,富有真情实感。

五、广西东兴市马路中学教育概况

东兴市马路中学位于广西防城港市东兴市马路镇,以良好的校风、教风、学风和优异的教学成绩赢得了社会的认可和赞誉。学校有较为先进的教学设备,除了有与其他中学相同的教学设施,还有科技手工室、数码钢琴、形体教室、画室、体操房、心理调剂室等。学校文化长廊内容丰富,流淌着生活情趣;学校飞雪文学社定期组织学生开展读

---

① 胡小平,林华娟.粤东客家妇女绣花鞋的美学特征与文化寓意[J].丝绸,2018,55(11):79-83.
② 邓育文.客家山歌源流新探[J].艺术百家,2011,27(04):245-247,273.

书、采风、创作活动;校园文化活动多姿多彩,创新征文、学科竞赛、主题演讲、艺术节、辩论会、故事会、运动会为学生提供了施展才华的舞台。马路中学除了开设国家统一的教学课程,还因地制宜地开发了校本课程。

1.特色客家山歌音乐课

由于各种历史原因,客家人一直都在不断地迁徙。这种迁徙从北到南,历经多地。在这个过程中,很多人在路过的地方安顿和休养生息,因此在福建闽南以及宁化、梅县等地区聚集了大量的外来民众,这些民众将自己称为客人,也就是客家人。在我国,多数民歌起源于劳动,古代的人们辛劳一天之后,通常会选择唱歌来排解和释放压力。这些民歌从最初的词不达意和不成曲调,演变成了如今思想丰富且旋律悠扬的民歌,从而在大众之间广为流传。客家山歌具有较为鲜明的文学性和地域性,与竹枝词以及唐诗、律绝的关系深远并且深受《诗经》的影响,因此客家山歌的表现形式以及演唱方法具有南北民歌融合的鲜明特色以及优秀成分,客家山歌不仅将这些复杂的多元化元素有效地结合在一起,并且还鲜明地借鉴了中国文化的历史底蕴,这也是客家山歌文学特点较强且深受广大人民群众喜爱的重要原因。①

马路中学为了让在校学生更好地感受客家文化的底蕴和深度,编纂了音乐校本教材《本土客家山歌集》,该教材收录了一些本土特色、朗朗上口的客家山歌。学校每周开设固定的音乐课来教授学生演唱客家山歌。学习客家山歌可以进一步丰富学生的校园文化生活,对学生的身心发展、综合素质的提高都起到良好的促进作用。把客家山歌引入中小学音乐课堂,能够让学生学会唱山歌并且感到山歌的魅力。此外,还可以逐步改变学生对传统文化不重视的现象,达到传承和发扬客家山歌的目的。客家山歌是民族文化的重要组成部分,体现了客家民族的精神。把客家山歌作为音乐课中重要的教学内容,可以让学生了解和热爱家乡的音乐文化和发扬客家精神。将客家山歌引入中小学音乐课堂,是开发客家山歌资源,传承、普及、发展民族音乐的一种方法和手段,这对于弘扬地方传统文化,使优秀的地方传统文化遗产继续流传和繁衍有重要作用。

2.特色体育活动课程

客家体育具有显著的健身、教育、娱乐等功能。首先,客家体育项目多,内容丰富,锻炼形式多样,选择面广;室内室外不受场地器材限制,适合在各级各类学校开展;单人、双人、群体不受人数限制,练习方法灵活多样;源于生产生活,简单易学,不需专门训练,参与面广;能有效提高学生的基本活动技能,发展学生四肢和躯干力量以及速度、灵敏、协调等身体素质,全面促进学生身体发展,提高学生的健康水平。其次,客家体育源

---

①罗薇丽.客家山歌引入中小学音乐课堂的探索与思考[J].四川戏剧,2015(12):178-181.

于劳动、源于生活,每一个项目都包含着客家人热爱劳动、艰苦奋斗、勤俭治家的传统美德,蕴含着客家人克服困难、征服自然、改造社会、勇敢向上的民族精神。[①]

马路中学的体育课程研发了一项滚铁环的体育活动,设置了明确的课时和学习目标,让学生在体育活动中切身感受到客家先人奋发图强、努力拼搏的精神和姿态。这种"课内外一体化"教学模式能有效促进学与用的紧密结合,改变过去"学"与"用"脱节的状况,使"学"与"用"高度结合,课内外连成一体。在体育课上是"学",在选项课或其他体育活动上是"用",通过"学"掌握课内教师所教的知识与技能,在课外通过选项活动课和竞赛活动进行运用,并通过"用"检验"学"的质量与水平。客家体育进入学校体育教学,不仅可以丰富体育课的内容,有效促进学校体育教学,而且对弘扬民族传统体育文化、加强素质教育、促进全民健身运动具有积极的现实作用。

3.特色校园美食节

为促进学生的全面均衡发展,丰富学校特色内涵,弘扬客家传统美食文化,使客家传统美食制作代代相传以及提高学生生活实践能力,2016 年 4 月 12 日,东兴市马路中学以"齐动手,共分享,长知识,不忘本,扬客家传统美德"为主题,举办了别具一格的全校师生均参与的"学生生活实践暨客家美食节"活动。美食节的内容有:石磨现蒸盖粑、现做糯米白糍粑、现包糯米粽和春卷、学生自创的特色菜等多种客家食品及客家食品知识问答。活动中不仅让学生有机会展示自己的烹饪特长,锻炼其生活实践技能,还培养了团队协作精神,促进了和谐的师生关系。本次活动得到了东兴市教育局安稳办的大力支持以及东兴市市场监督管理局人员的现场指导,同时也得到了学生、家长、社会的好评,活动中学生利用客家先人流传下来的一些器具去制作客家美食,感受美食制作的过程和方法,加深了美食活动的教育意义和深度。[②]

六 广西东兴市马路中学教育问题分析

(一)教育经费紧缺,客家文化相关建设工作无法顺利开展

经济水平决定着教育发展的速度、规模与质量,经济发达地区的教育水平往往也越

---

①吴玉华,张庆红,罗梦龙.将"客家体育"引入学校体育的意义及其模式构思[J].教学与管理,2010(15):159-160.

②魏小倩,魏泳琪,肖远斌.基于新媒体下客家美食文化的传承与推广研究[J].哈尔滨职业技术学院学报,2020(03):119-121.

第九章 融合之力:广西世居汉族客家村落教育研究

高。马路中学是东兴市下属的一个镇级中学，能够争取到的教育发展资源和经费十分有限。任何文化事业的建设都需要物质载体作为依托，需要通过某个载体去感受其背后的文化底蕴与精神，若没有具体的物质对象供人们参观和感受，文化一词就显得有些缥缈。马路中学校长说道，他们利用为数不多的经费创建了校园客家文化长廊以及举办客家美食节等活动，通过有形或无形的方式让学生切实地感受到客家文化信仰以及客家先人的气概。但校园内客家文化展厅的建设以及对教职工进行系统的客家文化培训等由于教育经费不足一直处于停滞状态。建设专门的文化展厅能够让学生、教师和参观者更加直观地感受到客家文化的信仰与魅力。教师们所具备的客家文化素养也在很大程度上影响着学校客家文化建设的效度和深度。

（二）师资队伍整体素质较低，缺乏能够传承与发展客家文化的师资

教师对学生的影响是长期的、持久的，教师的学科知识与专业素养也深刻地影响着学生的学习和发展。马路中学的教师学历水平普遍偏低，教师的学历集中在大专水平，本科学历多为后续进修学习所得，与城区师资水平差距较大。教师队伍中顶岗教师的比例较大，教师队伍稳定性差。此外，据调研显示，马路中学四十多位教师中有 13 位是客家人，其他均为壮族、汉族等民族，教师自身对于客家族群的历史变迁与客家文化信仰基本了解，但是真正懂得其中内涵的不多，很难有意识地将课程内容有效地与客家文化结合起来进行教学。少数的客家教师即使会一些客家山歌，但也缺乏系统的乐理知识，难以将自己所习得的一些客家山歌有效地教授给学生。这些都是马路中学在创设、发展客家文化中面临的一些困境。

（三）缺乏专家团队的指引，学校教职工缺乏外出学习进修的机会

根据马路中学校长介绍，马路中学自 2016 年开始摸索创设客家文化，学校客家文化底蕴相对薄弱，更多的是模仿和学习其他优秀客家文化建设对象。该校校长和教师团队尽可能地采取多种方法开展客家文化建设工作，但效果并不是那么理想，该校的客家文化建设处于瓶颈期，需要客家文化建设的专家团队进行专业性的指点以带来新的突破。此外，校长提到作为一所以客家文化为主体的中学时说道，他作为校长也并没有经常性外出学习的机会，一些具有代表性的客家文化的地方如梅州、惠州、赣州等他也没有机会去参观学习，没有一个很好的学习和参照对象，教职工外出学习参观的机会更是少之又少。这对于马路中学客家文化的建设是十分不利的。只有校长与教师去到典型的客家文化聚居地进行深入的研习、沉淀，客家文化才能带给他们更多的震撼与触

动,他们才能更好地把握住客家文化建设的核心与关键,马路中学的瓶颈期才有望突破。

七、广西东兴市马路中学的发展策略

(一)加大投入以进一步优化基本办学条件

1.严格落实教育经费法定增长要求

当地政府应严格按照《中华人民共和国教育法》等法律法规的规定,在年初安排公共财政支出预算时,积极采取措施,调整支出结构,努力增加地区学校教育经费预算,保证财政教育支出增长幅度明显高于财政经常性收入增长幅度。对于预算执行中超收部分,也要按照上述原则优先安排教育拨款,确保全年预算执行结果达到法定增长的要求。只有教育经费有所保障,马路中学的日常教学和客家文化的建设工作才能顺利开展。[①]

2.提高财政教育支出占公共财政支出的比重

当地政府要进一步优化财政支出结构,压缩一般性支出,新增财力要着力向教育倾斜,优先保障教育支出。切实做到每年财政教育支出占公共财政支出的比重都有明显提高,为当地的各校教育发展注入生命源泉。

3.提高预算内基建投资用于教育的比重

要把支持教育事业发展作为公共投资的重点。在编制基建投资计划、实施基建投资项目时,充分考虑教育的实际需求,确保用于教育的预算内基建投资明显增加,不断健全促进教育事业发展的长效保障机制。一种特定的文化需要一所承载着文化记忆的建筑物加以体现,马路中学客家文化展厅的建设对于该校发展客家文化十分有必要。

(二)以师资队伍为突破口,加强师资队伍建设

1.抓好业务建设,提高教师的教学专业素养

我们的生活已步入信息化时代,科学技术的发展日新月异,知识经济社会已初见端倪。在这种情况下,教师要教好学生,除了要精通任教科目的专业文化知识,还必须具备广泛的其他方面的素养才能更好地引导学生。教师不仅要做到有"一桶水",还要源

---

①彭旭.客家教育发展的有效对策——以梅州市为例[J].教育现代化,2016,3(16):92-94.

源不断地补充自己,做到终身学习,才能适应新时代对教师的要求,才能源源不断地给学生提供"一杯水"。除了要提高现有教师队伍的整体素质,还应综合当地各方力量提升马路中学教师的整体学历水平,千方百计引进高学历特别是研究生学历的年轻教师,以补充教师队伍的新鲜血液,进一步优化教师队伍,提升教师队伍的整体素质。

2.完善教师管理机制,充分调动教师工作积极性

管理出质量,管理出效益,只有通过行之有效的管理,建立一支优质、高效、充满活力的师资队伍,才能保证教育教学的质量。一个学校教育教学质量,取决于能否最大限度地发挥教师的聪明才智。要调动教师的工作积极性,必须深化内部管理体制改革,引入竞争机制和激励机制,使广大教师有压力、有危机感,增强竞争意识。具体措施有:实行全员聘任制,做到人尽其才;健全教师考评制度,量化教师业绩;落实公开课制度,激励教师岗位成才,让教师有更强的工作归属感和成就感,更加热情地投入马路中学的教学工作。

(三)科学调整布局,促进农村教育协调发展

1.合理布局和协调村镇小学一体化发展

要根据《国务院关于进一步加强农村教育工作的决定》精神,在解决城区学校发展的同时,把农村教育的发展列入重要议事日程抓紧抓好。要根据今后农村中小学发展的需要,制定农村教育发展规划,精心组织实施;需要长期办学的学校,应加强统筹协调,及时研究解决存在的问题。根据调查测算分析,人口较多的乡镇政府所在地的中心小学在今后相当长的一个时期还需要办学,仍然应保障所需经费的投入,特别要扶持农村寄宿制学校的发展,改善寄宿制学校的办学条件。马路中学的学生多为寄宿生,学校的办学条件和生活水平与学生的学习情况密切相关,要切实加强学校硬件建设。此外,要关注农村幼儿教育的发展,允许形式多样、灵活举办乡村学前教育,改变农村幼儿教育滞后的面貌。对人口规模小的偏远乡镇初中学校的建设,要深入论证,慎重投入。近年内学生大量减少的学校,要及时做好调整,不能盲目投资建设,以免造成新的浪费。要尽力缩小初中校际的差距,整体提升初中学校的办学水平。

2.开展多样化教学研究,提高教师教学水平

深入开展教研活动。内容多元,形式多样,途径多种,重点采取"走出去听听"和"请进来讲讲"两种形式。安排教师外出学习,要求参会教师认真领会会议精神,详细记录学习体会,及时梳理并传达新课改理念。进行新课程培训、班主任培训,开展"骨干教师展示课和讲座"活动。开设研讨课、专题讲座、教研论坛以及"读书沙龙"活动,开

展教师继续教育活动,鼓励教师利用业余时间参加以提高自身学历。教师自身必须牢记终身学习的使命,不可故步自封,应抓住一切提升自我的机会和途径,切实提高自身教学能力与水平。

·第十章·

罗城骆越：广西世居仫佬族村落教育研究

一、广西仫佬族概况

仫佬族是广西世居民族之一，多聚居在罗城仫佬族自治县的东门镇、四把镇、龙岸镇等地，占广西仫佬族人口85%以上。罗城是全国唯一的仫佬族自治县，位于广西西北部。仫佬族长期以来与壮、汉、瑶等兄弟民族一起生活和劳作，在经济、文化等方面都有深入密切的交流与合作，共同创造了祖国灿烂辉煌的历史和文化。

仫佬族的民族来源问题较为复杂。各种史籍记载和族谱、墓志、宗祠碑记有诸多不同的说法，概括起来，有以下几种：一是认为仫佬族主要是由本地土生土长的土著居民衍化而来的。从元代典籍和其他史料中的记载可以看出，仫佬族先民被包括在古代僚族的泛称中，"僚"被当今学者认为是"骆越"或"西瓯"，而骆越族群是我国古代岭南土著民族①。二是认为仫佬族是由外来人口迁徙而形成的。根据现在居住在罗城境内的罗、银、吴等大姓的家谱、碑文和民间传说，都认为他们的祖先不是当地土著居民，而是从湖南、河南、江西等地迁居此地。三是认为仫佬族最初的族源主体是当地土著居民，唐宋以后融入、同化了大量外来汉族、壮族和其他民族而形成的②。在民族发展的过程中，仫佬族吸收和同化当地一部分汉、壮等民族，其自身也有一部分因外迁到周边地区

---

① 温远涛.仫佬族族源新探[J].广西民族研究,2010(02):131-135.
② 吴国富,林义雯.再论仫佬族族称、族源及其与周边民族的关系[J].广西民族研究,2014(06):52-58.

而融入当地汉、壮等民族之中。① 显然,仫佬族的族源问题还有待考察、探究和统一。

仫佬族的社会经济主要以农耕稻作为主,是典型的稻作民族。由于仫佬族聚居地罗城多处于偏远山区,交通闭塞、生活水平低,环境卫生状况较差,因此社会经济发展长期停留在自然经济发展阶段。到新中国成立前,罗城的现代工业建设还是一片空白,只有一些小规模的个体手工业。20世纪90年代以来,为真正改变仫佬族人民聚居区单一、传统的山区农业发展格局,各级政府和企业紧紧抓住西部大开发和扶贫攻坚的大好机遇,建立起以农产品为原料的加工业,以矿产资源产品采掘和加工业为辅,重点发展蔗糖和野生毛葡萄酒两大优势特色产业的新型工业发展框架。几十年间,罗城先后发展成为"中国粮食生产基地县""中国春烤烟生产基地"和"中国野生毛葡萄之乡"。

仫佬族有本民族的语言,没有本民族的文字,但其语言有着独立完整的体系。仫佬族的语言属于汉藏语系,壮侗语族,侗水语支。由于仫佬族人民长期以来与其他兄弟民族有着频繁和密切的经济、文化交流,因此不少仫佬族人民既会说汉语也会说壮语,有的还会说"土拐话"。随着汉文、汉语在仫佬族地区普遍流行,掌握汉语的仫佬族人数日益增多。仫佬族虽然受到汉族文化的影响较早,但是仍保持着许多独具民族特色的风俗习惯和信仰,加之有着灿烂的史前文化,因而人文气息浓郁、历史文化悠久。

仫佬族人民穿衣风格较为简朴。新中国成立前,无论男女,都穿着自织自染的青色土布。一般妇女穿大襟上衣、长裤。年长的妇女会在腰上系青色围裙,系带上有用棉线织成的黑白相间的几何图案,裙边有网状的花纹,整体看起来精致美观。一般男子穿对襟的上衣、长裤。年长的男人喜欢上穿枇杷襟上衣,下穿草鞋。新中国成立后,仫佬族的服饰变化很大,除了在一些节日庆典时偶见老年妇女或文艺工作者穿戴民族传统服饰,仫佬族人民平日的穿着与当地的汉族、壮族人民穿着无异。

仫佬族的饮食主要以大米为主,掺以玉米、大麦、红薯等杂粮。好吃酸辣是仫佬族人的饮食特点之一,家家存有腌酸荞头、酸豆角等酸坛以及辣椒坛,作为日常佐食之用。喜欢吃糯米食品是仫佬族人的另一饮食特色。仫佬族传统小吃大多是以熟糯米为主材料制作而成,其中"狗舌糍粑"较为出名。狗舌糍粑用糯米制成,然后用桐叶或麻叶将其包住,形状像狗的舌头,其名也由此得来。它口感松软,味道香甜,再撒上浓香的芝麻糖粉,令人回味无穷。此外,它还具有特殊的意义,每年的八月十五和八月社日,正是仫佬族青年男女的"走坡"时节。坡场上互有好感的青年男女对唱山歌结束后,便会围坐在一起相互交换各自带来的"狗舌糍粑",寓意着爱情像芝麻糖一样甜蜜。

---

① 吴国富.仫佬族研究文集[M].北京:民族出版社,2018:137-164.

第十章　罗城骆越:广西世居仫佬族村落
教育研究

仫佬族的节日活动较多,一年四季,几乎每个月都有一个节日,其中最有特点的是走坡节和依饭节。走坡节在农历八月十五举行,又称"后生节"。仫佬族青年男女在节日前后的集日聚集"走坡"。他们行走在绿草如茵的山坡上或是苍松翠柏的林间,互唱情歌,寻找恋人。如果双方都有意,便会约定下次走坡的时间,并会互赠礼物,男赠月饼女赠布鞋。另外,仫佬族在传统农耕文明和原始信仰的基础上形成了独具民族特色的民间节庆活动——依饭节,它展现了仫佬族人特有的世界观、人生观、价值观和审美观,是仫佬族民族文化的集中体现,也是民族情感的集中表达,更是一项难能可贵的非物质文化遗产。① 依饭节是仫佬族人民感恩、庆丰收和继承发扬民族文化的节日。每隔三到五年立冬后举行一次,目的主要是向祖先还愿,祈求人畜平安以及五谷丰登,为期一至三天。节日活动的中心内容是举办依饭道场。活动期间,道士们演唱内容丰富的唱词,演奏动听的音乐。依饭道场的主要仪式有"安坛请圣""点牲""劝圣""唱神""团兵""送圣"六个程序②。依饭道场结束后,所有参加依饭节的嘉宾、迁居他处的宗亲、本屯的居民在屯内较为宽敞的地方集体聚餐。

仫佬族的民间文学艺术形式多样,内容丰富多彩。民间文学,又称口语文学,主要是指民间集体口头创作、口头流传,并在流程中不断有所修改、加工的文学样式,有散文体和韵文体文学作品,其中散文体包括民间故事、神话、传说、寓言等,韵文体包括民间歌谣,包括民间法式唱本、古调歌、礼俗歌和情歌等。③ 仫佬族世代相传下来的多形式的民间文学艺术是通过人与人之间的口耳相传,凭着记忆,一代代流传下来的口头文化。仫佬族民间文学艺术的主要形式有民歌、神话传说、民间故事、民间戏剧、谚语等。这些民间文学艺术的语言通俗易懂,内容广泛和多样,深受当地人民的喜爱,具有广泛的群众基础和强大的生命力。

仫佬族的文化保留着许多祖先崇拜和宗教信仰的成分。仫佬族的传统节日中体现出后代对祖先的感激和敬重之情。仫佬族人除了通常的婚丧嫁娶、节日喜庆、新居入宅等必须举行宗教活动,平时的生产生活也有不少宗教活动。例如,但凡家里有人生病或有难时,认为是触犯了某些"神灵",就需要请"野敬"婆来家中佯作"阴司",询问主家的祖先。祖先崇拜和宗教信仰构成了仫佬族独具特色的传统文化和民族风貌。此外,仫佬族的民族传统文化也体现着仫佬族人与自然和谐共生的特点。首先,仫佬族的传统

---

①张艳敏,谢唯唯.仫佬族依饭节的道德教化思想与功能研究[J].民族教育研究,2019,30(04):94-99.

②依饭节[EB/OL].https://baike.baidu.com/item/%E4%BE%9D%E9%A5%AD%E8%8A%82/1585251? fr=aladdin.

③全国政协文化文史和学习委员会,广西壮族自治区政协文史和学习委员会.仫佬族百年实录[M].北京:中国文史出版社,2019:93.

节日与当地的自然环境有着密切的联系。例如,仫佬族的走坡节作为仫佬族青年对歌交友的传统节日,以村外的山坡、丛林以及河畔为主要对歌地点,在清幽静谧的自然环境中对歌交友,寻觅意中人。"走坡"二字展现了节日的精髓以及生动地呈现了在山坡上对歌的情景。其次,仫佬族的建筑是根据当地的气候、地形等自然环境设计的。仫佬族聚居区内,山岭绵延起伏,江河流贯其间,在大石山与土山丘陵的交错中,有纵横不等的映谷平坝。仫佬族多住在山区或半山区,依山傍水建立村落。仫佬族民居,多为砖墙、瓦顶、矮楼等建筑。民居中最突出的特点是以地炉取暖做饭,至今已有400多年的历史。地炉一天到晚都不熄灭,除随时可架锅做饭外,冬天会像暖气设备一样,使堂屋舒适温暖,特别是在多雨潮湿的季节,屋里的粮食和农作物等都不会发霉。可以说,得天独厚的自然环境、丰富的民族习俗孕育了我国仫佬族民族文化这一方宝藏。人与自然是生命共同体,只有人与自然和谐共生,才能构建和享受更幽美惬意的自然和生活环境,打造出独具民族文化特色和体现地域特点的精神家园。

二、广西仫佬族教育概况

(一)基础教育概况

1.新中国成立前

仫佬族的近代教育产生于清朝末年,当时的中国内外交困,民不聊生,没有足够的钱办教育,唯一可以用来办学的地方就是明清时期民间集资建成的庙宇、祠堂和会馆。民国时期,由于军阀混战,政局动荡,仍旧无钱办教育。这时期开办的小学、中学校址也是在庙宇、祠堂。此后陆续开办的大多数学校是借用庙宇、祠堂做校舍。可以说利用庙宇、祠堂办学是当时罗城仫佬族地区办学的主流,这种状况一直持续到20世纪50年代①。由此可以看出,新中国成立前,仫佬族地区的教育事业长期处于滞后状态,那个时期的罗城县仅有两所中学和三所小学(完小),只有30%的儿童能够就学,文盲占大多数。

2.改革开放以来

1983年,罗城全县中小学建筑总面积为169 673平方米,且全部是泥房或砖木结构,中小学办学条件普遍较差,教学设备简陋。面对这样的办学条件,罗城县先后投入

---

①全国政协文化文史和学习委员会,广西壮族自治区政协文史和学习委员会.仫佬族百年实录[M].北京:中国文史出版社,2019:210.

大量资金实施国家贫困地区义务教育工程和抢修中小学危房等一系列措施,全县中小学校基本消除了 D 级危房,教学设备配套初步完善。从 2006 年开始,义务教育阶段的学校实行了免费教育。2010 年以后,高中阶段的学生免交学费,职业学校的学生除免交学费以外还每年给予学生 1 500 元的生活困难补助。到 2011 年,全县开办寄宿制小学 37 所,寄宿制中学 15 所,在全部免费入学的基础上给予生活补助,小学生每人每年 1 000 元,初中生每人每年 1 250 元,使身处边远山区的学生和其他家庭贫困生能够顺利接受和完成九年义务教育,实现教育公平①。此外,罗城仫佬族自治县大力实施学前教育发展工程,解决仫佬族儿童的"入园"问题。2011 年以来,该县实现了"一乡(镇)一园",加上社会团体和个人创办的幼儿园,全县学前教育机构多达 140 所,使学前教育得以蓬勃发展②。

(二)职业技术教育和成人教育的发展

发展职业教育是帮助仫佬族人民脱贫致富,促进社会经济协调发展的有效途径和重要举措。罗城作为广西农科教综合改革的试点之一,从 1992 年开始,对应届初、高中毕业生实行"两种证书"制度,即每个中学都要举办"职业技术培训班",在中学毕业生中开展短期职业技术培训,经过培训考核合格后,颁发初、高中毕业证的同时颁发职业技术培训结业证③。此外,当地政府非常重视对农民进行有关文化科技的教育。改革开放以来,先后开办了养殖技术、农业技术、计算机技术、税法等多种培训班,促进了成人教育的大众化和普及化。至 2006 年,全县 13 个乡镇 141 个行政村均建立了农民文化科技培训中心,实现村村有农民技术培训班,让越来越多的农民通过培训获得《绿色证书》和《农民技术员证》④。如今,罗城的职业教育、成人教育不断得到创新和发展。该县坚持以市场为导向,先后与区内外多家知名企业进行合作,开展"订单式"培养模式,毕业生就业率较为可观。同时,形成了以县职教中心为龙头,以乡镇成人文化技术学校为基础的职业教育网络,培养了一大批具有专业技能的实用型人才,为仫佬族地区的经济和社会发展提供了人才和智力支持。

---

①全国政协文化文史和学习委员会,广西壮族自治区政协文史和学习委员会.仫佬族百年实录[M].北京:中国文史出版社,2019:213.

②仫佬山乡教育事业蓬勃发展[EB/OL].http://news.hcwang.cn/news/20141230/news4624121929.html.

③李卓华.龙岸镇教育综合改革成绩斐然[J].广西教育,1998(11):7.

④谢盛钜,颜庆梅.罗城仫佬族自治县:构建百年发展大局[J].当代广西,2005(15):15-16.

（三）社会教育

社会教育是学校教育的扩展和延伸,无处不在,融于各种社会活动之中。社会教育对于传播民族文化起到不可替代的作用,也是让民族传统文化得以延续和传承的重要途径和主要方式。仫佬族作为中华民族大家庭的一员,拥有丰富多彩和独具特色的民族文化,而社会教育自古以来都是仫佬族传统文化得以流传和发展的重要手段,对仫佬族文化在本地区的普及、传播和传承起着举足轻重的作用。仫佬族地区的社会教育主要以民歌对唱、民间故事和神话传说的流传、民间戏剧演出以及日常生活习俗浸润等为主要方式。

1.民歌对唱

仫佬族的民歌种类按形式可分为随口答、古条、口风三种类型。随口答属于一般的山歌,歌者可随时创作。但凡赶场、走坡、婚姻喜庆、寻亲访友等都可以唱,蕴含了仫佬族人民的思绪和情感,记录着仫佬族人民的日常生活。其中随口答的内容包含了仫佬族人民在各种庆典和仪式上的传统风俗礼仪,形成了大量的礼俗歌,使人们在对歌的过程中更为深入了解民族传统风俗,并使之得以记录和传承。古条是一种故事式歌谣,内容都是流行在民间的历史故事、神话传说等。这类歌多在喜庆时唱,意在使族内的人在娱乐之余学习和了解这些历史故事和神话传说,寓教于乐。口风是指唱一些劝人为善或讥笑讽刺别人的歌谣。在对歌时,口风往往能展露对歌双方的歌才。口风歌的较量使仫佬族人民的思维得以开拓和发散,促进了人们对本民族文化的深入学习和交流。

2.民间故事和神话传说的流传

仫佬族人民长期以来代代传承着许许多多的民间故事和神话传说。这些民间故事和神话传说传播本民族的文化,颂扬和追忆自己的祖先,憧憬未来的世界等。例如,《罗义射狮》讲述了仫佬族祖先在古代驯服野兽的故事,表现了仫佬族人民英勇无畏的精神。神话传说中的《伏羲兄妹制人伦》反映了人类发展过程中对血缘婚姻的危害有了清醒的认识。因此,这些民间故事和神话传说在一定程度上反映了人们的世界观,反映了仫佬族的历史和文化,反映了人民的生活。

3.民间戏剧演出

彩调戏是仫佬族人民比较喜爱的文艺节目。近代以来,在人口比较集中的村寨,一般都组织有业余彩调团,农闲时排练节目,节日时合伙演出,这对于活跃仫佬族农村文化生活具有积极的作用。这些彩调戏不但给人们以娱乐消遣,同时还给人们深刻的教育和启迪。例如,在抗日战争期间,仫佬族彩调戏就加入了惩恶扬善、歌颂劳动人民美德、揭露封建统治阶级丑恶伪善的内容,表达了仫佬族人民对敌人的痛恨以及对祖国的热爱,培养了仫佬族人民的爱国之情。

(四)家庭教育

仫佬族有着悠久的历史,形成了许多别具一格的传统民俗习惯,这些独具特色的民俗习惯对仫佬族社会产生一定的教化作用。[①] 家庭是教育的始发站,也是孩童学习的第一课堂,以父母为主的家庭成员是孩童学习的启蒙老师。重教是仫佬族人的传统。从仫佬族的民族习俗中可以看出仫佬族人重视家庭教育,从小注重孩子的良好品德的养成以及在日常生活中潜移默化地教育和影响孩子,并使民族文化传统得以沿袭和传承。

1.贺生习俗

一个新生命的诞生对于每一个家庭而言都是喜庆之事。仫佬族对于新生命的到来会举行一系列的庆贺活动,形成具有仫佬族特色的贺生习俗。孩子出生后,会接一盆水给新生儿洗澡,如果生的是男孩,会在盆里放一支笔,生的是女孩就会放丝线。放笔寓意着孩子长大后好读书,写出的文章妙笔生花,放丝线则希望女儿长大后心灵手巧、兰质蕙心,反映了仫佬族人对新生儿成长的美好祝愿和殷切期盼。孩子满月后,孩子的母亲会用婆家送的背带背着孩子,在背带里放一本书,打着伞,然后到田地里走一走,接着背孩子去赶圩。仫佬族人认为,到田里走一遭能让孩子长大后热爱农事,辛勤劳动,勤奋读书。背着孩子去赶圩则是为了让孩子提前见见世面,寓意着孩子长大后见多识广,聪明伶俐。由此可以看出,仫佬族的家庭教育从新生儿诞生那一刻就开始了。仫佬族人注重培养小孩的良好道德品质,也重视小孩的读书和社会实践能力,对于孩子的成长寄予厚望。

2.节庆习俗

依饭节是仫佬族人民感恩、庆丰收和继承发扬民族文化的节日。每隔三到五年立冬后举行一次,目的主要是向祖先还愿,祈求人畜平安以及五谷丰登。依饭节期间,每家每户都会杀鸡宰鸭、包粽子等,并以村为单位,进行集体祭祀活动。在依饭道场上道士们吟唱的唱诗内容较为丰富,很多极具教育意义。比如在《十劝人》唱词中,就有劝诫年轻人尊老爱幼、勤劳友善、感恩祖先等内容[②]。在依饭道场最后一个"送圣"环节中,会通过戏谑般的表演形式对青少年进行性教育,让青少年在轻松愉悦的氛围中学习到相关的性知识。此外,还有许多节日习俗具有一定的教育意义,对孩子的成长有着潜

①覃晓萍,魏文松.仫佬族传统法文化的传承与发展探讨[J].广西民族研究,2018(02):120-126.
②阳崇波.从民族习俗看仫佬族教育观[J].广西民族研究,2013(02):94-97.

移默化、润物细无声的教育作用,并且形式多样,易于孩子接受。

3.生活习俗

仫佬族人民虽在长期发展的过程中与汉、壮、瑶等兄弟民族相互交流与合作,受汉族和他族文化影响较深,但是其在千百年漫长的历史发展过程中形成了独特的生活习惯以及民族文化特色,至今依旧保持着仫佬族的饮食特点、服装样式、婚丧习俗等,这些是仫佬族传统文化精华的重要表征。仫佬族人民在日常生活中将民族文化和习俗口耳相传、代代相承。例如,仫佬族人在日常生活中处处体现着尊敬长者的行为,在过年、过节或家里宴请宾客之时,餐桌的上席必坐着长者,长者动筷后,晚辈才能跟着动筷。进食过程中,晚辈还需挟好菜敬长者。仫佬族人从小就熟记这些礼仪和规矩,学会尊重长者。此外,仫佬族人认为,只有自己以身作则,严于律己,做出行孝的典范,才能做到言传身教,培养出孝顺父母的儿女。因此,在教育上,仫佬族人除了要求子女敬重长者,也重视自身的行为对子女的影响,讲究身体力行的示范性教育。

(五)人与自然和谐共生教育

人与自然成为相互依存和制约的两个主体,自然环境能为人类提供持续不断的发展资本以及稳定的生态系统,而人类所有生产活动必须以自然生态系统的可承载力为前提,禁止过度的消耗行为,力保生态系统的完整性。[①] 教育是在一定社会背景下发生的促进个体的社会化和个体的个性化的实践活动。[②] 人与自然和谐共生教育可以概括为教育和培养人树立与自然共生意识,使其在对自然环境相关知识的学习下有思想认识上的深入、情感认同上的加深、道德认知上的提升、行为方式上的转变的实践活动。

仫佬族的教育有不少方面蕴含着人与自然和谐共生的理念。这些人与自然和谐共生教育包含以下特点:首先,神话传说体现着自然崇拜色彩。《婆王》这个传说讲述的是一位负责人间生息繁衍的女神——婆王,她掌管着一座大花山。婆王把花赐给哪一人家,那一人家便会生小孩。花山的花长得越好,就寓意着孩子的身体越健康。其次,大部分民族传统习俗与自然联系密切。如仫佬族新生的孩子满月后,孩子的母亲会用婆家送的背带背着孩子,在背带里放一本书,打着伞,到田地里走一走,接着背孩子去赶圩,其寓意为让孩子接触大自然,见见世面。仫佬族人认为这样做会让孩子长大后爱做农活,热爱劳动,敏而好学,聪明伶俐。最后,仫佬族的谚语中也蕴含着自然元素。"敬田得谷,敬老得福","人勤地里出黄金"是仫佬族聚居区家喻户晓的谚语,也是仫佬族

---

①康崇.习近平关于人与自然和谐共生的理论及价值研究[D].保定:河北大学,2019:18.
②全国十二所重点师范大学联合编写.教育学基础[M].北京:教育科学出版社,2002:4.

人民用以律己和教育下一代的信条,让晚辈深刻领悟到敬重老人和尊敬田地一样重要以及切勿懒惰,懒惰没有好结果的道理。

庄子《齐物语》中谈道:"天地与我并生,万物与我为一。"①这句话意思是我并不是天地的一部分,也不是万物的一部分,而天地、万物也不属于我。我与天地、万物同属于一个本体。人与自然和谐共生的最高境界莫过于此,这充分展示了人与自然的完美融合和相通的状态。人与自然和谐共生,已成为新时代一个复杂性、全球性的问题。我们应该从民族传统文化中汲取养分,意识到人与自然和谐共生的重要性,在获取自然丰富物质馈赠的同时,也能尊重自然、爱护自然,不断推进生态文明建设,与自然平等对话,和谐共存、互利共生。

三、广西罗城仫佬族自治县四把镇里宁社区历史发展概况

为深入了解广西仫佬族及其村落教育情况,我们来到广西河池市罗城仫佬族自治县四把镇展开深度田野调查。该镇位于罗城仫佬族自治县南部,1993 年 12 月 4 日经自治区人民政府批准撤乡设镇,2005 年 8 月调整行政区划,撤销下里乡并入四把镇。四把镇距县城 10 千米,距宜州市 35 千米,境内有罗宜二级公路和罗城至环江油路贯穿而过,交通便利,是罗城的南大门。四把镇素有煤炭之乡、毛葡萄之乡等美称,是闻名全国的壮族歌仙刘三姐的出生地以及著名革命烈士韦一平的故乡。境内旅游资源十分丰富,主要有国家四星级旅游景区棉花天坑、"睡美人"、龙潭夕照、仫佬族刺绣、依饭节传习基地、仫佬族风情村寨等。里宁社区(原里宁村)位于四把镇南部,距镇政府 10 千米,距县城 20 千米,该村总面积 712 公顷,耕地面积 1 526.74 亩,是仫佬、汉、壮三个民族杂居地区。四把镇位于石山和小盆地错杂的地区,人口较密,而里宁社区处在山脚的平坝上,是山区里的小盆地。2020 年里宁社区全村共有 617 户 1 953 人,其中建档立卡贫困户 79 户 295 人,老年人 400 人,外出务工者 800 人。村内群众的文化程度多为小学和初中学历,文盲主要分布于 70—80 岁年龄阶段的老年人中。村内每年考上大学接受高等教育的人数不多,如 2019 年村内考上高职高专院校和本科院校的人数分别为 5 人和 2 人。村内群众主要收入来源是务农、外出务工、个体经营等,务农主要以种植水稻、玉米、红薯、黄豆等粮食作物为主,主要的农产品有卷心菜、茅菜、山药、香菇、黄豆、木瓜

---

① 张福财.坚持科学发展观教育、促进人与自然的和谐[J].中国教育学刊,2012(A1):29-30.

等。全村辖有 7 个屯,水泥路通屯率达 86%,有 6 个屯实施了屯内巷道硬化。在调研中发现,由于长期以来仫佬族和壮族等其他少数民族共同聚居和相互往来,村里的仫佬族人不仅会说仫佬话,还会说壮话和桂柳话,但是会讲仫佬话和壮话的多为中老年人,大多数年轻人不会讲本民族语言,以讲桂柳话和普通话为主。村民们对于后辈不会说仫佬话的现象习以为常。此外,该村民俗文化氛围不浓,许多族人的民族文化意识逐渐淡薄。在访谈中发现,很多仫佬族人很难马上想起属于仫佬族的民俗节日和传统习俗,连较有代表性的依饭节也不庆祝,一般只有镇上才会庆祝这个节日。由此可见,罗城仫佬族自治县的非遗和民族文化保护工作未能真正深入到最基层,仫佬族民俗文化在这些偏远地区仍处于边缘化地带,得不到人们的重视。

四、广西罗城仫佬族自治县四把镇里宁社区学校教育概况

里宁社区有适龄儿童 165 人,其中有 135 人在村小学读书,26 人到乡(镇)中心小学读书,18 人随父母在外地读书,全村无辍学儿童。全村在读高中生 5 人,大学以上学历有 30 人,在读大学有 15 人,无义务教育辍学人员。里宁社区有一所村级小学叫下里小学。下里小学位于四把镇里宁社区街上屯的金龟山下,清澈的下里河从校门前静静地流过。学校始建于 1920 年,是一座历经近百年悠久历史的学校,历经沧桑几经更名现用此名。现有校园面积 15 500 平方米,12 个教学班,在校学生 499 人,其中女生人数为 242 人,内宿生为 233 人,建档立卡贫困生为 193 人,留守儿童为 144 人。现有教职工 39 人(不含后勤及安全协管人员),教师队伍中全日制本科学历为 5 人,特岗教师为 5 人,副高级别以上的教师为 3 人,男女教师比例为 1:2,教师平均师龄为 37 岁。下里蓝靛村是歌仙刘三姐的故乡,山清水秀,人杰地灵。随着历史的跨越,时代的变迁,在严峻的形势面前,下里小学正经历着一场深刻的变革。2008 年 8 月下里初中并入四把中学,原下里初中校园划入仅有一墙之隔的下里小学。下里小学以此为契机,首开罗城仫佬族自治县撤点并校先河,逐步把下辖的 8 个行政村的村校合并到下里小学。并校后的下里小学逐步优化教师结构,科学整合教学资源,致力走教育均衡化发展道路。到 2009 年 9 月,下里片区所有村校学生都集中到下里小学就读,解决了以往村点学校师资不足、教学资源缺乏的落后局面。

为全面提升学校内涵,实现教学质量更大的飞跃,2015 年 9 月,下里小学与山东学景教育集团合作,毅然走上了艰辛的课改之路。该校以校园文化先行,着力营造"文化

育人"的氛围,以学校的楼面、廊柱、阶梯等为载体,呈现育人意味浓郁的名言警句。学校每年组织唱"革命歌曲"、诵"经典诗文"等比赛,依托这些或隐或显的校园文化润物细无声地陶冶着师生们的道德情操,影响着他们的行为习惯。该校体育大课间"感恩的心",用优美的手语动作,将感恩之情无言地植入学生的内心深处;"兔子舞"轻快动听的旋律及热烈奔放的舞姿使学生们激情飞扬;"竹竿舞"中学生们轻盈的舞步以及和谐的节拍,让整个校园洋溢着蓬勃的朝气;"仫佬族健身舞"体现了仫佬族儿童活泼可爱、积极向上的精神,极具特色的体育大课间展现了师生的风采,在欢声笑语中传递着正能量。

下里小学是全县第一批市级立项建设的乡村少年宫项目学校,每学期学校充分利用项目资金开展丰富多彩的课外活动。内容涉及"科普类""球类""艺术类""棋类""综合类"等 20 个小项目。为了充分调动学生参与活动的积极性,每学期学校组织开展各种竞赛,活跃了校园氛围,丰富了师生的知识储备,促进了学生的个性化发展和综合素质的提高,为学生的全面发展奠定了良好的基础。下里小学秉承以"传承创新、以德立校、和谐发展"为理念,以"师生发展为本,在体验中感知快乐,在快乐中不断成长,努力将学校办成深受学生喜欢,家长满意的好学校"为办学目标,以"勤奋、务实、创新"为校训,逐步形成了"励志、明礼、自强"的校风、"敬业、奉献、严谨"的教风、"乐学、善思、坚持"的学风,取得了一定的成效,得到了社会各界以及家长的广泛赞誉。

在新课程改革的征途中,下里小学将继续以"传承创新、以德立校、和谐发展"的理念为先导,以人为本,科学管理,群策群力,播撒希望,力争把学校建设成为学生喜欢、家长满意的一所农村学校。

五、广西罗城仫佬族自治县四把镇里宁社区学校教育问题分析

(一)教师队伍流动性大

教师在教育中发挥着至关重要的作用,是学生成长的引路者。特别是小学阶段是孩子身心发育的关键期之一,心智发育不成熟,尤其需要教师的陪伴和引导。因此,学校教师的综合素质、专业能力以及教师队伍的流动性等方面都会对学生心理健康和学习效果产生一定的影响。据调查反映,下里小学部分优秀教师和青年教师都会选择更好的学校发展,一般都是向镇中心小学或者县城里的小学流动,教师队伍每年都会调整,流动率较高。虽然目前国家政策倾斜于乡村教育,乡村教师的工资和待遇相较之前

也有所提高,但仍无法留住优秀教师,并不能对乡村教师产生足够的吸引力。许多年轻的教师更多的是把在乡村小学工作当作职业生涯的过渡和跳板,而有能力的老教师更愿意去县城里或市里的小学教学,留在乡村继续教学的意愿不强烈,致使下里小学的教师队伍出现偏老龄化的趋势。教师流动性较大的原因主要有以下两点:一是由于农村地区经济发展以及基础设施建设比不上县城和大城市,生活环境较为恶劣,教师专业发展以及晋升机会较少,编制名额有限,生活压力大,因此刚毕业的大学生不愿到乡村小学任教,而本地的老教师为了谋求自身长远的发展会优先考虑到更好的学校教学;二是由于乡村小学教师数量较少,因此很多教师身兼数科,通常是一个教师既教语文,也教数学,有的还要教思想品德、音乐等,精力有限,工作压力大,容易产生倦怠、得过且过的心理,这在一定程度上影响教学效果。

(二)师生学习积极性都有待提高

教师是一个极具专业化的职业。教师的工作环境以及福利待遇、工作制度等内外部因素都能影响其教学水平和职业发展心理。由于乡村小学的教学氛围、生活条件、教学设备、晋升机会和职业发展前景等"软硬条件"和县市的小学差距明显,容易导致教师失落感严重,教学情绪较低,缺乏工作积极性和主动性,从而影响教师队伍的稳定性。此外,在调查时发现,学校对于教师工作缺乏一定的激励制度,教师教学效果和教学质量无论好与坏,都是相同的待遇和福利。教学工作表现突出的教师没有得到一定的物质和精神奖励,这容易挫伤教师工作的积极性,磨灭工作热情,易出现"吃大锅饭"现象。教学工作好与不好都能分到一碗羹,工作成就感不高,回报率低,容易导致教师滋生出厌教心理,进而变得不思进取,敷衍了事。

另外,随着经济的快速发展和社会的急遽变革,智能化时代的到来让各类电子产品走进千家万户。人手一台智能手机已成了这个时代的标配,许多乡村居民也实现了手机自由,茶前饭后玩手机已经成为一种司空见惯的现象。这些现代化的生活方式以及电子产品不仅进入了乡村,改变了村民们的生活方式,还影响了乡村小学生的日常学习和生活。在调查中发现,由于缺乏监护人的有效监管以及学习和升学压力小,下里小学的大部分学生都很迷恋电子产品,缺乏学习的兴趣和动力,甚至出现了因为贪玩手机而不愿写作业的现象。学生自身学习意愿较低,抵制外界诱惑能力较差,难以配合教师教学,导致教学质量不佳。

（三）校园文化缺乏民族特色

校园文化作为隐性教育的重要组成部分，是一个需要加以重视并充分利用的客观存在和客观条件。校园文化不仅能凸显一个学校的办学特色，并且能成为一个学校永恒的无形资产和宝贵的精神财富。学者们对于校园文化内涵的阐释众口不一，各执己见。总的来说，广义的校园文化是指学校生活方式的总和，包括物质文化、智能文化、规范文化、精神文化这四个方面的文化；狭义的校园文化是指开展健康的文艺活动和对学生进行文化艺术教育①。近年来，随着乡村教育受到国家和教育工作者的重视，乡村学校校园文化建设也取得了一些可喜的进展。但是大部分乡村学校将校园文化建设单纯地理解为在校园内布置宣传栏、建文化长廊，印上各种响应国家政策的宣传标语、口号和名人名言等，这些过于表面化和形式化的校园文化建设难以深入人心，更难以潜移默化地影响孩子的心灵。在仫佬族地区的学校教育中，学校的课程设置、教学内容、考试方式基本没有体现民族文化的内涵和特色。② 在调查中发现，下里小学整体的校园环境优雅整洁，背靠青山，绿树成荫。校园建筑以中国风为主，配备有篮球场和乒乓球场。校内随处可见宣传栏和宣传文化墙，宣传栏主要介绍学校的基本概况，文化墙主要展示校训、新课改标语、讲文明宣传口号、国家教育方针、革命历史等内容。由此可见，下里小学虽然意识到通过宣传栏和文化墙建设校园文化，展示的内容也较为多样，现代化元素丰富，紧跟时代发展趋势，但在一定程度上对校园文化建设的理解存在误区，将文化简单表现为"文字化"，对其内涵缺少深刻而理性的思考，未能立足于学校所处地区的特殊性和贴合实际，未考虑汲取民族元素和宣传民族优秀传统文化，不能较好地凸显和打造学校的办学特色。

（四）学生家庭教育的欠缺

家庭教育是指父母通过言传身教和生活实践对孩子进行教育的一种活动。家庭教育作为教育的重要组成部分，是教育之源，而家长是孩子的启蒙老师，在孩子的成长过程中扮演着重要和关键的角色。家庭是社会的细胞之一，作为社会构成的基本要素，是孩子启迪智慧、开拓知识视野、塑造道德品行的重要阵地，在孩子的人生旅途中极为关键。因此，家庭教育在培养人才的启蒙教育和发展人多方面能力的终身教育中，都具有无可取代的独特作用，贯穿于人的一生。近年来，农村经济增长速率在加快，农村教育

①史洁,冀伦文,朱先奇.校园文化的内涵及其结构[J].中国高教研究,2005(05):84-85.

②罗之勇,谢艳娟.基于"多元文化教育三态说"的仫佬族民族文化传承系统的构建[J].湖南师范大学教育科学学报,2013,12(03):23-27.

也越来越受到国家和教育工作者的重视,然而农村学生家长的受教育水平偏低与此形成了矛盾和鲜明对比。据调查,下里小学的家长的受教育水平大多数都是小学或初中程度,学历高的人都趋于向外流动,定居在生活条件相对较好的县市。由于受教育水平较低,缺乏相关的教育知识和能力,农村地区大部分家长对于孩子的家庭教育不够重视,对于孩子的教育问题缺乏正确的监督和有效的引导,从而导致以下问题:一是对孩子的学习辅导极为有限。由于家长自身的文化水平不高,不能及时有效地辅导孩子,为其答疑解惑,同时由于家庭收入不高,也很少有家长将孩子送到辅导班学习或者请家庭教师进行辅导。二是家庭教育意识淡薄。由于农村小学生家长自身文化素质不高,加之思想意识和观念易受其所处时代的生活环境和经济条件等内外部因素影响,大部分家长的思想观念保守落后,与时代发展趋势和现代教育理念相冲突。许多农村小学生家长的金钱意识重于教育意识,固执于"读书无用论",对孩子的学习要求不高,将孩子的教育责任全部托付于学校,成为孩子教育和成长的旁观者。三是隔代教育问题严重。现今大部分农村小学生家长都在外务工,村里留守儿童占较大部分,这些留守儿童都是由老人负责照顾。这类断层式的隔代教育使孩子缺失了应有的家庭教育和父母关怀,老人也无法对孩子进行合理有效的教育,易形成祖辈式溺爱监护,导致这些孩子较容易产生情绪方面的问题,严重的会变得桀骜不驯,产生抵触心理,不服从家里和学校的管教,有的甚至会误入歧途。

(五)学校教育经费不足

在全国经济稳步发展的基础上,农村经济发展也取得了一定的成效。虽然各级政府对农村教育的投入有所增加,但仍远不能满足农村学校实际办学的需要。农村教育经费的投入和县、乡镇政府的财政收入密不可分,由于县、乡财政不充盈,难以有更多的资金投向义务教育。此外,在城镇化加速发展的时代背景下,少数民族传统文化中蕴含的一些家庭教育理念、行为准则与现实生活和发展需求产生碰撞。[①] 据调查,下里小学每年都会得到3万元左右的教育经费,基本能维持学校日常开销和办学活动,但是对于额外的教学活动、课外活动、科研活动等就难以开展和进行。虽然国家政策逐渐向农村教育倾斜,但是农村学校的教育投入与城区学校的教育投入仍然存在较大的差距,这导致城乡之间的教育资源和教学质量也存在较大差距。首先,农村学校教育经费的不足首先反映在学校活动中。以下里小学为例,该校的乡村少年宫项目由于场地不足、教师

---

①高书国.中国家庭教育研究的理论缺失与自信重构[J].教育发展研究,2020,40(02):9-17.

无补助等问题难以进行。教育经费的不足致使农村小学难以开展和维持各式各样的活动,不利于丰富学生的学习形式和课后生活。其次,教育经费的不足体现在教师待遇方面。虽然国家对于乡村教师的薪资有一定的补助,但是县市的普通编制教师薪资远远高于乡村普通编制教师的薪资,薪资待遇的显著差异主要体现在年终奖、公积金、过节福利待遇等方面。最后,教育经费的不足还反映在办学条件上。由于农村的经济水平落后于县市的经济发展水平,基础设施建设相对落后,因而大部分农村小学存在着基础教学设施不齐全、学生宿舍居住人数过多、设备老旧等问题。虽然部分农村小学能将一定数量的电脑和多媒体设备用于教学工作,但由于信息素养水平较低,这些教学设施难以发挥其应有的作用,这对于日益兴起的信息化教学的实施产生了一定的消极影响。

六、广西罗城仫佬族自治县里宁社区学校教育的发展策略

(一)优化资源配置以提高教师工作积极性

由于城乡二元化的显著差异,教师队伍流动性大是农村学校长期以来难以解决的问题,这阻碍了教育资源的均衡分配,对提高农村学校整体教育水平产生了不良的影响。为减少教师队伍中大量人才的流失,首先,要提高教师福利待遇,将优秀人才"引进来"。在招聘乡村教师时优先考虑本地原籍教师,并通过提高乡村教师薪资待遇和福利等措施,吸引定向免费师范生和高学历人才在生源地农村任教,尤其是较为紧缺的音乐、美术等专业教师,更应适当增加编制名额,引入专业教师,力争新教师引得进、留得下。其次,要拓宽乡村教师的补充渠道。教育有关部门和乡镇政府可从农村当地中选择合适人选,通过全额补助或半补助半自费的形式定村定校培养乡村教师,为乡村学校提供充足的本土教师资源。再次,优化教师资源配置,合理分配教师,促进教育水平的均衡发展。大部分乡村小学的教师都教授两到三个科目,这不仅不利于教师自身的专业发展,还增加了教师的工作压力和教学负担。乡村小学应在教师充足的前提下根据课程需要来配置教师数量,让每个专业的教师减少任教科目或者只负责其专业课程,使每位教师"术业有专攻",提高教师的教研能力和专业发展水平。最后,增加乡村教师的培训机会,加大培训力度,提高其教育教学水平。大部分乡村小学教师缺少校内校外的在职培训的机会和经历,即使教育相关部门在假期开展了相关培训,但每一所乡村小学获得培训的教师名额也不多,因此乡村小学教师面临着校内培训次数少、校外培训名额有限的困境。教育有关职能部门应该根据乡村学校的实际以及乡村教师的教学需

求,制定适合他们的培训计划。与此同时,学校自身也应不定期开展形式多样的培训,通过邀请本校教学经验丰富的教师,或者请外校外地的名师专家予以线上或线下的教学工作指导。

（二）建立激励机制以提高教学质量

激励机制一般运用于高等院校教学管理工作中,这里的激励机制是指在学校中为激发教师工作积极性和提高学生学习主动性,采取合作和竞争为主要方式的激励手段。教师激励机制是指为调动和提高教师的工作积极性,通过不同的刺激手段和方法,激发教师的能力,形成持久的动力,并反作用于其行为,产生强大推动力的工作系统。[①] 农村学校管理者可将教师激励机制借鉴至中小学,把激励的相关办法、举措写入学校工作制度,并合理运用,加强教师间的竞争和合作,适当给予精神和物质的奖励,补贴教师的生活开支,同时多给予农村教师评奖评优、职位晋升的机会,这能有效激发教师教学动力,提高工作绩效,有利于建设优质教师队伍,促进学校的可持续发展。此外,除了建立教师激励机制,还应注重学生与学生、班级与班级之间的竞争与合作,如每周评选"文明班级"以及每个班级评选出"最美笔记""最美作业"等。在日常学习中融入适当的激励机制,因为竞争,学生更加严于律己、乐于求知,积极探究,主动学习。通过行之有效的激励机制,调动广大师生学习和工作的热情,提高教师自身对职业的认同感和使命感,推动教师队伍建设,提高教师队伍综合素质,使学校的管理工作更为完善,实现新突破,让学校的整体和全面发展在新时代的浪潮中砥砺前行、永葆活力。

（三）加强校园文化建设以打造特色品牌

校园文化作为学校的一面镜子,真实地反映了学校的教学特点和学校特色。好的校园文化能在潜移默化中使学生得到熏陶,润物细无声地滋润学生心灵。因此,加强校园文化建设,对学校的长远发展和学生的良好成长至关重要。校园文化是学校的缩影和窗口,营造良好、积极向上的校园文化氛围是极为复杂和艰巨的任务。首先,校园文化建设要基于地方特点和民族特色,打造属于自身的学校特色品牌。罗城作为全国唯一的仫佬族自治县,创造了丰富多彩的仫佬族文化,这些珍贵的传统文化是仫佬族人代代相传的民族瑰宝和精神财富,更是仫佬族人存在和繁衍的根基和源泉。仫佬族乡村小学领导者应加强自身传承和保护民族文化的意识,充分利用民族传统文化,在加强校

---

①王毓慕.学校教师激励机制理性剖析[J].教育导刊,2006(08):59-61.

园文化建设中优先融入民族文化元素。少数民族地区乡村学校只有合理运用和着力开发民族文化资源,遵循民族心理发展和生态环境规律,找寻自己的特性和风格,才有可能获得自己的根和源,从而找到源源不竭的动力,为学校的可持续发展保驾护航。其次,重视物质文化和校园活动建设,探索更丰富的育人主题,为学生打造求知乐学的园地。物质文化作为校园文化的重要组成部分,是应引起重视并有效建设和运用的着力点之一,着重突显校园物理环境的教育功能,发挥隐性教育潜移默化的影响和作用。比如,在校园内建造朗读亭、民族文化展览室或摆放名人雕像,为校园的物质建设增添亮丽的风景线,在熟悉的场地不断挖掘和发现新的教育资源,赋予校园源源不断的生命力和活力,让校园的每一角都凸显着学校特色,展现出校园文化的独特魅力。

(四)密切联系家长以拓展家校合作新路径

教育包括家庭教育、学校教育、社会教育这三种形式。家庭是孩子成长最先接触的环境,家庭教育奠定了孩子成长的底色,对其未来发展有着深远的影响。充分发挥家庭教育的作用,搭建起学校教育和家庭教育的桥梁,更有利于让学生和家长更好地配合学校的教学工作。首先,学校可通过建立"家庭学校"的形式,为学生的家长或监护人提供定期系统的指导和培训,将先进的育人理念和教育教学知识输送给家长,转变他们的家庭教育理念,打消他们的偏见,纠正他们的不正确的认知观和价值观。其次,发挥家长会功能,改进家长会形式。家长会是学校与家长深入沟通交流的主要方式和手段。传统的家长会多为教师在讲台上汇报班级整体学习情况、学生综合表现,总结经验并提出问题等,家长与老师之间的互动交流较少,这样的家长会往往流于形式,收效甚微,有的家长甚至厌烦或惧怕参加家长会,使得开家长会的初衷和结果本末倒置。因此,农村小学应当重视和把握每一次开家长会的机会,对不同类型、不同学情以及不同需求的学生进行分组,分批召开家长会,及时有效的与家长进行沟通,并鼓励家长发表意见和看法,让教师与家长多一些深入面对面的交流互动。对所有的学生一视同仁,因材施教,针对不同的学生个体,提出合理的学习和教育建议,使家长准确掌握孩子的学习情况和近期表现。最后,学校可以与社区进行合作,联合进行教育宣传和培训,让学生家长端正认识,提高自身修养,积极学习新知识,注重对孩子心理、思想层面的关心,为孩子提供一个良好的家庭教育环境。

(五)加大政策倾斜力度以提供充足的财政支持

随着我国社会的日益发展和经济的稳步增长,各级政府越来越重视教育问题,对教育的财政投入逐年递增。与此同时,为加快城乡一体化建设、缩短城乡差距、促进教育均衡发展,各级政府和教育有关部门越来越关注农村教育的发展,并不断加大对农村教育的投入,农村教育问题成为我国教育发展工作中的重要议题和焦点。党中央早在十六届六中全会中就提出各级政府要把基础设施建设和社会事业发展的重点转向农村,国家财政新增教育、卫生、文化等事业经费和固定资产投资增量主要用于农村①。尽管近年来各级政府都加大了对农村教育的财政投入,但拨出的教育经费仍然不足以支持农村教育的发展需要。因此,各级政府应完善农村义务教育财政体制,提供制度保障,给予农村教育充足的资金。与此同时,党中央和地方政府应重新界定教育权责范围,两者相互配合,发挥双方最大优势促进农村教育的可持续发展。此外,加大政策倾斜力度,针对各省市各地区的经济发展情况、产业组成情况、小学的教育现状进行评估和分类,量化考核各地的教育情况,形成一个一般公共预算教育事业费投入标准,加大农村办学的经费投入力度,重视农村的精神扶贫和教育扶贫,加强农村教育"底部攻坚",合理分配城乡教育资源,缩小城乡学校教育差异,实现农村小学教育的均衡发展和基础教育的公平。

---

①中共中央关于构建和谐社会若干重大问题的决定[EB/OL]. http://news. sohu. com/20061018/n245868615.shtml.

　　第十章　罗城骆越:广西世居仫佬族村落教育研究

尝新化育：广西世居仡佬族村落教育研究

一、广西仡佬族概况

我国是一个多民族国家,做好民族团结工作是维持国家稳定和促进国家繁荣发展的重要基石。相互包容和学习其他民族的优秀传统文化,五十六个民族像石榴籽一样紧紧抱在一起是搞好民族团结工作的关键。仡佬族是一个古老的民族,古有俗语"仡佬仡佬,开荒辟草",表明了仡佬族有着悠久的历史渊源。仡佬族最早可以追溯到先秦时期的濮人,根据已有的相关文献记载,仡佬族民族的形成大致经历了三个历史时期:濮人—僚人—仡佬族。据记载,广西壮族自治区的仡佬族是在明清时期因逃荒而从贵州迁来的,具体分布在广西隆林各族自治县的长发、常么、岩茶、者浪、县直等地。① 仡佬族是广西人口总数最少的一个民族,2012 年末,广西隆林各族自治县仡佬族的人口总数为 2 376 人。在漫长的历史长河中,以仡佬族的服饰、饮食、表象特征等作为标准将仡佬族分为十几种支系,如锅圈仡佬、花仡佬、披袍仡佬、剪头仡佬、打牙仡佬等。② 新中国成立后,国家开展民族识别工作,仡佬族经历了融合与分化。由于其支系繁多,因此国家在秉持民主原则的基础上,各支系长者的代表相互协商,经过国务院批准,后来统一称为仡佬族。仡佬族人民自逃荒而定居在广西隆林,安居乐业、繁殖后代,逐渐形成了本民族独特的民族文化。这些民族特色文化是本民族的鲜明旗帜和民族精神的

---

① 蓝克宽.广西仡佬族节日文化价值钩沉[J].广西大学学报(哲学社会科学版),1998(01):72-75.
② 张泽洪.中国西南的仡佬族及其宗教[J].贵州民族研究,2015,36(12):194-199.

载体。

从广西仫佬族的生活习俗来看,在民族服饰上,年轻人和老人的服装在颜色和款式上都存在差异,比较而言,年轻人的服饰在颜色上更鲜艳,其中年轻少女的服装多为短衣、长裤,颜色以浅蓝色为主,少女喜欢穿花鞋,而已婚妇女的服装一般穿长衣和长裤,上衣右边开襟。老人的服装一般以黑色和蓝色为主,穿长衣、长裤,很宽松。仫佬族人民喜欢戴饰品,银手镯和银戒指是最为常见的饰品,常以龙凤雕刻,十分精致。中科院首任院长郭沫若说:"衣裳是文化的表征,衣裳是思想的形象。"女作家张爱玲亦说:"我们各自生活在各自的衣服里。"①从民族饮食上看,仫佬族特色美食数不胜数,生活在大坝的仫佬族人民主要种植水稻,主食白米;生活于山区的仫佬族主要生产玉米,玉米干饭是其日常主食,节日或有贵客拜访时常将白米和玉米粉混合蒸熟,他们称之为"混合饭"。仫佬族人民生活的地区比较潮湿,因此,为了驱寒取暖,普遍喜食辣椒,其中辣椒汤是仫佬族每餐都必不可少的。此外,他们对辣的吃法多样,有辣椒骨、辣椒粥、豆辣椒、霉豆腐辣椒等,其中最为出名的是辣椒骨,素有"吃了三大碗还望着锅里"的美誉。在副食中,糯米粑是仫佬族的饮食珍品,是仫佬族人民常作为祭祖的祭品和接待宾客的重要食物。过年过节都会打粑祭祖或送亲戚,尤其是在春节和重阳节,有"重阳不打粑,婆娘不归家"的说法,由此可知,糯米粑在仫佬族人民生活中的重要性,仫佬族过年过节打糍粑的习俗仍保存至今。仫佬族在婚丧嫁娶等活动中有咂酒的习俗,咂酒要按老幼尊卑的次序依次饮用,第一道要先请老人饮,再请表姑等饮,随后客人才开始畅饮。仫佬族人民热情好客,每逢婚嫁或来贵客等喜事都设宴酬宾,于是,在仫佬族的食俗中,形成了一种招待贵宾的特殊礼仪——"三幺台"。"幺"即结束之意,顾名思义,就是一顿宴席要吃三道才圆满,每台的食物都为9盘。第一道是茶席,又名为"接风洗尘",一般是客人与主人边喝油茶品尝点心,在聊天中熟悉彼此,拉近主客之间的距离;第二道是酒席,又名为"八仙醉酒",主人主要以一些下酒熟食款待贵宾,在畅饮中增进彼此的感情,其间最有特色的是敬酒歌,待客人饮酒茶酣后便进入第三道;第三道是饭席,又名为"四方团圆",寓意家庭和谐、身体健康,吃到第三道时,主人与客人之间就如亲人一般亲密。②"三幺台"食俗不仅在次序上有规定,而且餐桌的摆放、座位次序、用餐次序上都有严格的规定,其中蕴含着中华民族的传统道德教育,宴席的进程中长者以言传身教的方式对年轻人进行德育。

从民间传统节庆来看,仫佬族在长期的历史发展中,除了过汉族节日,还形成了本

---

①邓如冰.服饰之战:绚烂下的悲凉——析《沉香屑第一炉香》[J].名作欣赏,2008(23):113-117.
②周菁.仫佬族食俗"三幺台"价值探讨[J].贵州民族研究,2015,36(05):114-117.

民族的特色节日,一般是村落性节日,比较隆重的节日如吃新节、拜树节、吃虫节、牛王节等,这些传统节日的由来都有其传说故事。吃新节即品尝新粮的节日,一般在每年的七八月份举办,即农作物丰收时,仡佬族人民采摘新粮后,庆祝大丰收,同时以新粮祭祀祖先,感恩祖先的恩德,祈祷来年有更好的收成。吃新节在长期的历史进程中逐渐演化发展成为一个体现人与自然和谐相处,对各民族团结起凝聚作用的传统节日,主要由迎新祭祖、杀牛分心、拜树祭祖等仪式环节构成,此外还有各种仡佬族游戏,如鸣锣报喜,敲到锣寓意好彩头,来年又是大丰收。拜树祭祖是仡佬族吃新节的主要环节,关于拜树也有相关记载,在《隆林各族自治县志》中记载:相传仡佬族先民从贵州逃荒来到隆林县时,仅带着祖公的牌位来到此处,因没有房子安置祖先的牌位,只好将牌位放在青冈树的树洞里。从此,青冈树成为仡佬族祖先的象征[①]。拜树节便是起源于仡佬族人民的自然崇拜,他们奉青冈树为祖公树,在每年的八月十五这一天,全村青壮年在主祭人的带领下绕着村子周边的山路走一圈,用牛肉、牛心、鸡、糯米饭和酒等祭拜,呼请山神享用,祈祷身体安康、风调雨顺、五谷丰登。在礼俗音乐方面,仡佬人对礼俗仪式极为重视,举行礼俗仪式活动的地方常常是调解矛盾的场所,作为礼俗活动重要组成部分的吹打乐,能把人们聚在一起共同聆听,交流情感,获得人与人之间的和谐,从而达到社会的和谐。[②]

从仡佬族的信仰与禁忌看,仡佬族的宗教信仰蕴含着原始宗教图腾崇拜、祖先崇拜、自然崇拜的特质,原始宗教信仰在仡佬族人中有着深厚的社会积淀。[③] 他们崇拜祖先、崇拜自然,如奉祀树神、山神、竹王等,除此之外,也在一定程度上接受了儒、道、释的信仰观念和宗教礼仪。因长期生活在深山中,常与山和树打交道,他们认为古树有灵,因此对古树顶礼膜拜。仡佬族十分崇拜祖先,每逢拜树节、吃新节、年节等都要祭拜祖先。仡佬族在生活、生产中都流传一些禁忌,直到现在仍为仡佬族人民所遵从,如吃年夜饭忌头一碗汤饭;女人不犁耙;年节不扫地不挑水;初一到初三不得去拜年;妇女不得参加祭祀,认为妇女照顾小孩拉屎尿"不干净";新婚之夜不得在公婆之前吃饭;男人在谈话时女人不得从中间穿过;堂屋祖先台不允许乱放杂物,尤其不得放辣椒,这都被视为是对祖宗的大不敬。

从广西仡佬族的语言文学来看,仡佬族有本民族的语言——仡佬语,属于汉藏语系。按地域分类可分为四种,广西隆林各族自治县主要使用黔中北方言和黔西南方言;

①秦炜棋.百色世居民族影像撷珍——隆林仡佬族尝新节[J].百色学院学报,2019,32(04):2,141.
②李杰.礼俗仪式音乐在乡村振兴中的价值及意义——以乌江流域仡佬族民间吹打乐为例[J].贵州民族研究,2020,41(05):105-110.
③张泽洪.中国西南的仡佬族及其宗教[J].贵州民族研究,2015,36(12):194-199.

按照自称来分类,仡佬语有四种方言:稿方言、哈给方言、多罗方言、阿欧方言。隆林仡佬族使用仡佬语哈给方言和多罗方言。隆林德峨乡三冲行政村的陇麻(弄麻)、鱼塘、大田、保田等自然村的仡佬族使用哈给方言,约 300 人。德峨乡么基行政村的大水井、下冲,岩茶乡者艾行政村的弯桃(湾桃)、平林,克长乡新华行政村的罗湾等自然村的仡佬族使用多罗方言,较熟练使用者不足 30 人。① 随着汉化的影响,仡佬族语言已呈现逐渐消失的趋势;目前广西隆林各族自治县三冲乡因仡佬族人民居住集中,老少都还使用仡佬语,民族语言保存得较为完整;在文字的使用上,通常使用汉字来记录,没有本民族的文字,因此仡佬族的文化多是以口耳相传的方式保留和传承下来的。仡佬族的传说故事丰富精彩,有关于天和地、关于日与月、关于人的由来、关于节日的由来等的传说故事,关于歌颂仡佬族人民勤劳、和善、勇于斗争反抗的民间故事,还有歌颂青年男女追求忠贞不渝的爱情的故事。此外,仡佬族是一个喜爱唱歌的民族,以歌抒情、以歌传情,其歌谣类型丰富,如劳动歌、哭嫁歌、情歌等。

广西仡佬族的休闲娱乐与实际生活极为贴近,大量的娱乐活动是从生活和劳作中演变而来的。仡佬族的休闲娱乐活动主要包括乐舞戏剧及趣味体育运动。仡佬族的舞蹈主要有踩堂舞、芦笙舞、牛筋舞、狮舞、高台舞、扑地舞等。每种舞蹈适用于不同的场合,如丧葬仪式中的踩堂舞、节庆中的芦笙舞、老人大病初愈庆祝的牛筋舞。仡佬族的戏剧主要有傩戏、地戏、高台戏、板凳戏等。傩文化是我国一种古老的文化现象,由于地理环境、历史环境、民族信仰不同,各个民族的傩文化具有不同的特征。② 傩戏最先是我国汉族人民用来驱鬼辟邪、祈福的一种宗教仪式,后来逐渐演化为现在具有娱乐性质的"傩戏"。演出时傩戏的道白一般是用当地的语言,一方面,可以使听众易于理解和倍感亲切,另一方面,有利于掌坛法师的表达和发挥。仡佬族人民以劳作为生,趣味体育源于生活、源于农间劳作,劳作过程中一些环节逐渐演化为现在的体育项目,如推屎爬、打篾鸡蛋、抵力。推屎爬是仡佬族人民对屎壳郎的称呼,这项体育项目与人们的生产、生活息息相关。从最开始的为保护自己的劳动果实演变到抵抗外来侵略,再到今天民族风俗习惯和娱乐的需要,推屎爬变成了一项体育竞技赛。推屎爬以两人为搭档,其中一名小伙伴双脚勾住对方的腰,双手抓住对方的脚踝,另一名小伙伴依靠双手的力量前进或后退,把竹球踢到对方的篓子中。此外,打篾鸡蛋也是一项深受仡佬族人民喜爱的体育项目,这是一项群体性的体育项目,现已被列入少数民族传统体育竞赛项目,成为一些民族学校体育课的教学内容。

①李锦芳,阳柳艳.多语言接触下的隆林仡佬语变异研究[J].民族语文,2014(05):35-43.
②周琼.神圣与世俗:仡佬族"冲傩"仪式音乐聚焦[J].贵州民族研究,2015,36(05):126-129.

二、广西仡佬族教育概况

教育是社会稳定和发展的重要基石。仡佬族是广西 12 个世居少数民族中人口最少的一个。在广西境内,仡佬族主要分布在广西隆林各族自治县,由于这里交通闭塞、环境艰苦、经济发展相对落后,教育的发展水平较其他民族也相对滞后,但总体来看,仍然呈现向前发展的态势。仡佬族只有本民族的语言而没有文字,因此,人们主要依靠口耳相传或使用汉字记录的方式来传承本民族文化。仡佬族教育的形态主要有家庭教育、学校教育和社会教育,这三种教育形态都对仡佬族的教育发展产生巨大的影响。

(一)仡佬族的家庭教育

家庭是孩子的第一所"学校",也是终身的"学校"。家庭教育是学校教育和社会教育的基础。古语有云:"染于苍则苍,染于黄则黄。"可见,家庭教育影响孩子的一生。仡佬族人民在日常的生活中潜移默化地影响着儿童的伦理道德、世界观、人生观等的形成。作为一个古老的民族,仡佬族民族文化深厚,蕴含着很多教育资源。例如,仡佬族的"三幺台"食俗;民族歌谣《训子歌》、哭嫁歌,以及丧礼仪式等都在无形中对儿童产生教育作用,影响着儿童为人处世的待人之道。"三幺台"是仡佬族招待贵宾的一种特殊的礼仪,在仪式开始之前,主人在供奉着祖先牌位的堂屋热情迎接宾客的到来,饱含着仡佬族人民的尊客之情;客人落座后,主人向客人亲切问候并准备茶水接待客人,陪伴客人,传递着仡佬族人民热情好客的待客之道。"三幺台"严格的座次和饮食的先后顺序,以及必须先等长辈动筷晚辈才能动筷,这些都体现了"百善孝为先"的传统美德。仡佬族的家庭教育正是在传统的习俗中进行的,充分体现了言传身教的教育方式。关于社会伦理道德教育,《训子歌》中"教训子女要严论,弯木从小育得抻。莫说年轻骨头嫩,由他使性任他横。世上恶媳忤逆子,都是年轻娇养成"……"养子不教父之过,养女不教在娘身"。这些话道出了仡佬族家庭教育的内容,重点指出了做父母的应该怎样教育好自己的子女,明确指出育人重在幼儿时期的教育。[①] 婚嫁等活动场所也是家庭教育的重要场所,婚嫁时的哭嫁歌,母亲通过哭唱的方式教育女儿要孝敬长辈、侍奉丈夫等。丧葬仪式也是家庭子女学习和传承优秀传统文化的重要场所。仡佬族通过丧葬仪式介绍家族历史和宣传已故长者的事迹,让子孙后代向其学习。比如,仡佬族人在丧葬

①杨梅.仡佬族民歌中蕴含的教育智慧[J].贵州民族研究,2013,34(02):63-65.

活动中通过说唱的形式——叙说先人的言行,细数死者生前的成就,述说其善良、勤劳等优秀品质,以此表达对先人的感激和思念,同时,从先人的事迹中教育后代作为社会成员所应该遵守的社会伦理道德和所应该形成的优良品质。

(二)仡佬族的学校教育

学校教育是指在学校中实施的教育。广西仡佬族学校教育的发展由于受经济发展水平的限制,学校教育的发展缓慢。新中国成立后,仡佬族学校教育受到政府的重视,用公办、民办、民办公助等方式兴办学校,并且贯彻国家的教育方针,实行各民族社会成员平等接受教育的政策。为进一步促进仡佬族学校教育的发展,国家颁布相关政策和措施照顾仡佬族子女入学,优惠政策向仡佬族子女倾斜,使得少数民族子女的入学率不断攀升。经过长期努力,仡佬族已经实现"普九"教育,完成义务教育均衡发展督导检查,保障了仡佬族子女受教育的基本权利。同时为了便于仡佬族子女学习和传承民族文化,政府适当在民族地区兴办民族小学和民族中学,以招收仡佬族学生为主。在教育内容上,除了学习主流民族的知识和科学文化知识,学校将民族优秀传统文化引入学校。仡佬族的体育活动源于生活,十分丰富,具有传承民族文化、休闲娱乐、增进民族文化认同的功能,如打篾鸡蛋作为仡佬族的一项省(区)级非物质文化遗产,现在已经被引入一些学校的体育教学活动中。将这种群体性的民族体育活动引入校园活动,不仅有利于本民族传统文化的传承,而且也促进其他民族对仡佬族传统体育文化的了解,实现文化认同,使各民族社会成员像"石榴籽"一样紧紧抱在一起。另外,民族传统手工艺品、民族特色舞蹈、民族歌谣等逐渐进入学校课堂,对学生进行美育。尤其是在党的十九大提出的乡村振兴战略背景下,民族地区乡村学校基础教育的发展与乡村振兴息息相关,而要提高民族地区乡村学校的教学质量,关键是要办好民族聚居区村落教育,加强乡村教师队伍建设,提升民族地区乡村学校教师职业的吸引力,使优秀教师"下得去""留得住""教得好",建设一批高质量的乡村教师队伍,提高学校教育质量。

(三)仡佬族的社会教育

在漫长的历史演变进程中,仡佬族越来越注重民众的社会教育。由于仡佬族没有本民族的文字,因此仡佬族人民主要依靠言传身教的方式进行社会教育,利用神话、传说、道德故事、哲理寓言,谚语、歇后语、谜语、民歌等进行。[①] 其中民歌是仡佬族社会教

---

①教育大辞典编纂委员会. 教育大辞典 第4卷[M].上海:上海教育出版社,1992:41.

育的主要形式之一,仡佬族人民发挥其聪明才智,将伦理道德教育、生产技能、生活经验,以及本民族为人处世的世界观、人生观融入民族歌曲中。仡佬族人民崇拜自然,奉青冈树为祖公树。仡佬族以自然崇拜、祭祀祖先的方式教育子女对青冈树的仰慕之情,不得砍伐青冈树。由此,通过社会教育,他们这种人与自然和谐共生的思想根深蒂固,自然生态保护得极好。在仡佬族的社会节庆活动中,吃新节是以"尝新""祭祖""拜树"等节庆环节教育仡佬族子女爱惜粮食,歌颂祖先的勤劳,感恩祖先。这既是仡佬族庆祝五谷丰登的节日,也是对仡佬族子女进行感恩教育的重要载体。

广西仡佬族人民在家庭教育、学校教育和社会教育中都十分强调人与自然和谐的共生教育。"共生教育"要解决两个问题,一个问题是人类自身的生长同其外部世界的良性发展形成一个共生互补的系统,另一个问题是在与其他民族、其他文化相处以及对待自己的文化和现代化发展这些问题中形成的文化"共生"。[1] 广西仡佬族的人与自然和谐共生教育体现在仡佬族人民崇拜自然,教育仡佬族儿女要保护外在的自然生态环境,最典型的体现是"敬畏自然,天人合一"的精神。仡佬族人民认为万物有灵,因此他们崇拜山神、树神等,将青冈树奉为祖公树,十分注重保护生活在周边的青冈树,自然生态环境与人和谐共生。仡佬族人民生活在山区,自然资源极其丰富,而人文资源在发展过程中也形成了千年文化传统。在漫长的历史过程中,仡佬族人与自然和谐共生教育体现了其民族特点:其一,在教育过程中既关注自然生命,同时也关注人的精神生命。自然崇拜所引起的自然生态环境的保护从表面上看是对自然环境的保护,其实质也寄托着仡佬族人民的情感和精神。其二,在教育的内容上,将生命教育与文化生态教育融入仡佬族学校教育内容,关注人的生长和生活,强调对仡佬族儿女的社会伦理道德教育。

三、广西隆林各族自治县德峨镇常么村历史发展概况

常么村位于广西壮族自治区百色市隆林各族自治县德峨镇,在1984年该村从德峨镇划分出来作为独立的一个乡,到2004年撤销乡级变成归属于德峨镇的一个村子。常么村位于隆林各族自治县的西南部,距离县城大约22千米。这里石山林立,从四面包围常么村,村中一条油柏路连接德峨镇和隆林县,位置比较偏僻,没有工业,抬头一望,

---

[1] 张诗亚.共生教育论:西部农村贫困地区教育发展的新思路[J].当代教育与文化,2009,21(01):55-57.

石山上绿树成荫,在树与山中夹杂着一所所现代风格的建筑和长势茂盛的玉米作物,共同构成了一幅美丽的乡土画面,这都要归于政府植树造林的号召和积极开展清洁乡村的活动。三十多年前,这里主要使用柴火做饭,民众乱砍滥伐,致使周围石山出现了荒芜的困境,当时的政府领导部门带领村民制定植树造林、护林的村规民约,并坚决监督执行,在村民的共同努力下,村子周围的石山上植被覆盖率很高,植物资源保护得很好,因此,村子里的空气十分清新,又因常么村地处云贵高原,海拔较高,7 月份的天气清爽宜人,十分适宜生活。由于石山的特点,常么村耕地面积较少,村民主要种植玉米,人民充分利用石头缝之间的狭小间隙种植作物,此外,还种植少量的稻谷。通过与当地仡佬族村民谈话得知,现在仡佬族人民的生活水平已进一步提升,当地的村民主要食用大米,种植玉米主要是用来饲养家禽和牲畜。这里的石山草木茂盛,自然生态极好,乡风淳朴。据仡佬族妇女描述,当地村民们热情好客,"到家里来耍呀!"是村民遇到亲朋好友最普通的邀请之词。目前,常么村全村共有 24 个屯,居住着苗族、彝族、仡佬族、汉族、壮族等民族的同胞,其中苗族人口最多,当地的壮族、彝族、仡佬族等少数民族的民族风俗逐渐呈现汉化的特点,苗族风俗因其人口众多还保存得较为完整。常么村的仡佬族人民主要居住在更巴、常么、那用、海子、新寨等寨子,人口相对较为松散。据说是由于当初仡佬族"大房"抱着祖公牌逃亡到隆林县的深山里,用树叶给族人做路标,然而树叶却很快被牲畜吃光了,族人失去了方向,四处寻找无果便择居而定,因此仡佬族居所不集中。这里雨季降雨量较多,气候潮湿,村中传统的建筑风格多为干栏式建筑,但现在随着生活的不断改善,房子多用砖头水泥建造而成,和传统的干栏式建筑相融合,房子分为上下两层,过去居民建筑的下层一般用于饲养家禽、牲畜等,但现在为了改善家庭居住环境,下层一般用于放置柴火等一般杂物,而家禽和牲畜等则另外选择一处饲养,上层主要用于住人。

据《隆林各族自治县概况》记载:"当地的仡佬族约在清初从贵州迁来,至今已有十多代了。"有陆姓、郭姓、韦姓等几大家族。常么村是一个典型的多民族杂居的村子,但是大山里的五朵金花都能和睦相处,走在乡间小路上,随处可见穿着民族服饰的少数民族同胞。在村庄里穿民族服饰的多为苗族同胞,仡佬族服饰几乎看不见。经与当地仡佬族妇女谈话了解到,民族服饰由于采用手工制作,成本较高,一套服饰上千元,一般只在民族传统节日,如吃新节、拜树节等重大节庆活动中才穿,且并不是每人一套,要视家庭经济情况而定。仡佬族散居在这样一个苗寨里,受苗族的影响很大,最典型的是在语言的使用上,村子中的村民很多已经不会讲仡佬族语,但能熟练使用苗语,同时,随着出行交通不断改善,村子与外界的交流日益频繁,村民在一定程度上受到外界文化的影响。在与一位五十岁左右的仡佬族妇女和一位五十岁左右的仡佬族男子的访谈过程中发现，他们除了熟练使用苗语交谈，还掌握基本的普通话，而年纪较老的仡佬族村民只会使用当地的方言，仡佬族小孩已经不会说本民族语言了，因此，苗语和普通话成为当地人日常交流常用的语言。

在饮食方面，村民生活有所改善，主食大米，但是还有不少老年人仍然喜欢吃玉米干活（混合饭），村民多喝凉水，基本不喝开水或茶水，走到山上务农渴了即就近饮用山泉水，自然生态极好。仡佬族传统的饮食食俗——三幺台，在当下社会快节奏发展的今天已经逐渐淡化了，据一位仡佬族妇女描述，现在客人到来，一般是男人喝酒，女人吃饭，茶水较少喝。

常么村仡佬族人口较少，因此，仡佬族最为隆重的民族传统节日——吃新节和拜树节，主要是在德峨镇么基村举办，散居在其他村屯的仡佬族村民则在节庆当天汇集于么基村。几十年过去了，常么村处在大石山区，在今天看来，山还是很大，过去群众出行和饮水都很困难，群众出行的道路不便，但在国家的重点扶持下，已经大有改善，屯屯通了公路是最大的变化；站在高高的山上一眼望去，可以看到一条弯弯曲曲的水泥路，宛如一条龙蜗居在山间。在过去，群众用水多半是靠肩挑手提的方式，走几公里的山路去水源地取水，用水很困难。但随着乡村发展，走在常么村蜿蜒的水泥小路上，随处可见架设起的输水管；据访谈了解到，这些水管是将山上的泉水直接引下来，可直接使用，但在干旱的月份仍然会面临水资源紧缺的局面，因此政府新建了蓄水池，作为枯水期备用水源，蓄水池位于常么村更巴屯的后山腰上，帮助仡佬族人民解决了世世代代饮水难的问题。

常么村乡村小学——常么小学，是常么村适龄儿童就读的公立小学。仡佬族世代居住在大山中，周边的孩子主要是在这一个小学就读。通过与周边的村民谈话发现，该地由于环境艰苦、耕地少，大部分的青壮年均外出务工，家中仅有老人在家帮忙照顾孩子，可见当地留守儿童的比例之高。在常么村常么屯的一户仡佬族人民家中就是这种现象，家中仅有爷爷奶奶在家照顾一个五年级的孙子和一个两岁的孙子。留守在常么村成为一种普遍的现象。

大山中的耕地面积少，经调查发现家庭平均耕地约两三亩，但由于青壮年多数外出务工，现有土地已足够老人劳作，当地土地贫瘠，作物收成并不好。在计划生育的影响下，无论是汉族还是少数民族，独生或者两胎的家庭比较普遍。

社会的进步使得村民的生活水平不断得到提高，但村中少数民族文化正面临着困境，呈现汉化和消失的趋势，在社会大潮流中传承和发扬少数民族优秀传统文化已显得迫不及待。

四、广西隆林各族自治县德峨镇常么小学教育概况

常么小学位于常么村,是广西隆林各族自治县德峨镇的一所乡村学校。学校以"苗山乐园、乐长知识、乐育品行"为办学理念,以"表里如一"为校训,以"实在"为校风,以"乐教、善教、勤教"为教风,以"乐学、善学、勤学"为学风。学校共有 6 个年级,约 24 个班级,班额比较大,一般为 50—60 人,其中苗族学生占绝大多数,在每个班级中有仡佬族学生 1—2 人,因此,全校仡佬族学生大约 25 人。在校教师约有 70 人,男教师有 30人,女教师有 40 人,其中仅有 1 人为仡佬族教师。

常么小学校门建筑独具民族特色,采用苗族吊脚楼的建筑风格,将砖瓦和木材结合而建,校门左侧设置了苗族乐器——月琴的模型,校门右侧挂着两块牌匾,分别是"中华民族非物质文化遗产传承之校""德峨苗族跳坡节传承基地"。学校依山而建,只有校门周边有围墙,教学楼后面是石头山,山上种植着一片玉米作物,犹如校园被包围在大山中。向校园望去,教学楼的外部设计极为显眼,采用苗族元素进行装饰。此外,在校门口正对着的宣传栏上,少数民族的人物代表画像共同雕刻在学校宣传栏上,民族文化气息在校园中显得非常浓厚。刚进校门,眼球迅速被校道两侧的五根以黄色为主体颜色的石柱吸引,五根石柱分别展现苗族、彝族、仡佬族、壮族、汉族的民族特色,将每个民族的民族服饰、民族乐器、民族重要节日特色等逐一刻画出来。仡佬族石柱为第三根,走访调查发现贵校苗族人口最多,其次是彝族,再次是仡佬族,因此,石柱的顺序是由此而来的。石柱上,仡佬族吃新节和八音合奏等民族特色活动被雕刻得十分清晰,人物画像栩栩如生,表情刻画到位。校道右侧宣传栏展示五个民族的民族文化、活动剪影和民族简介等,其中第二个宣传栏上介绍广西仡佬族大约是在清初时期从贵州怀仁、六枝等地迁徙而来,至今已有十多代,有自己的方言、行为规范,语言分为哈仡、多罗、布流方言,文字是古老的象形文字,比如在宣传栏上的"林"字就是由两棵树构成的。仡佬族最为隆重的节日——吃新节,该节日于每年七八月份举办,有采新、庆丰收、祭祖、拜树、尝新等环节。此外,往校园里走去,教学楼上"让民族文化气息洋溢在学校的每个角落"的宣传标语十分醒目,学生食堂墙体采用涂鸦进行装饰,具体内容为少数民族人物代表在地里劳作的画面,辅以唐诗《悯农》"锄禾日当午,汗滴禾下土。谁知盘中餐,粒粒皆辛苦"。概括地描绘了苗、仡佬、彝、壮、汉各民族农民在田间地里劳作的画面,表现

第十一章 尝新化育:广西世居仡佬族村落
教育研究

了各民族辛勤劳作的生活，同时提醒学生要珍惜劳动成果，避免浪费。往田径场的方向望去，学校的操场场地空旷，有乒乓球台、排球场、篮球场等运动设施，苗族爬坡节所需的道具爬坡杆高高屹立在操场中央，操场周边的围墙上展示着少数民族乐器。此外，教学楼的楼道里、教室的黑板报，甚至是学生宿舍的墙壁装饰，无不以少数民族文化和民族团结为主题，整个校园的民族文化氛围十分浓厚。传承民族文化，促进民族团结是常么小学办学的起点，也是学校教育的落脚点。

从学校教学来看，常么小学是一所寄宿制学校，基于该地区地广人稀，山路崎岖，来回交通不便，家校之间的距离较远以及学生家长多数外出务工无法每天按时接送孩子上下学的情况，学校统一规定学生从一年级起在学校住宿，每周星期天晚上到校，晚上开展晚自习活动，孩子在星期五下午放学后由家长接回家；现在疫情期间，学校统一调整为每周星期一早上到校。从侧面上看该措施解决了留守儿童在家自学遇到困难无法解决的难题，对孩子的学习成绩提供了一定的保障。通用语言文字教育对常么村教育产生很大的影响，常么村的教育事业由小逐渐发展壮大，适龄儿童已基本进入学校学习。在语言的使用上，通过访谈了解到该校师生在校主要使用普通话进行交流，偶有学生在课间玩耍时使用当地方言进行交流，各民族学生之间交流频繁、关系十分融洽，你中有我，我中有你，相互认可、和睦相处。在课堂中，低年级学段的学生常需要借助少数民族语言辅助教学。总的来说，教师一般采用普通话进行教学，在使用普通话讲授知识的过程中，当有低年级学生难以理解时，教师则用当地方言进行解释，在学生可以完全理解普通话后，教师完全使用普通话进行教学。

走进学生的班级，通过班务公开栏可以了解到，常么小学的课程设置十分丰富，有语文、数学、英语、品德、美术、法治、实践、音乐、体育、写字、健康、生命教育、科技文体、班团队活动、校本特色等课程，其中校本特色课程主要为苗族校本课程，如山歌传唱、月琴弹奏、芦笙舞，值得一提的是，学校重点培养了18名山歌传承人和25名月琴传承人。常么小学为打造民族特色学校，积极引进民族优秀传统文化，为此，学校把全国中小学生广播体操改编为独具民族特色的民族舞蹈——芦笙舞，极力抓好民族学校学生的精神文明建设，使学生在强身健体中把各民族的文化气息融入灵魂深处，促进各少数民族学生的文化认同。经对该校教师进行访谈了解到，学校的校本课程主要是针对苗族的，到目前为止，学校尚未开发有关于仡佬族的校本课程，学校教师表达了希望相关教育部门能给予一定的经费支持和引进专业人才的愿望，希望共同开发仡佬族等其他民族的校本课程，更好传承少数民族传统文化，让民族文化洋溢在校园的每一个角落。此外，在学校教室外的宣传展板上，我们可以看到关于新型冠状病毒肺炎、防溺水安全教育等有关生命教育知识的宣传。

2016 年以来,常么小学将学校教育、家庭教育与社会教育结合起来,以保障学校教育的有序开展。鉴于家长外出务工是普遍现象,教师努力确保与家长的实时沟通,及时反馈孩子在校的情况,常么小学通过"互联网"搭建起了畅通无阻的"家校联系的桥梁"。此外,学校重视教师专业素养的提升,每周一必定开展一次政治业务学习,重点抓好教师的师德建设,不断提高教师的思想认识水平,让每位老师都明确认识到"服务好学生,教育好学生"的职责所在,从心底热爱每一位学生。在学校教学上,为使学生得到优质的教育资源,常么小学自 2016 年以来积极开展"走教"活动,与兄弟学校相互帮扶,共同提高民族地区乡村学校教育教学水平,响应国家积极做好义务教育均衡发展的号召。

从学校硬件设备来看,国家对乡村教育的扶持力度不断加大。近年来,常么小学的教学设施不断完善,学校共有教学楼两栋,宿舍楼两栋,教工楼一栋以及食堂一栋,教室环境宽敞明亮,桌椅为单人单桌,每个班级均配备有多媒体教学设备,教师使用多媒体进行教学,且均配备白板。除了宽敞的教室,学校还有图书室、阅览室、科学实验室、计算机室、体育器材室两间、心理咨询室、美术室、音乐室、少先队活动室等,各种硬件设施齐全。学校阅览室由周一到周五全天开放,满足学生的基本需求;电脑室共配备 49 台电脑设备,基本能满足一个班级学生人手一台的需求;体育器材有篮球、乒乓球、羽毛球、足球、呼啦圈等,器材比较齐全。最值得一提的是,学校的音乐室存放着少数民族常见的乐器,且数量较多。在住宿方面,学生宿舍多以十人为一间,较为空旷的少数宿舍以二十人左右为一间,基本能容纳下一个班级的所有男生或女生,宿舍装有转头风扇,每人一个储物小柜子。此外,在学校的角落里还建有师生休闲亭,供师生闲聊休息使用。总体而言,常么小学的硬件设施较为齐全,为学校教育有序开展提供了基础保障。

从师资上来看,在课程表中可以看到同一名教师身兼数门学科的教学任务,缺少少数民族教师,学校教师队伍无论是在结构上还是在数量上都还有待进一步完善。在强调五个少数民族和谐共生和团结的基础上,仡佬族教师应进一步补充,仡佬族文化的传承和发扬绝不可因该民族学生人数较少而被忽视。同时,在学校特色课程方面,主要是开发苗族校本课程,对仡佬族文化的传承主要依靠校园文化建设,缺乏仡佬族校本课程,仡佬族的传统体育项目打篾鸡蛋进校园是一个很好的选择,值得将其纳入校本课程。

五、广西隆林各族自治县德峨镇常么小学教育问题分析

隆林各族自治县被誉为"活的少数民族博物馆",居住着壮族、汉族、苗族、彝族、仡佬族共五个民族,是典型的多民族杂居地。各民族文化绚丽多彩,常么村是仡佬族相对集中的仡佬族聚居地,这里地处石山中,交通十分不便,与外界的交流不便,人们的思想较为保守,对教育的重视程度还不够,但随着社会的发展,仡佬族逐渐受到外界的影响,人们的思想观念在逐渐改变。在西部大开发和乡村振兴的大背景下,经济发展与文化保持和传承、传统与现代的矛盾日益突出,学校教育整体上已经得到很大的改善,但仡佬族学校教育仍然存在一些困境。

(一)留守儿童教育亟待探索有效解决路径

隆林各族自治县德峨镇境内属于高寒石山区,连绵不断的大山一座挨着一座,村民的耕地面积很少,人地矛盾十分突出。随着社会的发展,乡村的交通不断完善,为了过上更好的生活,越来越多的青壮年走出大山到北上广务工,青年向外流动的态势逐渐攀升,多数仡佬族家庭中只有老人和小孩在家,这样的一群未成年人便成了一个特殊的群体——留守儿童。该群体的数量巨大,据调查研究表明,截至 2018 年底,全国农村留守儿童约 697 万人,德峨镇属于留守儿童占比较高的乡镇。留守儿童由祖辈照看,父母与孩子聚少离多,沟通交流少,监护角色几乎缺失,这就容易导致学生在心理上、学习上、性格的养成等方面出现偏差,不利于学生的健康成长。学校、家庭、社会都是教育的重要场所,培养学生必须将学校教育、家庭教育、社会教育三者紧密结合起来,缺一不可。由于祖辈大多数是文盲,在学习上无法给予学生所需要的理解、辅导和监督,部分学生极易产生心理问题,导致出现一定数量的学生厌学、逃学,甚至辍学等现象。笔者在走访调查过程中发现,一位五年级的学生在与我们交流的过程中显得有些自卑,不太会与人交谈,交流时总有些不自然的动作;暑假期间,留守儿童多与手机为伴,玩游戏、看电视是每天的主要"任务",加上爷爷奶奶因宠爱孩子,也从不会制止孩子玩手机,监护人的监管力度不够;留守儿童在家中学习时,无法及时获得帮助,和家长见面的次数少,交流少。在这样一个石山包围的乡村学校中,学校教育与家庭教育之间的联系遇到了阻碍,这就在一定程度上导致学校教育难以开展。这样一个留守儿童的问题既是一个教育问题,也是一个社会问题。在城镇化进程中,留守儿童教育问题势必长期存在,学校必须加大力度重点关注农村留守儿童,解决留守儿童的学校教育问题。

（二）教师队伍建设特别需要在结构上进行优化

教师是学生学习的引导者、组织者，是学校教育之本。民族地区乡村学校教师队伍建设直接影响教育质量和教育的均衡发展。乡村学校教育质量的提升需要依靠一批数量充足、师德高尚、业务能力精湛、关爱学生、对教育事业有足够热情的乡村教师。调查研究表明，目前常么小学师资队伍建设存在一些需要解决的问题。首先，学校教师数量不足，在课程的安排上，教师同时身兼数门学科教学的现象十分常见。其次，值得关注的是，常么小学作为一个以苗族学生为主体的民族学校，约95%的学生都属于苗族，而学校中苗族教师仅3人，仡佬族在校人数约30人，但仡佬族教师仅1人，因少数民族教师数量较少，单靠民族文化课程来传承少数民族文化已无法满足需求，虽然各任课教师在学科教学中总会有意识地融入民族团结的思想和各少数民族优秀传统文化，但由于仡佬族的学生和教师数量较少，仡佬族民族文化走进校园较为困难，其民族文化在学校教育中逐渐消亡，补充一定数量的少数民族教师显得尤为迫切。再次，在教师的结构上，一位学校的教师告诉我们，学校教师男女比例失衡，女教师多于男教师，并且近年来该校招收的教师主要以女老师居多，目前教师队伍结构已经存在不协调的局面，在这样的发展趋势下，结构不协调将更为明显。此外，年龄稍大的乡村教师教学理念和教学方法相对落后，且随着常么小学教学硬件设备的改善，多媒体教学成为主要的教学媒介，一些教师无法充分发挥多媒体在教学中的作用，只能进行简单的展示，对多媒体的使用难以得心应手，因此，在保障常么小学教师队伍数量充足、结构合理的基础上，需要加大对教师使用多媒体技术和教师信息素养的培训，建设一支优秀的乡村教师队伍。

（三）仡佬族校本课程开发困难

隆林县作为"少数民族活的博物馆"，且作为广西仡佬族人民唯一的聚居地，仡佬族的民族特色文化尚未引进学校教育。在常么小学调研的过程中，一位老师提道，目前，常么小学作为民族文化传承之校，主要把苗族的优秀传统文化引进校园，如在常么小学的校本特色课程中开发了苗族的芦笙课、月琴课和苗族山歌传承课程，而其他民族，如仡佬族、壮族的特色课程目前尚未开发出来。产生这种现象的主要原因有两个，其一是仡佬族在校人数偏少，其二是学校缺乏校本课程开发的人才。据该校校长介绍，虽然目前还没有仡佬族的校本特色课程，但学校仍在努力，未来还是会有的。常么小学要打造一个民族文化氛围浓厚，多民族团结进步的学校，力求实现让多民族文化共生在校园的每一个角落的目标。因此不仅要传承苗族文化，也要努力引进仡佬族优秀传统文化，让仡佬族孩子牢记并热爱自己的民族文化，让苗族和壮族的孩子了解和认可仡佬

　第十一章　尝新化育：广西世居仡佬族村落
教育研究

族的民族文化。常么小学作为一个民族学校,在目前的民族特色课程中以苗族为主,学生音乐课学习月琴、芦笙,课间操已由原来的全国广播体操改为芦笙舞。仡佬族民族传统体育项目——打篾鸡蛋,是一个极佳的体育学习项目,不仅能够传承仡佬族的民族文化,而且学生在学习打篾鸡蛋的过程中有利于促进民族团结,但学校尚未有能力开发相关的课程。学校开发了苗族山歌传唱课程,培养苗族山歌传唱人,而仡佬族也有许多民族山歌,如劳动歌、孝歌、儿歌,却因仡佬族教师数量少得不到开发。

总而言之,常么小学在留守儿童教育、教师队伍建设、仡佬族校本课程开发等方面还存在一定的困难,需要综合各方面的力量才能改善当前的不足。

六、广西隆林各族自治县常么小学学校教育的发展策略

隆林县作为广西仡佬族唯一聚居地,其民族优秀传统文化,如仡佬族的吃新节、拜树节、仡佬族传统食俗——三幺台、仡佬族传统体育项目打篾鸡蛋等文化内涵深刻体现了少数民族人与自然和谐相处。学校是民族文化传承和发扬的重要载体,为促进人与自然、人与人、文化与文化的和谐,势必要传承和发扬仡佬族优秀传统文化,将仡佬族民族传统文化引进校园,逐渐发展多民族文化融合教育,并进一步筑牢各民族学生中华民族共同体意识。

(一)加强文化传承的制度性干预与推动

常么村是汉族、彝族、仡佬族、苗族、壮族五个少数民族杂居的地方,各民族间的相互团结、和谐发展需要建立在民族与民族之间的社会成员对对方文化认可的基础上。政府部门是各民族之间友好交往的桥梁,民族文化传承和发扬的重要途径是将各少数民族文化引进校园,因此政府部门应充分发挥沟通的作用。由于仡佬族人民主要居住在仡佬村和常么村,而么基村上有么基村小学,在校仡佬族学生约为 20 人,单个学校之间开展仡佬族校本特色课程的开发显得非常困难,而仡佬族优秀的民族文化如若不引进校园,遗失的速度将会加快,且"活的少数民族博物馆"的美誉要想长久保持,必须充分发挥学校教育的力量,因此,政府相关部门应联合常么小学和么基村小学,成立仡佬族校本课程开发团队,携手共同开发校本课程。同时还要有政策的支持,才能如愿完成任务,才能直接促进仡佬族优秀传统文化的传承。校本课程的开发离不开政府部门的支持与重视,应充分发挥政府部门的桥梁作用,借助媒体的力量对仡佬族传统活动,

如拜树节、吃新节、三幺台食俗、民族传统体育项目打篾鸡蛋、仡佬族山歌等活动进行宣传,改善学校的教学环境,从而有效提高常幺小学对仡佬族民族文化课程开发的科学性和实践性。此外,资金支持和技术支持也是必要的。仡佬族民族文化课程资源的开发不可避免要购买特殊的教具,进行课程的展示也需要资金支持,因此,政府部门不仅要在思想上支持民族文化资源开发,更要在资金上给予支持。

(二)增加仡佬族教师比重和提升整体教师队伍质量

在一定基础上保障充足的仡佬族教师数量和师资高质量是学校进行校本课程开发的前提条件。学校教师的水平决定着学校的发展情况。因此,从数量上来说,虽然常幺小学是以苗族学生为主体、仡佬族学生人数很少的一个民族学校,但是学校应保障本土化仡佬族教师的数量。在数量充足的基础上,努力提升教师的科研水平和专业能力,致力于打造一支优秀的教师队伍,使其在教学中敢于创新和勇于发现问题、探索问题,为民族学校的发展和建设提供广阔的空间。对于当地土生土长的仡佬族教师而言,将仡佬族人民生活中的点点滴滴融入学校民族特色课程相对容易,他们是仡佬族特色文化课程开发的主力军,应加强对他们的培训。首先,教师要形成正确的认识和积极主动的心理;其次,教育部门提高少数民族教师的地位和待遇,待遇留人是最直接、最有效的措施;最后,需加大对本土化乡村教师的培养力度。教师数量是基础,质量是保障,否则再多的人力也无法如愿落实计划,所以改变仡佬族教师的观念十分重要,当地的教育部门和学校应大力支持和保障教师素养的专业化提升,使他们认识到乡土文化课程对于传承和发扬仡佬族民族文化的重要性,使其在思想上由原来的课程实施者转变为民族课程资源的开发者。

(三)构建特色校本课程,开发良好的外部环境

仡佬族校本课程的开发需要各学校与当地社团进行互助与沟通,不断整合和优化民族优秀文化资源,充分凸显当地仡佬族的特色文化。挖掘地域性文化资源是使仡佬族民族文化生生不息的重要途径。首先,为人们所熟悉的仡佬族的地域性文化能增强各民族之间的文化认同,增强人们之间内在情感的联系。其次,俗话说"一方水土孕育一方人",地域性文化、当地优秀传统文化为人们所熟悉,它们既是中华民族的优秀传统文化,也是世界的文化资源,而地域性民族文化的整合、优化和开发需要外部环境的支持。仡佬族校本课程,如吃新节中对粮食的珍惜和对祖先的感恩、拜树节中人们对大自然的敬畏、仡佬族山歌中歌颂的美好品德都直接来源于生活,对这些资源的开发单靠学

校教师来完成是比较困难的,需要家长和社会等外部力量的支持和帮助。在调研的过程中,我们发现在隆林县每个少数民族都有相应的民族委员会,设有协会会长等职务,因此学校可邀请仡佬族协会相关人员参与学校的校本课程资源开发,实现学校课程与学生生活的良好沟通。从学生的日常生活中开发出课程资源,既能提高学生的学习兴趣,也能促进其他民族学生对仡佬族文化的了解和认同,从而实现各少数民族文化在学校场域互动共生。

·第十二章·
环江古戏：广西世居毛南族村落教育研究

一、广西毛南族概况

古人云："郡邑之有志,犹国之有史。"如果不对一个民族的历史变迁、政治沿革、山川地理、风俗文明加以了解,那么这个民族将会被遗忘。在广西西北部的崇山峻岭之中居住着一个古老、勤奋、善良、文明的民族——毛南族。他们主要居住的环江毛南族自治县因地处云贵高原东南麓,所以毛南族被称为"山地民族",自古以来以自强不息的民族精神而被世人皆知,毛南山水孕育了毛南之灵,在这一方水土上毛南族人打造了自己独特的民族文化。

（一）毛南之名

毛南族因居"三南地区"而获其名,汉文史籍中所记载的"茆难""毛难"与明清时期碑文中出现的"茆滩""茅滩"等皆为毛南的同音字,民国时期在同音的基础上赋予毛南族名更多行政区域的内涵,毛南族人自称为"欤南"与"窘南",1986年国务院将原有"毛难族"改为"毛南族"。毛南族的聚居地既有当地土著居民,也有外来的民族成分,共有12个古老姓氏,其中谭姓人口约占总人数的80%。从简史记载可知,思恩县境的伶人是毛南族的直接源流,由百越到骆越人中的一支发展为僚人,而后为侗水语支诸族的先民伶人中的苦荬伶,从而发展为抚水州蛮的一支,最后成为毛南族。2010年第六次全国人口普查统计毛南族总人数为101 192人,人口结构调查显示老龄阶段之前的男性多于女性,之后女性比例大于男性。毛南族有本民族语言,属汉藏语系壮侗族侗水语支,毛南族虽没有正规的文字,但有自己的土俗字,用于记载本民族的民歌或宗教经书,环江县使用毛南语人口为全县人口的 16.8%。①

(二)毛南族地理与历史沿革

大山里的毛南族就如同山石一般,历经沧桑却不自知,依旧仁厚独立于尘世之间。大山里的毛南族不屈不亢、自强不息,在地理环境与历史变迁之中铸就了自己显著的民族性格。毛南族人主要居住于上南乡、中南乡和下南乡,统称为"三南地区",位于环江毛南族自治县的西南部,属石山地区和半石山丘陵地区,地理特征为喀斯特地貌,因地处南亚热带,所以雨水丰富、气候炎热、冬短夏长、春秋相当,雨量分布不均匀。"三南地区"自然条件恶劣,资源相对贫乏,因此毛南族人在田边地角和石头缝中也要垦种瓜果蔬菜,因地制宜地种植各类食物。唐代至清代间毛南族实行少数民族羁縻制度,民国二十二年乡村整编设"三南",1987 年成立环江毛南族自治县,历史上未曾发生过特大事件,但一场常峒之战令后人铭记。1949 年晚秋,毛南族人在空旷的山坳里与国民党"保十团"展开激烈斗争,不屈服不退缩的毛南族人最终取得了胜利,在解放军来临之前守护了毛南之地,随后紧跟党的步伐彻底解放毛南地区。②

(三)毛南族社会

毛南族社会在发展的进程中与其他民族一样,从原始的农业社会走向了现代的经济社会。2020 年 5 月,毛南族宣布整族脱贫,走向了更加富有、和谐、美丽的现代社会。③ 但其血缘关系构建的交往并没有随着社会的转变而发生改变,与之相反,毛南族社会在适应现代经济的过程中形成了自己独特的人文社会,既保持了原始的毛南族文化,又将古老的文化融合现代文化,打造保持文化核心的现代经济社会。

每一个民族都有其独特的生活方式,毛南族是一个人口较少的民族,有着自己独特的族群认同意识④。聚居生活的毛南族有着自己独特的社会系统,与世无争自古以来就是毛南族人的理想生活。在毛南族的社会中,人们安居乐业,在生产业方面,毛南族人拥有四种农业生产技术,包括旱作区农业生产技术、稻作区农业生产技术、集肥和施

---

①环江毛南族自治县志编纂委员会.环江毛南族自治县志[M].南宁:广西人民出版社,2002:904-907.

②全国政协文化文史和学习委员会,广西壮族自治区政协文史和学习委员会.毛南族百年实录[M].北京:中国文史出版社,2019:14-15.

③赵晨光.习近平对毛南族实现整族脱贫作出重要指示[EB/OL]. https://article.xuexi.cn/articles/

④黄平文.文化视野下的毛南族族群认同[J].广西民族研究,2009(03):129-133.

肥技术、粮食储存加工技术。手工制造业最初以家庭纯手工业为单位,随后逐渐形成规模,但由于地缘关系的变化,部分手工业随着社会的进步、科技的发展而消失。目前,毛南族尚存的技术包括:编织、纺织、染布、缝纫、刺绣等;雕刻书画业分为石雕与木雕两类,以雕刻面具而闻名;书画手工业者主要活跃在从事法事的师公队伍中。时间能带来繁荣也能带来没落,后区下疃乡之下依村人的精美农具如今已不多见,传统的甘糖也只有寥寥数人可制作。以前毛南族地区交通闭塞,悠久的小道记载着毛南传统社会的变迁,直至1957年第一条公路的修建,打破了毛南无公路的历史,之后,毛南族的社会以崭新的模样呈现在世人面前。

(四)毛南族民俗

毛南族有着自己独特的民俗与文艺生态,毛南族的文艺生态是自己的艺术基因在独特的自然环境与民族文化发展的同时,受到其他民族文化艺术的熏陶与影响,在与周边汉、壮民族文化融合时,毛南族结合自身文艺生态造就了特色的民俗文化。①

1.民间文学

毛南族悠久的历史孕育了独特的民族文化,也为中华文化增添了光彩,毛南族的每一种习俗都蕴含着毛南族人丰富的感情体验,让这个民族显得更具生命力。毛南族文学分为口头文学与文人文学,口头文学包括民族故事与传说、神话与童话、民歌民谣童谣等,《三九的传说》《木匠娶妻》等在毛南族中广为流传;现存最早的文人文学为诗歌,最具代表性的是由清代谭德成撰写的《哭兄诗》与《哭弟谭德祥诗》,第一篇小说是谭亚洲所写的《狩猎毛南山》,民间文学专著有《毛难族故事资料》《毛南族民歌选》,艺术类包括民间音乐、舞蹈、书画与毛南戏;作为一个善歌的民族,毛南族人在各个场合皆以歌声表达自己的喜怒哀乐;毛南戏是以壮族与汉族文化为基础,与毛南民歌、祭祀音乐及宗教活动中的舞蹈结合提炼而成,它是毛南族独特的文化符号。传统体育项目的种类丰富,其中棋艺是整个民族老少皆宜的项目。著名书法家王友杰对毛南族卢和华的作品评价道:"根植传统,有才情,不入俗,时出法外,颇多新意。"

(五)毛南族宗教信仰

毛南族人在宗教方面没有统一信仰,原始宗教与祖先崇拜并存是毛南族信仰的特色。清代至20世纪70年代,毛南族人居住的房子为干栏瓦屋,其屋是石基、石墙、泥

---

① 广西壮族自治区编辑组.广西仫佬族毛南族社会历史调查[M].南宁:广西民族出版社,1987:45-46.

墙、木柱、瓦顶结构,分为上下层,上层住人,下层圈养,清末民国时期,一些富有之家会装饰花窗,大门两侧摆着刻有金钱、葫芦等的石凳。① 传统服饰因性别、年龄及场合的不同而异,染料多为蓝靛,老年服色流行深蓝色,青年服色流行浅蓝色,妇女流行佩戴手镯、耳环等银质首饰,一方美人落落大方;毛南族人以水稻、玉米为主食,特色食物有菜牛肉、豆腐圆、盏配、魔芋糕等;他们在不同节日吃不同的食物,且皆有寓意,例如春节煮百鸟粽子寓意和睦相处,清明蒸黄花糯米粉以示孝敬祖先,端午节吃狗屁藤糍粑、吃蛇餐和喝雄黄酒预防疾病等。同时,毛南族也有着自身的禁忌文化,涉及生产与生活、婚姻、丧事等方面,如农历六月初六不能下地劳动,犯忌禾苗会受虫灾,出嫁的女儿除丧事外,忌穿白色外衣,更不能穿红色或白色外裤,否则会被人称为晦气,这也是典型的封建习俗。毛南族独特的节日习俗如分龙节与傩面戏曲名声在外,在现代化的助力下,两者更加适应社会的发展与创新。② 毛南族最大的节日特色不仅有分龙节,清明节的"祖先圩"的习俗也极有特色。赶圩的毛南族人会带上孩子,点上火把到"卡淋"上坟,意在安慰祖先之灵。③

现尚存的古代遗迹有南昌古堡遗址、龙媚岩洞遗址、盘古寨等;古建筑具体有凤凰坳城墙、方家祠堂、内邦石拱桥等;古旧书籍涉及恋爱、医学、教育等多方面;存有热恋山歌手抄本、潘耀明药方等完整书册;名人千秋各有印象,毛南名人以文学、医学、从政、教育等活动共同筑建多姿多彩的毛南文化。

（六）毛南族文艺生态

民族传统文化是一个民族历史的传统、生活、宗教及文学艺术和民族心理等的综合反应,毛南族在生存期盼与艺术审美的直白中铸造了毛南族丰富的文艺生态。毛南族的文化蕴含于毛南族人的生活之中,其居住环境造就了文化的特殊性。

1.文化现象透视

纵观毛南族的文化发展进程,其孕育并发展了强烈的与自然、与社会和谐相处的生态和融理念④。

一方面,自然崇拜是毛南族文化生态不可或缺的重要部分。中国少数民族讲究"天

---

①张茂梅.论毛南族的节日文化与毛南族的现代化[J].广西师范大学学报(哲学社会科学版),2001(02):92-96.

②张茂梅.论毛南族的节日文化与毛南族的现代化[J].广西师范大学学报(哲学社会科学版),2001(02):92-96.

③莫家仁.毛南族[M].北京:民族出版社,1987:77-88.

④黄龙光.上善若水 中国西南少数民族水文化生态人类学研究[M].北京:商务印书馆,2017:6-7.

人合一"的生态观念,毛南族也不例外。在远古百越风起之时,毛南族人在环江的青山之中枕星辰入眠,伴山林为友,这片土地成了毛南族人的故土,因此毛南族人因居住的环境崇拜山神,敬仰古树,当其为神灵一样膜拜,逢年过节都会在古榕树上拴上红条绳,古榕树成了毛南族的守护神树。这一自然崇拜后面的文化深意值得思考,这是毛南族人在历年之间传承的文化观念,其直接目的在于教化族人,但从间接分析可知这是毛南古族的文化基础,透视着人们对毛南族文化的传承。

另一方面,民俗文化在毛南族独特的生态环境中得到不断创新与发展。民歌文化蕴含着毛南之情。毛南族的民俗文化丰富多彩,每一种民俗文化背后都是毛南族人的故事。毛南族人的山歌文化丰富,其并非只为了休闲娱乐而创造出的,这一文化的出现是受中国古代传统的思想影响;毛南族人并不会用语言直接表达自己的想法与情感,因此山歌作为传达信号的方式被人们运用,将情寓于山歌之中,表达着毛南族人特殊的文化情感。

因依山地环境而居住,其居住文化体现着毛南族人的性格。在资源缺乏的情况下,毛南族人养成了相互扶持的性格,每家每户保持原有物质共享的传统习俗观念,造就出毛南族人强烈的团结意识与护族观念;虽然毛南族人待人友善,随和且豁达,但是一旦涉及族群利益,整个毛南族人民便会团结一致,尽管现代社会冲击血缘关系,但冲不断族群纽带,两个互不相识的毛南族人见面就如同家人一般,这就是毛南族文化之中的性格象征。

2.毛南族人与自然共生的文化基础

毛南族具有鲜明民族性和地域性色彩的传统生态伦理文化①,通过对毛南文化现象的剖析,可知毛南族人生活也充分彰显出与自然和谐共生的气质。这种人与自然和谐共生的文化基础包括思想观念、民族特征、生存环境三个方面。首先,文化的造就不能缺失思想观念,毛南族人的信仰铸就了毛南文化的思想基础,为毛南族人传承文化、与自然和谐共生奠定基石。毛南族人传统的思想根基一旦动摇,将会直接影响到文化的传承。其次,文化的形成不能缺少民族特征,毛南族人因特殊的山地环境养成了独特的民族性格与民族心理,这对文化的形成有着重大影响。人们对山地的崇拜和与山地共生的意识使毛南族文化具有特殊的民族特征。最后,文化的传承不能脱离生存环境,当代社会的毛南族人不仅与自然环境和谐共生,与人文环境也需要达到共生,在环江县内不只有毛南族人,还有其他民族在此地生活,因此毛南族人进行文化传承不能离开其生存环境,需要在生存环境之中更新传递文化。

---

①李广义.广西毛南族生态伦理文化可持续发展研究[J].广西民族研究,2012(03):112-117.

二、广西毛南族教育概况

教育肩负着传承文化的使命,毛南族聚居地存有家庭教育、学校教育、成人教育及社会教育等多种教育形式,这些教育促进着毛南地区经济、文化及政治的发展。自明朝万历二十六年开始,思恩县"始建学宫";清朝乾隆年间,毛南地区开始设立私塾;清末,谭秉钧在名为"学岩"的山洞里设席课徒,教授四书五经、诗词等内容。① 这增进了汉文化与毛南文化的融合,部分毛南族人能用汉文撰写自己的世谱及碑文。随着教育的兴盛繁荣,"三南文风颇盛"成为毛南教育的代名词,正因如此,毛南族才在教育方面取得成就,如今人才辈出。

(一)学校教育

毛南族聚居区因地处边远,学校教育发展缓慢,明朝万历三十六年壮族已经始建学校,而毛南族地区直至清朝乾隆年间(公元 1736—1795 年)才开设私塾,比周围的地区晚了一百多年。但是由于其独特的机制教育得以快速发展。了解毛南族的学校教育,需从幼儿、初等、中等教育几个阶段进行了解。当前毛南族幼儿班及学前班一般采取全日制办学形式,周历与小学相同,每天上 4 节课,每节课时间为 30 分钟,设置有语音、识字、计算、歌舞等课程。可见,毛南族幼儿教育与新课改背景下学前教育新模式还有出入,追其缘由可涉及经济、地域、社会发展等多方面。2011 年,下南乡设民办幼儿园 3 个,班数不超 3 个,但均为 50 人以上。毛南族的小学教育历史沿革较为复杂,历史上学制变动较多,1998 年以后,毛南地区的小学才实行六年制。自 2001 年后,教材使用全国统编,设置九年一贯制的义务教育课程,从三年级开始设置英语、综合实践活动、道德与社会等课程,但由于缺少英语教师及升学等外在因素,小学教学模式逐渐功利化。在中学教育方面,"三南地区"在 2010 年只有一所初中,教职工 47 人中,26 人为本科学历,同时外地教师支教解决了"三南地区"教师缺编缺门(结构性缺编)问题,小学教师与中学教师不再兼任其他科目的教学,课程设置基本齐全。因此可见,"三南地区"基础教育发展平稳,随着经济社会的发展,其教育逐步步入现代化。② 毛南族的民族教育与基础教育并行,民族班、女童班、扶贫班的开办解决了"三南"边远山区部分贫穷家庭子女入

---

① 《毛南族简史》编写组,《毛南族简史》修订本编写组.毛南族简史[M].北京:民族出版社,2008:95.
② 全国政协文化文史和学习委员会,广西壮族自治区政协文史和学习委员会.毛南族百年实录[M].北京:中国文史出版社,2019:279-321.

学难问题,极大地提升了"三南"学童的入学率与学额巩固率①。

（二）社会教育

毛南族人通过口承民俗的方式讲授着自己的文化历史,家中长辈常以儿歌、民间故事、儿童寓言进行教育,同时运用口授示范与手把手教学的方法,在家庭中设置家规条例以及喜庆活动与祭祀活动,并将其运用于教育之中,意在教授毛南儿童传统文化知识、培养生活技能以及毛南族的道德习惯。所谓"人不学习永不知,生不读书一生愚",毛南族人对家庭教育非常重视。作为孩子的启蒙教育,毛南族人以历代积攒下的生活经验感染和教育儿童,于是,社会教育延承家庭教育中的经验教育,内容和形式愈加丰富多彩。

1.成人教育

作为学校教育的补充,成人教育主要体现为农民科学技术教育。随着国家政策在农村的落实,文化科学技术的学习成了毛南地区脱贫致富的关键,教育的内容主要为教学结合生产实际,因此建立起了乡村农民文化技术学校;毛南地区重视农村科技扶贫工作,开展"扶贫先扶智"活动。同时民族传统技艺教育也纳入了成人教育之中,如花竹帽编织技艺、毛南族木雕技艺等成为主要的教学内容。②

2.传统文化教育

随着文化生态环境的变迁,环江县毛南族的民族文化教育逐渐发生变化。毛南族聚居区丰富多彩的地域文化表现出了毛南民族的精神及文化心理,因此毛南族特色的乡土文化教育值得关注。在生命的开端阶段,民间都有着纷繁多样的礼俗③,尤其是以特殊的"肥套"还愿仪式为原型的傩文化,其也被纳入了教育的内容之中,从而促进人的智力因素与非智力因素的发展,这一举措虽然有助于落实素质教育,但实际开课效果有待考量。影响毛南族文化传承教育的原因有很多,究其主观原因来说,传统毛南族家庭的思想观念影响着乡土教育的发展,师公家族内部的主要传承方式为父传子、祖传孙,传男不传女,这在很大程度上影响了教育公平与文化传承。与此同时,社会经济的发展在一定程度上也影响着毛南地区的办学质量,文化的冲突为毛南族传统文化带来了挑战,文化边界之中产生的效应或结果需要被关注,劳动课程的实施情况与民族性教学成为毛南族教育未来发展所要思考的问题。

---

①《毛南族简史》编写组,《毛南族简史》修订本编写组.毛南族简史[M].北京:民族出版社,2008:95-98.
②廖树群.广西毛南族传统文化生命教育理念的现代意义[J].现代商贸工业,2017(27):160-162.
③彭海伦.教育人类学视野下毛南族祈子礼俗的教育审视[J].现代教育科学,2011(10):78-79.

（三）广西毛南族人与自然和谐共生教育

共生教育是一个具有统一性的过程,通过对毛南族教育概况的了解,毛南族的共生教育渗透于毛南族人生活的各个方面,以"显"与"隐"的形式存在于教育之中,且共生教育意识强烈,共生教育思想是毛南族教育工作者的重要理念①。

1.学校共生课程

毛南族人与自然和谐的共生教育体现于课程之中。共生课程不仅体现在民族文化的开发,还体现在将民族文化融合于学科教育之中。毛南族自开学以来文风颇盛,看重民族文化的教育,于是民族文化进校园成了环江县开展教育的重要工作。2001年,环江县文化部决定在全县范围内开展民族文化进校园活动,毛南族的学校特地成立了文化工作组,组织开展民族风俗的课程,包括民间艺术与民间习俗等多方面内容,且学校规定每两年举办一次民族文化艺术节,这都体现着毛南族人对本族文化的重视;同时自然与人文共生教育课程的核心在于优化学科与人文在微观课程上的融合。② 将优秀的传统人文引入课程,能促进毛南族人与自然的和谐共生教育。

2.家庭教育

共生教育以"显"与"隐"的形式并行,如果说学校的课程教育是"显",那么家庭教育与社区教育皆以"隐"的方式进行。毛南族家庭教育内容中的语言、宗教信仰、世界观与民族风俗、民族文化都体现着共生教育理念。毛南族人居住的环境使得其人民天性热爱自然,敬畏万物,例如村后的树是不能砍的,每个村头都要栽一棵大树,这些惯例都体现着共生思想。家庭教育作为第一共生场域,长辈在日常生活中的言行举止皆为儿童学习的典范,在家庭环境共生思想的熏陶中,毛南族人从小就接受人与自然和谐共生的教育,为文化传承奠定最坚实的基础。

3.社区教育

毛南族人的共生教育还体现于其社区教育之中,在毛南族传统的村落活动之中,祭祀典礼或节日仪式都成为"共生"的具体承载物,毛南族人于"隐"性环境之中获得教育,相比于家庭教育这一场所,社区教育更具有人文功能,儿童在此场所之中接触到辐射面更广的教育。"三南"文风颇盛就是得益于毛南族社区教育,例如立碑育人、长辈训话等都是"三南"文风形成的基础;毛南族人追求的和谐共存不仅是与自然的和谐,还包括与各民族团结与发展,在社区活动和人际交往中均体现出毛南族与其他民族和谐共存,儿童在此环境中耳濡目染,逐渐形成价值观念。

---

①吴晓蓉.共生理论观照下的教育范式[J].教育研究,2011,32(01):50-54.
②孙杰远.走向共生的民族文化发展与教育选择[J].教育研究,2012,33(09):99-103.

三、广西环江毛南族自治县下南乡波川村历史发展概况

毛南族人主要聚居在下南乡地区,下南乡位于环江县西南部,东邻水源镇,西靠南丹县,全乡人口中98.2%为毛南族,是毛南族主要聚居地和发源地。下南乡管辖1个社区,10个行政村及240个生产队,共计288个自然屯,总面积41.7万亩。[①] 其中,波川村作为典型代表,村落中基本为毛南族人,除嫁娶过来的其他少数民族,波川村坚持以发展毛南族文化为主要特色,其是距离下南乡镇较近的村落,因此波川村教育具有典型的毛南族特色。

(一)村落概况

波川村位于环江毛南族自治县下南乡西北部,是该地区的第二大行政村,距离环江县城66千米,距乡府驻地2千米,面积40平方千米。全村境内只有一条河流经过,依傍南川水库且多条水沟汇集,以水稻种植为基础,现有19个自然屯38个村民小组,包含东升、东贵、东发、东旺、东福、新福、东良、南新8个移民安置点。波川村共有3 656人居住,境内99%都是毛南族人,是典型的毛南族聚居地,以覃、谭二姓为主。该村地处云贵高原东麓,峰丛洼地谷地地貌广布,山多地少,耕作条件较差,旱地与水田面积大致为"二八开",水田大部分位于喀斯特地貌山谷的狭长地带,旱地分布于平缓的山坡地带,全村人民于2008年基本已经脱贫。因所处县域位于北回归线之北沿,属于南亚热带向中亚热带过渡的季风气候区,南部边缘属于中亚热带谷地气候,由于地理原因,该地区一年中灾害性天气比较多,旱、涝、风、雹、霜冻等灾害性天气对农业生产和村民生活造成较大影响。[②] 此地人民以种植水稻、柑橘、桑蚕为主要的收入来源。

(二)村落文化

波川村最早出现于民国时期的行政区划之中,民国27年广西乡村实行"三位一体制",实行乡、村、甲制,自此便有了波川村的记载;民国31年行政区划表中的波川村下辖高川和木别两个自然屯(甲);新中国成立初期,实行县、区、乡、村、组制。1951年8月,按照一区至八区开设行政区;1958年普遍建立政社合一的人民公社;1984年9月公社被撤销,全县划分3个镇3个民族乡和9个乡,其中三个民族乡是上南毛南族乡、下

---

①环江毛南族自治县下南乡[EB/OL].https://baike.sogou.com/v50115123.htm? fromTitle.
②李澜.波川村调查[M].北京:中国经济出版社,2011:1-3.

第十二章 环江古戏:广西世居毛南族村落
教育研究

南毛南族乡和驯乐苗族乡,此时下南乡管辖的10村之中包含了波川村。

通过与村民的访谈得知,波川村现居建筑在外观上发生了变化,但是其内部结构依然保留着传统特点,和壮族居住的"干栏"相似,村庄中的住房分为上下两层,分别起不同的作用,也被称为"干栏石楼"。在厅堂显著的位置上架有壁龛,用木板制成小阁,此阁用毛南语称为"香花",中间写作天地君亲师,两旁为"守龛童子、护宅郎君"与"金炉不断千年火、玉盏长明万岁灯"对联。毛南族人在不同季节穿着的服饰不同,冬天穿"骨年香",夏天穿"骨年突",喜事、走访亲友或者赶场穿"骨拜板"。波川村保留着一定的传统毛南族文化。节日文化是毛南族最为典型的文化,毛南族12个月之中只有10月是没有节日的,且不同的地区过不同的节日。本次笔者调研途中所到的环江县城与波川村两地具有风俗上的差异,发现两地居住的毛南族居民过的节日不同,同样一个节日在不同地区有时间上的差异,且具有不同的文化习俗,例如环江县城内的毛南族过节时不吃烧鸭,而波川村节日不吃鸡肉;波川村还出现不同屯过不同节日的情况。由此可见当地文化的灵活性。分龙节是波川村最盛大的节日,由于毛南族聚居地地势西南高东北低,过节时,会将地区分为"上团庙"与"下团庙",保持着"上团庙"比"下团庙"提前五天过节的节日习俗。①

(三)村落发展

2015年波川村党支部、村委会在下南乡党委和政府的大力支持下,认真制定全村帮扶计划,采取"一帮一联"的方式积极开展扶贫工作,全面推进基础设施建设。扫除危房、建造好房,努力改善环境,从基础设施入手,开始大力投入资源,建设毛南族人物质生活环境。同时大力培育和发展扶贫产业,加强劳动技能培训,鼓励富裕劳力转移就业,开展控辍保学,保证波川村教育的有序开展,营造全社会参与扶贫的良好氛围。2016年波川村脱贫10户35人,2017年脱贫30户127人,2018年脱贫28户104人,全村农户住房达到了安全保障标准,全村适龄儿童都能接受义务教育,没有出现因贫困辍学及失学的情况,贫困户产业覆盖率达到80%以上,村级基本公共服务设施不断完善,2019年实现28户98人脱贫,全村贫困发生率降低至1.8%以下。

---

①覃立新.毛南族史志概要[M].桂林:广西师范大学出版社,1992:118-121.

四、广西环江毛南族自治县下南乡波川村学校教育概况

波川村有幼儿园和小学,教育情况存在一定的优势与劣势,为更好地继承毛南族文化教育,着重明晰波川村小学当前教育现状。

(一)波川村小学基本情况

波川教学点位于环江县下南乡,距离乡政府所在地以西仅有 1.5 千米,同时距离下南乡中心小学及下南乡中学也只有 15 分钟的路程,学校占地面积 7 026.9 平方米。另有学农基地 5.4 亩,学校一共有 4 个年级且每个年级 1 个班,平均每班 15—20 人,以三、四年级人数为多,学校现有学生 82 人,设有多媒体教学配置,教师共 6 人,皆为大专学历且获教师资格证,周围村民对于波川教师的评价颇高。波川村小学始建于 1920 年 10 月,初设在波川村庙埔山的寺庙里,取名为"坡川初级小学","文革"期间易名为"波川小学",一直沿用至今。学校以"科学、务实、文明、创新"为校风,"爱生、严谨、求是、灵活"为教风,以"奋发向上,立志成才"为学风。党与政府在新中国成立后,大力关怀波川小学,广大群众与师生团结协作,大办教学,20 世纪 60 年代至 80 年代初,学校规模可及初级中学,每学期在校人数在 800 人左右,经过许多代毛南族人的努力,校园由原来狭小的寺庙变成了现在宽广美丽的校园,2005 年至 2007 年,学校先后顺利通过国家级"普九"与"普实"验收。2005 年以来,学校先后获得县级"普九"优秀学校、"普实"合格学校、安全管理"优秀学校",被河池市教育局评为"常规管理良好学校"等多种殊荣。同时,学校以继承艰苦奋斗的优良传统为宗旨,优化教育教学管理,深化教育改革,与毛南族人民一同创造和谐校园。

(二)波川村小学教学情况

经到波川小学实地走访调查得知,当前波川村小学虽不及过往,但始终是波川村的教育核心,维持着波川村及周围自然屯教育的运转,也是毛南族人民教育的主要阵地,与下南乡中心小学一同承担教学任务,规范义务教育招生秩序,[①]以学区形式分担自身的工作任务。

---

① 环江毛南族自治县下南乡中心小学.环江毛南族自治县下南乡中心小学 2020 年秋季学期划片招生工作实施方案[Z].2020,5.

1.初等教育机制

波川村除波川小学以外还有幼儿园,两者形成联动机制,多数毛南族文化由孩童进入幼儿园之时进行教育,小学不再承担毛南族特色文化教育的任务,转而成为助力儿童成长的现代教育模式。幼儿园谭老师叙述波川村的幼儿园人数相对于波川小学更多,同时开展多种动态文化教育,如毛南族最主要的傩戏或分龙节活动由幼儿园承担,小学并未开展此类活动,以此保证升学率的同时增强毛南族儿童的文化认同,为解决一时的升学问题,经过长时间的沉淀,该办学模式成了固定常态,也被毛南族人民接受。但是,该机制的形成造成了波川小学民族文化氛围不浓,波川小学在校生基本为毛南族儿童,教师在学校期间基本以普通话教学为主,并且在休息期间也不会用毛南语与儿童进行交流,整个学校保持与普通小学一样的教学模式。

2.课程设置

波川小学的课程设置完善,但实际教学注重语文、数学两个科目,当前无英语教学,音乐、美术等课程由主科教师兼任,多媒体教学高年级运用较多,低年级主要以学习普通科学文化常识的常规课为主。与下南乡中心小学相比,波川小学的课程完善度不高,同时因为年级的限制,学校并未开展五年级与六年级的特色课程,两个年级需到下南乡中心小学进行学习,同时也没有民族班的开设,当前唯一的民族班开设在下南乡中心小学,入学条件为贫困家庭且成绩优异,这实质上是下南乡的教育扶贫措施,并未开设特色毛南族课程。据老教师回忆,以前毛南族的小学由于教学条件困难,教师会组织儿童的生活劳动教育,但随着课程的不断现代化,毛南族的生活劳动课程逐渐消失。

3.学生学习情况

因波川村外出务农人员较多,波川小学在校生多为留守儿童,多数留守儿童与祖辈老人生活在一起,一年之中与父母仅见面几次。留守在家对毛南族儿童的影响并非呈严重倾向,尽管儿童"遭受留守",但是由于毛南族古老的血缘纽带与特色的文化聚合,村中许多家庭都拥有血缘关系,家家户户都很热情好客,村中无外人之分,因此村中居住的青壮年会帮助照顾留守儿童,为留守儿童创建良好的学习和成长环境。与此同时,波川小学教学质量相比于下南乡中心小学略胜一筹,同年级的考试分数会更高,学生学习效率更好,养成了努力学习的习惯。

4.教材使用与校园文化

波川小学与下南乡中心小学一样有着环江县自主开发的毛南族校本教材,但是并没有配套的校本课程,教材均使用国家规定的统一教材,有关的校本教材作为课外的阅读补充放置在图书室内,儿童根据自己的兴趣进行借阅,但实际上因为所处环境的所听所闻,许多毛南族儿童对于教材的阅读没有兴趣,以至于所开放的教材成为装饰物,没有实际的教育功能。在物质文化方面,该校与其他村小无异,以常规的现代建筑为主,波川小学有一栋教学楼,楼前为国旗台,校园内部无特殊的毛南族建筑标识,精神文化学习方面主要是由幼儿园和社区开展,小学以正常教学为主,老师时常开放阅览室供儿童借阅书籍,黑板报等均以安全防护知识为主。

五、广西环江毛南族自治县下南乡波川村学校教育问题分析

毛南族地区基础教育的发展,要从整体上把握好毛南族基础教育与其他教育和社会的关系。[1] 波川村作为下南乡毛南族主要的聚居村落,保留着一定的文化积淀,但随着学校升学压力增加以及毛南族的动态文化,学校教育存在一定的问题,为更好地促进波川小学的发展及毛南族教育的进步,应对学校教育问题给予重视。

(一)文化资源复杂,教育的文化选择功能发挥不足

每一所学校都有着固定的文化背景,波川村作为毛南族聚居地的小学有着悠久的历史,追寻毛南族的发展脉络可知该族并没有自己的文字,一直采用语言进行文化传承,由于语言的不确定性与动态性,尽管"三南地区"都是毛南族聚居地,但是不同的地方语言有所差异。毛南族语言一词多义,只有本族人或长期居住在该地区的人才能听得懂,但也不能完全地叙述不同地方的方言,即毛南族母语之中存在多元的母言现象,且难以直译为汉语,如"nawu"(音译)在毛南语当中为"吃饭",但是"na"也表示舅舅,"wu"表示房子,因此也可直译为"舅舅的房子"。同时在不同的聚居地"nawu"还能表示其他的意思,所以编制的教材需要长时间的审核且难以更新,复杂的语言发音系统为教学带来了挑战,学校不能确定固定的文化样态进行教学,就如同有的毛南族人认为博物馆中珍藏的仅为表面的文化现象,难以涉及深层的文化,所以多样态的毛南族文化在进行教育资源的选择时较为烦琐,这是学校教育将其引进文化课程中需要思考的一个重要原因。

一方面,毛南族地区的文化过于多样。下南乡地区虽然为毛南族聚居地,有着共同的文化及信仰,但是由于没有文字的支持,毛南族地区的文化开枝散叶,每个村都会有

---

[1]黄胜,蒙秋明,陈凌,等.发展贵州毛南族地区的基础教育应处理好几对关系[J].贵州民族研究,2006(05):169-173.

第十二章　环江古戏:广西世居毛南族村落
教育研究

不一样的文化风俗。毛南族每年除 10 月以外，每个月都有着自己的节日，但是不同的村落选择节日庆祝，除分龙节、清明节、春节等大节共同庆祝以外，六月初二、七月十五这些小节就出现了不同庆祝风俗，大文化之下的小文化容易造成文化偏见，因此学校作为共同教育的主要场所难以选择文化资源，或者只能抉择最为主要的文化进行教育。

另一方面，除了多样态的文化，其文化发展呈动态趋向。尽管由官方机构开发了毛南族的乡土教材，但是乡土教材的投入使用缺乏时效性，由于母语的丰富多样让不同地区产生不一的认同，且风俗习惯随着每一代人的文化发展而不断地更新，因此乡土教材没有更新的保障机制，难以进行延续，导致学校在进行教育时陷于两难境地。

（二）师资匮乏，县域城乡教师一体化配置不足

自"乡村振兴"战略实施以来，越来越多的教育资源逐渐投入乡村地区，教育资源变得更加丰富多样，但是师资匮乏始终是乡村小学难以发展的重要原因。乡村小学存在教师流动性大、教师老龄化及教学水平参差不一的情况。例如波川小学由于师资匮乏从而导致教学质量不高，越来越多的家长选择将孩子送到下南乡中心小学进行学习，从而使波川小学当前只剩下四个年级，同时在校人数也逐年减少，波川小学面临的教育生存危机问题最大的原因来自教师。

首先，乡村教师工资待遇不高。教师工资待遇低下导致教师流动性增大，波川村几位老师也是不久之前从其他地区调动至学校的，整个三南地区教师都较为匮乏，年轻的教师因乡村福利待遇薄弱而不愿意到乡村小学任教，学校也没有对接的师范人才，这造成了村落小学教育者缺失。对于学生而言，教师的缺失使课程难以继续开展，学生未接受正常的教育，导致其受教育水平落后于其他地区同年级学生。

其次，教师队伍平均年龄过高。教师平均年龄高，保持老一辈教师的教学传统，难以更好地创新教学活动。学生天性喜欢新奇，尤其在小学阶段的学生更是拥有天马行空的想象力，但是教师难以开展创新活动，教学一直保持中规中矩的状态，使得越来越多的学生墨守成规，加上对于学习方式或方法难以灵活运用，这使得教学效果处于应试水平，并非能真正地促进学生文化发展和人格健全。

最后，教师职业吸引力陷入困境。尽管乡村振兴、脱贫攻坚等战略为乡村经济带来了发展，使乡村居民的生活变得越来越好，但是发展的空间都为经济让步，教育的发展落后于经济。这很大一个原因在于教师职业吸引力不够，除去工资待遇薄弱以外，社会舆论、家庭原因、职业追求等多方面的因素也影响教师个人职业的选择，因此许多年轻教师不愿到农村任教，且没有固定的家庭保障，造成了市区教师职业吸引力与农村教师

职业吸引力的巨大差距,对于英语教师而言更是如此。从培养人才至市场接纳,整个环节之中缺乏对教师职业吸引力的正确认知,导致许多教师储备人才以工作为主要追求,而非以职业为主要追求,这也是造成乡村教师职业吸引力不够的重要原因。

（三）课程单一，民族文化进校园的路径迷惘

波川小学作为毛南族聚居地主要的教育场所,却未开设民族传统文化相关课程或活动,这不利于民族地区学生全面素养的发展,越来越多的家长选择将孩子送至课程设置更完备的学校,这是家长对乡村小学教育的一种"不信任"的表现。比如波川小学虽然设置英语课,但是没有专业的英语教师进行教学,因此波川小学课程以语文、数学两个主要学科为主,体育、音乐、美术等课程虽然开设,但也是由主科教师负责,因此造成了升学压力下课程实施单一化的困境。

第一,因为毛南族地区居住环境使得语言丰富多样,传承的语意也更加多元,这让毛南族地区学校难以承担复杂的文化活动,为避免争议而选择主要的文化元素进行建设,例如毛南族闻名的傩戏,但实际上也仅有中心小学和波川村幼儿园才能承办,波川小学由于学生人数少、教师数量不足而导致文化活动承办较难。同时,村中主要劳动力外出务工,留下的基本为老人,对于开展活动而言也缺乏一定的人力支持。所以导致波川小学只能进行一般的语文、数学教学。

第二,毛南文化具有一定的特性,因此在文化资源的选择上有着一定的限制。例如毛南傩戏虽然闻名广西,但是毛南傩戏一个男人一生只举行一次,且女人没有资格进行傩戏的传承。傩戏原本代表的是某种还愿的仪式,需要师公及唱师等长老对活动的流程进行安排。傩戏作为一项盛大的活动,学校将其引进校园需要更改具体的表现形式以及固定的还愿安排,保留主要的文化环节并对此进行活动安排,这需要大量的人力与物力,因此在学校经费不够的情况下难以开展此类文化活动。毛南族人对于傩戏非常注重,如果学校传承的傩戏不符合毛南族的特性,也会造成家长对学校教育的怀疑,所以多数人愿意让孩子参加村里面长辈的还愿仪式,而不愿让学校开展此类活动。据中心校附近居民所述,学校开展的傩戏也仅是保留其核心,让学生进行角色扮演,常开设于时间较短的课间活动。

（四）文化断裂，人与自然和谐共生教育逐渐式微

毛南族作为古老的少数民族之一,其有着悠久的历史文化。在前一辈老人口中得知波川小学原本具有自然和谐共生教育的劳动课程,该课程是一种相对于家庭教育更

加集中的生活技能教育。教师会带着班里的学生到田野间向当地居民学习如何种植，通过亲身的实践学习基本的农作物知识，同时也会带着学生到村中文化娱乐中心听毛南族老人讲解本民族的文化，从口耳相传的形式之中获得文化传承。相比于家庭教育的分散性，这种劳动课程更能带给学生生活体验，同时每年的祈祷或者还愿仪式，教师也会带着学生去现场体验真实的情景，教师还会制作毛南族特有的木制玩具供学生玩乐。但随着时代的变迁，此类自然和谐共生教育渐渐地消逝，除人力、物力不能达到之外，还由于人们思想的转变，许多家长认为传承毛南族文化通过日常所见所闻也能获取基本的知识，如果让学校特意地承担教学工作，会耽误学生的学习时间。

一方面源于人们意识的变化。毛南族居民认为自身居住的环境历史悠久，一定的风俗习惯孩子都会了解，学校更应注重孩子的升学问题，让孩子成绩能够达到进入县城或市里面进行学习，因此教师也渐渐地弱化了自然和谐共生教育的实践活动。尽管家长也认为传承民族文化非常有必要，但是孩子的升学更加重要，这也是源于外部的竞争压力造成了目前学校教育的发展趋势。当前，毛南族地区乡村小学面临着自然和谐共生教育的消逝，村民的意识变化是最主要的原因。

另一方面因为现代文明的冲击。毛南族村落虽然保持一定的文化核心，但是和其他少数民族一样，在现代文化的冲击下，重建了自身文明。去到毛南族地区可以看见居住的房屋早已经不是传统的石栏房，也不是几家人的混合居住，村中体现和自然共生的石碑也早已经消失。毛南族自然和谐共生教育除了体现在学校方面，还由村落、社区进行教育劝诫，承担最主要责任的社区教育是最早消逝的，其中的原因不乏可知是源于现代文明的冲击，为了更好地融入现代教育之中，总会舍弃一些传统的教育，无论是精华还是糟粕都会被逐渐地遗忘。

随着时代的变迁与文化生态的变化，毛南族地区的人与自然生态和谐共生教育已经打破了原有的教育形态。当学校教育冲击了原生态的族别教育时，留给毛南族文化知识的教育空间甚少，越来越多的新生命无法体验到原生的毛南族文化，但是毛南族人观念之中仍存在着敬畏自然、爱护生命的思想，并以家庭教育的形式得以传承。

六、广西环江毛南族自治县下南乡波川村学校教育的发展策略

通过对波川小学现存问题的分析可知，其最主要的原因在于师资的缺乏，导致教学活动或课程设置出现问题，因此教师的匮乏成了当前波川小学难以发展的最大阻碍。

家长表示愿意将孩子送至波川小学读书,因为离家近且不用接送孩子。中心小学虽然路程短,但低年级的孩子依旧要长辈接送以保证其安全。加上大多数儿童都为留守的特殊情况,老人行动不方便,存在一定的接送困难,因此波川小学是家长们更佳的选择。但是,由于教师的缺乏,难以整合教育的资源开展活动以及开展英语等必备的科目教学,加上年轻且专业的教师较缺乏,对于波川小学的教育而言,教育者的缺失是直接导致教育落后的重要原因,针对波川小学教师匮乏的现状,需要采取一定的措施。

(一)政府加强城乡教师一体化布局

通过对相关政策文献搜索得知,当前环江地区的经济得到国家的大力扶持,也出台了相应的义务教师经费补贴文件,据环江县教育局 2018 年发布的《环江毛南族自治县乡村义务教育学校教师生活补助计划实施办法(修订)》①可知,当前环江县乡镇教师补助分为五类,最为贫困的第五类学校,教师每月的补助仅有 420 元,第一类学校教师补助为 200 元,这些基础的补助难以维持教师的日常开销。国家自开展乡村教师扶持计划以来,许多青年教师满怀热情加入乡村振兴战略之中,为乡村教育贡献一份力量。但是,政策的导向下却出现城乡教师差距逐渐拉大趋势,许多教师的热情被现实磨灭,加上心理压力的增大,逐渐放弃做乡村教师的想法,转而在城市就业。当前,环江县正面临全面脱贫之后的经济发展及产业转型问题,社会各界更加关注教育的发展,扶贫先抚智,"精准抚智"等计划正在有序地开展,政府应该采取切实的保障,在经济稳定发展的情况下关注教师群体,保证教师的福利待遇与应有的培训权利,让人才不流失。

(二)吸引本土毛南族人才从教

波川村文化的动态性,从根本上对教师进行文化整合提出了高要求,同时本土教师的流失也造成"文化流失"现象,吸引更多的本土人才从教能够保存传统的毛南族文化核心。本土人才的吸引能够推进民族教育事业的发展,河池市教育工作委员会在《河池市教育局 2020 年工作要点》中强调开发民族团结教育地方课程资源,加快推进中小学民族文化教育工作,加强民族团结教育骨干教师教育培训,②这意味着波川村小学迫切需要本土型人才。当前,波川村小学的教师仅有一两人为本地教师,本土教师比例过小

①环江县教育局.印发《环江毛南族自治县乡村义务教育学校教师生活补助计划实施办法(修订)》[EB/OL]. http://www.hjzf.gov.cn/xxgk/zdlyxxgk/shgysy/jyly/t605163.shtml.

②中共河池市教育工作委员会.河池市教育局 2020 年工作要点[EB/OL]. http://jyj.hechi.gov.cn/xxgk/ghjh/t5999529.shtml.

第十二章 环江古戏:广西世居毛南族村落
教育研究

以至于流动性大。在招聘教师时,应当创新乡村教师的招录机制,适当地扩充当前本地教师的比例,构建合理的师资来源结构,以保证乡村教师活力。首先,可以利用大数据技术建立本土的人才资源库,对于本土人才进行倾斜式的招聘,为家乡作贡献的人才理应得到优先选择权。其次,向本土人才宣传家乡,建设本土人才的家乡情感及增加多渠道、多信息的有关机制,保障回乡人才的待遇。最后,在每一年毕业季时,根据信息库对人才进行引进,保证乡村教师的固定性。

(三)创新教师培训方式

乡村教师的职后培训是非常重要的,应创新当前的培训模式,加强对教师权利意识的培训,采用交流轮岗融合式培训,让乡村教师与城市教师共同成长。这就要逐渐完善城乡教师流动机制,落实国家规划,建立城镇优秀教师向乡村学校流动制度,从职称评级上要求城镇教师有支教经历,弥补当前乡村学校缺乏优秀教师的现状,城镇教师下乡也会对乡村教师进行冲击,刺激乡村教育的发展。当地政府应定期为乡村教师提供外出学习机会,各部门统筹协调培训机构,让本土的乡村教师有机会定期到师范院校进行学习,相关院校应与地区教育合作,输送专业的师范生到定点的学校进行顶岗实习,保证乡村教育资源的协调统一,激发乡村教师的教育热情。

(四)完善教师奖励机制

教师的奖惩直接影响教师的教学热情,完善教师的奖励机制可以激发教师的信心。对于乡村教师而言,教师的奖励是一种肯定亦是一种激励,但许多地方不开展相关的教师技能大赛或者没有建立教师的奖励机制,使教师在教学生涯之中无法获得奖励途径,进而磨灭了教师的教学兴趣。对于有突出表现或教学技能较强的教师应该给予物质与精神两方面的嘉奖,不断地增强乡村教师的教育热情与教育信心,从而提高乡村教师的职业认同感,突破乡村教师职业吸引力不足的困境,激发乡村教师的职业自豪感以及教学积极性,保持乡村教师的教育热情。此外,对于长期居住在乡村地区的教师子女的入学及就业应有一定的照顾制度,打破常规的鼓励形式,对教师进行合适的奖励能够保证教师的现实利益。如果一味地保持表面机制运转而无实际奖励,将打击乡村教师的自信心,是对教师生涯的不认可。因此,完善教师奖励机制能在精神上更好的激发乡村教师的教育动力,从而保证乡村教师的稳定性。

（五）定向培养本土人才

下南乡是"三南地区"毛南族最初文化发源地,由于当地文字的缺失以及文化样态的多样化,毛南族有多种语言。正如波川村谭姓妇人所述:"尽管是周围相距几百米的村,我们有时候也听不懂他们在说什么,只有更老一辈的人才能听得懂。"这表明了毛南族与其他少数民族不同,由于聚居地的相互依存保持了核心的传统文化。但是,经历了不同民族的融合及文化的碰撞,产生了一定的边界效应,毛南族文化正在以发散性的状态向外扩散,与被外来文化向内侵蚀的消逝不同,不停地向外扩散会导致文化内核的丢失,因此建立一个文化的调整机制是必要的,如认定一种毛南族官方语言或者创新文字的使用,对过于动态的文化进行调整。

（六）青年教师的价值对话

我国乡村教育普遍存在的现象为教师大龄化,许多青年教师无法接受乡村教师身份,不愿意到乡村从教。从文化层面分析可得出理想环境与乡村现实对比的遭遇造成了青年教师的文化震荡,[1]甚至出现宁愿在大城市的教育培训机构任教也不愿到乡村地区任教的情况。显然,与青年教师的价值对话并不能只由政府一方承担,社会、学校也共同肩负着与青年教师实现自我价值的对话责任,所以,从文化的精神层面与青年教师进行对话能为毛南族波川小学带来更多的教育资源,同时,青年教师接受的新教育也能为民族地区的教育带来新的血液,让整个毛南族重新焕发生机。

波川小学经历过辉煌与波折,也见证了毛南族教育的发展。正是有了乡村学校的支撑,才培育了一批又一批的人才。今日的波川小学面临着严峻的挑战,最大的问题是师资匮乏,但不缺失自身教育的内核,相信通过政府、社区等外界力量促进教师体系的构建,能激发波川小学发展的动力。与此同时,加强教师的乡村情怀,从内部稳定本土师资的建设,能够拯救边缘的乡土文化,促进毛南族文化的传承。通过内外力量的联合,波川小学将会再一次绽放生命之花。

---

①吕天.文化环境层面的乡村教师流失问题探查[J].教学与管理,2019(32):6-8.

·第十三章·
广西世居民族村落教育研究经验与启示

本书从人与自然和谐共生的视角,通过调查、分析与思考,从理论和实践两个层面深度了解广西 12 个世居民族文化发展现状及其对教育发展的影响,以进一步明确广西世居民族村落教育发展的宝贵经验和未来发展之启示。

一、广西 12 个世居民族的文化比较与分析

(一)人口统计

广西世居民族人口统计表(见表 1)主要统计了广西侗族、壮族、苗族、瑶族、京族、彝族、水族、回族、汉族、仫佬族、仡佬族、毛南族 12 个世居民族的人口数。少数民族人口数量制约着本民族经济、文化的发展。人口较多的世居民族在文化以及语言上会有一定优势。从表 1 可见,壮族是广西人口数量最多的少数民族;瑶族、苗族、侗族、仫佬族人口数量次之;仡佬族人口最少,只有三千余人。少数民族人口数量直接影响其文化传承与教育发展。

表1 广西12个世居民族人口统计表

单位:人

民族	人口数	男	女
侗族	305 565	153 819	151 746
壮族	14 448 422	7 406 315	7 042 107
苗族	475 492	241 305	234 187
瑶族	1 493 530	772 111	721 419
京族	23 283	12 047	11 236
彝族	9 700	5 045	4 655
水族	13 559	7 025	6 534
回族	32 319	16 420	15 899
汉族(客家人)	28 916 096	15 156 624	13 759 472
仫佬族	172 305	87 513	84 792
仡佬族	3 885	2 048	1 837
毛南族	65 587	34 112	31 475

(二)人口分布

广西世居民族人口分布表主要统计了广西侗族、壮族、苗族、瑶族、京族、彝族、水族、回族、汉族、仫佬族、仡佬族、毛南族12个世居民族的人口分布情况。广西是一个多民族区域,从各民族人口分布地区来看,主要呈"大分散、小聚集"分布特点,具有显著的分布不均衡性和空间聚集性。如侗族、苗族、瑶族、仫佬族、毛南族等族人都聚集在本民族自治县、乡内;壮族是整个广西少数民族人口数最多的民族,其分布跨越多个市;而人口数量较少的彝族、仡佬族等族人都与各民族杂居。正是这种人口分布和聚居形态凝练形成了广西各民族团结和共同进步的典型特征。

表2 广西12个世居民族人口分布表

民族	人口分布地区
侗族	主要分布在广西柳州市三江侗族自治县,以及龙胜、融水等地
壮族	主要分布在广西南宁市、崇左市、百色市、柳州市、来宾市、河池市、贵港市等地
苗族	主要分布在广西融水、隆林、三江,以及龙胜、资源、融安、南丹等地

第十三章 广西世居民族村落教育研究
经验与启示

民族	人口分布地区
瑶族	主要分布在广西都安、巴马、金秀、富川、大化、恭城等瑶族自治县,以及贺州市、凌云、田林、南丹、全州、龙胜、融水等地
京族	主要分布在广西东兴市"京族三岛"
彝族	主要分布在广西百色市隆林各族自治县德峨、克长、者浪、岩茶等乡镇,以及那坡、西林、田林等地
水族	主要分布在广西北部的南丹、环江、宜州、融水、融安等地
回族	主要分布在广西桂林市临桂、灵川、永福、平乐、鹿寨,以及南宁、柳州等地
汉族(客家人)	主要分布在博白县、陆川县、贺州市、贵港市,以及玉林市、北海市、防城港市、钦州市、南宁市、柳州市等地
仫佬族	主要分布在广西河池市罗城仫佬族自治县,以及宜州、柳城等地
仡佬族	主要分布在广西百色市隆林各族自治县的德峨、长发、常么、岩茶、者浪乡等地
毛南族	主要分布在广西河池市环江毛南族自治县的上南乡、中南乡和下南乡等地

(三)民族节日

广西世居民族节日表主要统计了广西侗族、壮族、苗族、瑶族、京族、彝族、水族、回族、汉族、仫佬族、仡佬族、毛南族12个世居民族的传统节日。传统民族节日是民族情感传递的纽带,更是民族文化的集中展现和生动展示。广西12个世居民族节日类型包括祖先祭祀、祈求农事、纪念英雄、娱乐休闲等,如瑶族的盘王节主要是祭祀瑶族祖先盘瓠;仡佬族的吃新节是为了祈求风调雨顺、作物丰收;彝族的火把节来源之一是彝族人祭拜彝族英雄支格阿龙;苗族的打同年以民族文化联谊的形式开展,包括唱苗歌、吹芦笙等娱乐活动。

表3 广西12个世居民族节日表

民族	节日活动
侗族	斗牛节、花炮节、赶坡会、新禾节、冬节、侗族祭祀"三王"或"飞山神"等

民族	节日活动
壮族	牛魂节、中元节、"三月三"歌节等
苗族	拉鼓节、苗年、打同年、坡会、芒哥节、新禾节、闹鱼节、芦笙斗马节等
瑶族	盘王节、春节、达努节、中元节、社王节、清明节等
京族	哈节,又叫作"唱哈节"等
彝族	火把节、祭送布谷鸟、彝族年等
水族	端节、卯节、敬霞节、苏宁喜节等
回族	开斋节、古尔邦节、圣纪节等
汉族 (客家人)	小年夜、除夕、新年、元宵节、清明节、端午节、中元节、中秋节、冬至节等
仫佬族	走坡节、依饭节等
仡佬族	吃新节、拜树节、吃虫节、牛王节等
毛南族	分龙节、清明节等

(四)民族建筑

广西世居民族建筑表主要统计了广西侗族、壮族、苗族、瑶族、京族、彝族、水族、回族、汉族、仫佬族、仡佬族、毛南族 12 个世居民族的特色建筑。少数民族建筑是少数民族劳动技艺的生动体现,更是民族审美与智慧的结晶。如侗族的鼓楼、风雨桥是典型的木构建筑,整座建筑凿榫打眼、穿梁接拱、立柱连枋,不用一颗铁钉,全以榫卯连接,结构牢固,接合缜密,有极高的工艺和艺术价值。受南方气候潮湿多雨的影响,广西民族建筑多为"干栏式建筑",也称吊脚楼、木楼。房体用竹片、木板、砖石等材料修建,分为上下多层,二、三层用来住人,最下层堆放杂物和木材以及饲养家畜。这些建筑充分彰显出广西世居民族与自然和谐共生的智慧。

表4　广西 12 个世居民族建筑表

民族	特色建筑
侗族	侗族风雨桥、鼓楼、侗族民居建筑群、高脚楼、吊脚楼、矮脚楼、平地楼等
壮族	壮族村落传统干栏建筑,以夯土墙和杉木为材料,木材作房架、檩、椽、楼面、梯、栏等,各部件使用榫卯连接,为单栋建筑,各家自成院落,各宅院有小径相通

民族	特色建筑
苗族	苗族特色的吊脚木楼,吊脚楼分上下两层,上层就地取材铺上木地板,并用木桩和木条形成房子四周,屋顶则使用瓦片或杉木皮,而下层使用木桩作为支撑;芦笙柱,在芦笙柱顶端放置一个雕刻好的飞翔样的脊宇鸡
瑶族	瑶族村寨规模小,房屋多为竹木结构,也有土筑墙,上盖瓦片,一般分三间,中为厅堂,两侧为灶房和火堂,后作卧室和客房,两侧设两门
京族	京族民居建筑包括栏栅屋、石条屋、南洋法式新民居、哈亭
彝族	彝族建房一般为重檐式、穿斗木框架结构的二层楼,屋内以木材装饰为主,屋顶为青瓦,室内通常隔为三间,中间设为堂屋,正面靠窗一间设有火塘,塘周用砖石砌成圆形、方形,中间用三砖立成鼎脚,上置锅
水族	水族干栏建筑多以常见的杉木、松树及竹木为建筑用材,木楼多分成两层或三层,上层住人,下层呈吊脚式,编竹围成栅栏,栅栏内饲养鸡、猪等家禽家畜,门前有木梯斜搭而上,整栋木楼采用穿斗式结构,所有梁柱均由穿枋组成
回族	清真古寺
汉族（客家人）	围屋、庙宇、祠堂
仫佬族	仫佬族民居多为砖墙、瓦顶、矮楼等建筑,以地炉取暖做饭
仡佬族	仡佬族的住房多为干栏式建筑,以石基盖瓦木架木壁一幢三间最普通,中间为堂屋,两边分别是一间卧室,一间厨房
毛南族	毛南族人居住的住房为干栏瓦屋,其屋是石基、石墙、泥墙、木柱、瓦顶结构,分为上下层,上层住人,下层圈养;特色建筑有南昌古堡遗址、龙媚岩洞遗址、盘古寨、凤凰坳城墙、方家祠堂、内邦石拱桥

（五）民族服饰

广西世居民族服饰表主要统计了广西侗族、壮族、苗族、瑶族、京族、彝族、水族、回族、汉族、仫佬族、仡佬族、毛南族12个世居民族的服饰。民族服饰是民族身份的表达,服饰的色彩搭配、工艺材料等无不彰显民族的审美与智慧,是少数民族传统文化的重要组成部分。广西民族服饰多是本民族手工制作而成,整个过程包括自种、自纺、自织,彰显出各个民族不同的生存智慧。各民族服饰图案主要取材于少数民族的图腾、生产劳作、山水风景等,追求颜色对比和工艺手法,从而使得民族传统服饰独具特色。如苗族、瑶族采取蜡染技艺,通过打蜡、点蜡、浸染,对服饰进行装饰,蜡染花纹多为花鸟虫鱼和几何图形等。

表5 广西12个世居民族服饰表

民族	服饰穿着
侗族	侗族大都穿自纺、自织、自染的侗布,喜青色、紫色、白色、蓝色。男子穿右衽无领短衣,围大头帕。妇女服饰各地有所差别,有衣长齐膝、襟边袖口裤脚有绲边或花边、挽盘发者;有着大襟衣、大裤管、束腰带、包头帕、挽头髻者;有着对襟衣、衬胸布、围褶裙、系围腰、着脚套或裹绑腿、髻插银椎者;有宽袖大襟、衣滚绣有龙凤花卉、长裙过膝、梳盘发者;一般都喜欢戴银饰
壮族	壮锦是壮族服饰的代表。壮族服饰无领,西北部地区妇女穿左衽绣花绲边上衣,腰间束绣花围裙,下身穿褶裙和绣花绣,喜欢戴银饰;西南部地区妇女穿左衽黑色上衣,头包成方块形状的黑帕,下身穿黑色宽脚裤子
苗族	苗族男子的服饰较为简单,以深绿色为主调,像叶子,穿长裤,束腰带,扎深色头巾。而女子服饰颜色鲜艳且样式多样,上身多穿右对开大襟衣,长到腰间,下身多穿百褶裙或较为宽阔的短裤
瑶族	瑶族男子上衣有左大襟和对襟两种,裤子长短不一,以蓝黑色家机布为主。妇女服饰存在差异,有长衫长裤、短衣百褶裙。头缠黑色或白色绣花巾,束腰带,上衣、下装、头饰、腰带均绣彩色花纹。首饰有耳环、手镯、银牌
京族	京族服饰风格洒脱。男性服饰没有扣子,讲究袒胸窄肩,服饰色彩以浅青色、浅蓝色等为主,裤子造型宽而长,颜色以黑色为主,长度较长。广西京族通常用腰带来体现男性身份或财力、地位。女性服饰通常是无领开襟,袖子比较窄,上衣的胸部处会设计菱形小布,称为遮胸布。京族女性裤子也和男性裤子一样较宽
彝族	彝族男子头戴帽子或缠黑布,用布在头上包成拇指粗细的"英雄结",上身穿对襟坎肩,身披"擦瓦尔",下方坠有流苏,下身穿宽大长裤。彝族女子头上戴花帕或帽子,帽子两端坠有串珠,上身穿右衽绲边上衣,下身穿百褶长裙,百褶裙由宽窄布拼接而成,以黑、红、黄三色为主
水族	水族崇尚黑色和藏青色。水族男子多穿对襟无领蓝布短衫;水族妇女大多穿青黑色圆领右开襟宽袖短衣,下着长裤,结布围腰,脚穿绣花青布鞋
回族	广西回族大多长期与汉族同胞杂居,服饰与汉族无异。进入清真寺礼拜时,男子头上戴小白帽,女子头、脸、脖子都笼罩在色彩不同的纱巾下

第十三章 广西世居民族村落教育研究
经验与启示

民族	服饰穿着
汉族（客家人）	汉服主要由衣衫、裙、袍组成。衣领有交领、圆领、对襟直领等；衣襟为右衽；衣袍用衣带、隐扣结系；衣袖长短宽窄皆有
仫佬族	仫佬族人民穿衣风格较为简朴。男子穿对襟上衣、长裤。年长的男人喜欢上穿枇杷襟上衣，下穿草鞋。妇女穿大襟上衣、长裤。年长的妇女会在腰上系上青色围裙，系带呈现着用黑白相间的棉线织成的几何图案，裙边有网状的花纹，整体看起来精致美观
仡佬族	仡佬族服饰颜色多样，其中年轻少女的服装多为短衣、长裤，颜色以浅蓝色为主，少女喜欢穿花鞋，而已婚妇女一般穿长衣和长裤，上衣右边开襟。老人的服装一般以黑色和蓝色为主，穿宽松的长衣、长裤。仡佬族人民喜戴饰品，银手镯和银戒指是最为常见的饰品，常以龙凤雕刻，十分精致
毛南族	毛南族男女都喜欢穿蓝色或青色大襟衫和对襟衫。男子穿唐装或琵琶上衣。妇女穿十分漂亮的镶有两道花边的右开襟上衣，裤子较宽并滚着花边，女装在袖口、裤脚上镶有红色或蓝、黑色的边条饰，不着裙，头上留辫梳髻。不论男女都穿青、蓝两色服装。除丧事外，忌穿白色衣服

（六）饮食

广西世居民族饮食习惯统计表主要统计了广西侗族、壮族、苗族、瑶族、京族、彝族、水族、回族、汉族、仫佬族、仡佬族、毛南族 12 个世居民族的饮食习惯。广西世居各民族饮食丰富多样，皆有自己的特点。总的来看，不同民族各具特色的饮食特点与本民族所处的地理位置与风俗习惯密不可分。由于北部湾地区是一个天然的半封闭海湾，气候适宜，雨量充足，海产品极其丰富，生活在北部湾地区的京族人民受其影响，故而多食海产品；仡佬族人民生活的地区比较潮湿，因此，为了驱寒取暖，普遍喜食辣椒。又如回族人民受宗教信仰的影响，多为清真饮食等。

表6　广西12个世居民族饮食习惯统计表

民族	饮食习惯
侗族	嗜酸、嗜鱼、嗜酒、嗜茶
壮族	壮族饮食习惯和风俗多与稻物有关，其中最具代表的特色美食是五色糯米饭

民族	饮食习惯
苗族	喜食酸,有酸鱼、酸肉、酸鹅、酸糟虾、酸鸭和酸菜等酸食;主食多为糯米或玉米等
瑶族	瑶族男子喜饮酒,所饮酒多为自酿酒;特色风味有油茶、鸟酢、兽肉酢、熏肉、瑶鸡、瑶王长寿大盆菜、星子扣肉、瑶家十八酿等
京族	多食海产品,如金色小沙丁鱼、小公鱼、沙虫、文蛤、墨鱼等,最喜欢吃的就是由鱼类腌制而成的"鲶汁";喜爱甜食;自古以来有嚼槟榔的习惯,但随着时代的发展,现在人们都以牙白为美,故而嚼槟榔这一习惯已逐渐淡化
彝族	彝族饮食丰富多样,常做荞粑、玉米酒、甜酒来食用,也常食用猪、鸡、鸭;著名美食有"坨坨肉";禁食狗肉
水族	以大米为主,喜欢吃酸辣味的开胃食品;喜食鱼,在水族人眼里鱼是素食,无论是日常生活还是重要节庆,鱼都是一道必不可少的菜肴,鱼酸、韭菜包鱼都是独具水族特色的美味佳肴
回族	清真饮食,广西回民主食为大米,面食居次,玉米、薯、豆类再次之
汉族(客家人)	水上客家人(以此为例)一般是两饭一粥,早上一般喝粥,由于他们自己不种植粮食,因此需要定期用鱼虾去换一些米
仫佬族	主食以大米为主,参以玉米、大麦、红薯等杂粮;好吃酸辣,家家存有腌酸荞头、酸豆角等酸坛以及辣椒坛;喜吃糯米食品
仡佬族	仡佬族主食为大米、玉米干饭等;喜食辣椒,有辣椒骨、辣椒汤、辣椒粥、豆辣椒、霉豆腐辣椒等,其中最为出名的是辣椒骨;在副食中,糯米粑是仡佬族的饮食珍品
毛南族	以水稻、玉米作为主食,特色食物有菜牛肉、豆腐圆、盏配、魔芋糕等。且不同节日吃不同的食物皆有特殊寓意,例如春节煮百鸟粽子寓意和睦相处,清明蒸黄花糯米粉以示孝敬祖先,端午节吃狗屁藤糍粑、吃蛇餐和喝雄黄酒预防疾病等

(七) 语言文字

广西世居民族语言文字统计表主要统计了广西侗族、壮族、苗族、瑶族、京族、彝族、水族、回族、汉族、仫佬族、仡佬族、毛南族12个世居民族的语言文字。语言是人们交际必不可少的工具,是一个民族情感交流的纽带。少数民族语言文字是少数民族文化传承的重要载体。广西12个世居民族皆有自己的民族语言,受地理位置的影响,不同地区的同一民族也会有着不同的方言,例如仡佬族的民族语言是仡佬语,其中又分为四种方言,即稿方言、哈给方言、多罗方言和阿欧方言。侗族、壮族、京族、彝族和水族都有本民族文字,苗族是否有本民族文字还存在争议,其余民族无本民族文字。无本民族文字的民族主要依靠口耳相传或使用汉字记录的方式来传承本民族文化。

表7　广西12个世居民族语言文字统计表

民族	侗族	壮族	苗族	瑶族	京族	彝族	水族	回族	汉族（客家人）	仫佬族	仡佬族	毛南族
语言	侗语	壮语	苗语	瑶语	京语	彝语	水语	回语	客家话	仫佬语	仡佬语	毛南语
文字	新中国成立前无文字,成立后新创侗文	壮文	苗文（是否有还存有争议）	无	喃字	彝文	水书	无	无	无	无	无规范文字,但有土俗字

（八）非物质文化遗产

广西世居民族非物质文化遗产统计表主要统计了广西侗族、壮族、苗族、瑶族、京族、彝族、水族、回族、汉族、仫佬族、仡佬族、毛南族12个世居民族的非物质文化遗产。少数民族非物质文化遗产是少数民族历史和知识体系的代表,同时也是民族文化共同价值塑造的时代诉求与映射①。广西12个世居民族的非物质文化遗产种类丰富,壮族拥有的国家级非物质文化遗产数量最多,有20余项,瑶族次之,有10余项。居住于广西壮族自治区的彝族、水族、回族、汉族和仡佬族暂未有国家级非物质文化遗产。

---

①张璐.基于文化共同体构建的民族非物质文化遗产保护探究[J].贵州民族研究,2019,40(06):59-62.

表8 广西12个世居民族非物质文化遗产统计表

民族	非物质文化遗产	
	国家级	自治区级
侗族	侗族大歌、侗族木构建筑营造技艺、侗戏等5项	三江侗族双歌、侗族大歌、侗族器乐等多项
壮族	壮剧、抢花炮、壮族天琴艺术、壮族歌圩等20余项	壮族嘹歌、壮族哭嫁歌、壮族信歌、壮族巫辞等多项
苗族	苗族系列坡会群	苗族古歌、苗族果哈艺术等多项
瑶族	铜鼓舞、瑶族长鼓舞、瑶族盘王节、瑶族服饰等10余项	瑶族分架、瑶族蝴蝶歌、瑶族过山音等多项
京族	京族独弦琴艺术、京族哈节	京族独弦琴艺术、京族鱼露、京族服饰制作技艺、京族哈节等多项
彝族	彝族打歌、火把节、磨尔秋等(非广西地区)	隆林彝族打磨秋、那坡彝族跳弓节、彝族祭送布谷鸟等多项
水族	水族端节等(非广西地区)	水族水书
回族	回族剪纸、昕扬掌等(非广西地区)	无
汉族	桂剧、彩调、桂南采茶戏等(广西地区)	贺州客家民歌、柳江客家花灯舞、客家山歌剧等多项
仫佬族	仫佬族古歌、仫佬族依饭节	仫佬族古歌、仫佬族舞草龙、仫佬族刺绣技艺、仫佬族依饭节等多项
仡佬族	仡佬族傩戏等(非广西地区)	打篾鸡蛋
毛南族	竹编(毛南族花竹帽编织技艺)、毛南族肥套	毛南族民歌、毛南族傩舞、毛南族石刻技艺、毛南族剪纸技艺等多项

注:表中的国家级非物质文化遗产数据从第一批至第五批国家级项目名录中统计所得,且各少数民族的国家级非物质文化遗产只统计了所属地区为广西壮族自治区的项目(广西没有的也列出了部分非广西地区的名录供参考)。表中的自治区级非物质文化遗产数据从第一批至第八批自治区级非物质文化遗产代表性项目名录表中统计所得。

二、广西 12 个世居民族村落教育的发展经验

通过对广西 12 个世居民族村落教育现状进行考察与分析,得出以下十条发展经验。

第一,广西 12 个世居民族都爱好和平,并将这种"和平理念"融入"和谐共生"的生存智慧之中。广西 12 个世居民注重集体精神,与人和平共处。具体以节日风俗、宗教信仰等文化形式为载体,彰显其对大自然崇拜与感恩之情。例如侗族对神树、神木的崇敬,壮族山歌中表达的对人与自然和谐共生的祈愿,瑶族的自然神、图腾神和祖先神等。世居民族通过将这样一种人与自然、人与文化、文化与文化的可持续、长久、和谐共生发展的理念融入民俗、谚语、歌谣等方式进行世代教育与传承,而这种社会教育所具有的功能是学校教育无法替代的。这样的教育在民族生活的各个领域得到了具体的体现。如从思想伦理到民间约定俗成的规定、道德准则,从生产劳动技能到生活常识,从语言、衣着到待人接物,从歌谣、舞蹈到谚语、传说、神话故事等。世居民族在与自然和谐相处过程也彰显出他们的信仰,例如告诫后人要敬畏自然、珍惜自然、顺应自然,在自然给予馈赠的基础上与自然和谐相处。不仅如此,在各民族的日常生活中,族民也会以和谐共生理念去指导自身的生产与生活实践,从而对族群的行为产生影响,最终使各自的民族在与族人、大自然的和谐相处、和平共处中世世代代繁衍生息,从而不断壮大各自的族群和发展自己的民族文化,这样根植于世居民族与特定地域互动中产生的共鸣与反馈是广西 12 个世居民族在实践中形成的生存智慧与精神文化财富。

第二,广西 12 个世居民族都彰显出尊老爱幼、勤奋淳朴,以及对美好生活追求和向往的珍贵品质。每个民族都以其聚居地为中心开展生产劳动,依靠他们所在的地理位置和具有的民族特征,通过辛勤劳作创造出属于自己的美好生活,并且在这过程中还产生了各种各样独具特色的民俗习惯,并传承了各类文化遗产。人与自然和谐共生就是保持着对大自然的敬畏与热爱,大部分民族由于聚居地的地理位置偏远和地理环境复杂,使得他们必须依靠双手的劳作去努力生活才能拥有更好的未来,以至于每个人都有了对美好生活的向往和追求,形成了勤劳朴素的品质。例如,瑶族长鼓舞代表着瑶族人民的勇敢乐观与勤劳聪明,同时长鼓舞中的舞姿和音乐还象征着人们对美好生活的热爱和赞美;人们在生产劳动过程中形成了互相照顾与帮衬的良好社会氛围和友善的生活环境。由于每个民族聚居人口规模相对较小,人与人之间的依靠和交流更为密切,长幼之间相互尊重与关爱,形成了友善亲切、尊老爱幼的品德。例如,苗族芦笙柱上的水牛角,不仅是年轻人的化身,还代表着人与人之间相亲相爱、和谐友好;人们在各民族的

"崇拜与信仰"中,彰显着对各种美好品质的赞扬和美好生活的憧憬。例如,壮族摩教要求人与人为善,塑造勤劳、智慧等优秀品质。在客观条件的要求及社会发展的需求下,这些美好品质被称颂和赞扬着。随着历史长河的发展,广西的世居民族依旧保持着尊老爱幼、与人友善、勤劳淳朴、乐观积极、对美好生活饱含热情地追求和向往等简单的,但又在时间的消磨中日益珍贵的品质。

第三,广西12个世居民族多为有语言无文字的民族,通用语言文字的推广对其民族文化的传承具有重要意义。一个民族的文化可以通过本民族语言,以口耳相传和实践模仿为主要形式进行传承与发展,这种传统的文化传承方式主要显现在家庭教育和社会教育上,但这种方式具有随意性、波动性和地域差异性,容易受到政治、经济、战争与人口等不可抗力因素的影响而导致文化传承的中断。国家通用语言文字的使用与推广,对于增强学校教育和社会教育的文化传承功效,促进广西各民族文化的黏合、融通与传承具有重大的推动作用。其一,于民族语言文化本身而言,国家通用语言文字弥补了广西部分世居民族有语言无文字的短板,以文字为媒介让少数民族文化更易于整理、存续与传播,有助于学校和社会群体对民族文化进行传承与创新,切实增强了文化传承的系统性、科学性与同质建构性。如新中国成立以来,关于广西世居民族文化习俗的研究成果日益丰富,先后出版了品类繁多的民族志、人种志等书籍,这在一定程度上解决了一些人口稀少的民族的文化习俗失传问题。其二,在各民族文化交融中,国家通用语言文字为广西各民族间的文化互动构建了一个开放性的交流平台,不仅使得不同文化间的交流更加高效、顺畅与和谐,也便于各民族间相互取长补短,既能展现各民族文化的独特性,还能提升文化交融的程度。与此同时,各少数民族纷纷汲取、运用国家通用语言文字的有利元素作为丰富自身文化的主要源泉,为其文化传承与创新提供了强有力的支撑。其三,在筑牢中华民族共同体意识的进程中,国家通用语言文字的使用纾解了不同民族由于风俗习惯和价值取向的差异所带来的文化冲突,这在较大程度上保障了各民族成员平等有序的政治参与,使各民族的多元文化有机融为一体,从而为更广泛的国家认同和民族发展打下坚实的情感基础。以广西为例,截至2015年,全区实施壮汉国家通用语言文字教育教学的县(市、区)共有35个,壮汉双语学校158所,在校生92 547人。① 在重视并保护少数民族语言文化传承的同时,极大地推动了国家通用语言文字的普及,为少数民族成员广泛的社会参与提供了必要的技能,反之又促进了其民族文化进一步的传播与发展,并在双向互促的过程中形成一定的政治共识与国家凝聚力,

---

①青觉,吴鹏.国家通用语言文字教育:多民族国家认同建构的基础性工程[J].贵州民族研究,2020,41(09):177.

有利于铸牢和增强各民族的中华民族共同体意识。

第四，留守儿童问题是广西世居民族村落教育的共性问题，解决留守儿童教育问题对乡村教育振兴具有重要意义。广西世居民族村落一般位于较为偏远的地区，甚至是边境地区，经济发展水平偏低，生活环境较为复杂，从而导致这些地区的留守儿童在生存条件和教育环境等方面都处于劣势。具体而言，在学校教育方面，因地理偏僻和经济落后，总是"招不来"或"留不住"年轻的、优秀的教师，匮乏的师资力量，落后的教育观念，遥远的上学距离，严重影响了民族地区留守儿童的学习质量、人身安全和文化认同。如灌阳县洞井瑶族乡学校因缺乏专门的师资，大多采取"网络+教材"的方式生硬地"科普"知识。在家庭教育方面，因当地就业困难，父母大多需要外出打工谋生，而祖辈既要忙于农活，又要照顾多名儿童，从而导致监护不力、关爱不足，这种家庭教育的缺位，除了使民族地区留守儿童与普通留守儿童可能存在的孤僻、自卑、躁动、暴力、厌学、学习欠佳等问题，民族地区留守儿童还要面对着民族文化与主流文化（中华文化）相适应的困难，这尤其需要言传身教的家庭文化的引导。在社会教育方面，因地理位置偏远，许多关爱留守儿童的社会机构难以开展服务去解决当地存在的留守儿童问题，而当地所能提供的资源也相当有限，因此，在社会关爱方面，往往缺席或难以达到要求。但从部分世居民族村落乡村教育发展的成功案例来看，政府、社区和学校协同努力解决好留守儿童教育问题，该区域的乡村教育则会得到更好的发展，从而重新点燃乡村教育的希望之火，逐渐实现乡村教育振兴。

第五，广西12个世居民族都彰显出强烈的自然崇拜和祖宗崇拜特点，并由此衍生出人与自然和谐共生和共生教育的事实。自然崇拜最早起源于原始社会时期，是指人们在认识水平较低且生产能力较弱的情况下对于自然界的崇拜，主要包括对自然界中存在的物体和一些无法解释的自然现象产生的敬佩之情。广西苗族至今依然具有自然崇拜的特色，他们遵循着人与自然和谐共生的美好传统，践行着共生教育的理念。比如，在建筑材料上就地取材，建筑结构考虑到气候与地势等因素，从而尽可能地在遵循自然原有样貌的情况下建成居所；在耕作上将鱼放在禾田中养，实现了鱼稻共生，体现了人、鱼和水的共生。此外，苗族人对图腾的信仰、对下一代的教育实践及其芦笙坡会活动也体现了共生教育的特点。祖先崇拜是一种关于敬祖的信仰，人们认为先祖的灵魂对现在的生活状态有影响，所以他们对祖先进行敬拜以寻求庇佑。客家人宗族观念强烈，祖宗崇拜尤其明显，在现代社会，他们依然热衷于建祠堂、修家谱等活动。同时，也会通过祭祖大典与恳亲大会等方式将来自各地的客家人聚集在一起，促进宗族间的情感联络与提升人们祖宗崇拜的意识，从而进一步促进客家宗族社会的壮大。在古代社会,客家人对于祖宗崇拜也体现在其生活的方方面面,例如,在进行客家传统民俗舞蹈的展示前,人们通常要先祭拜祖先,在告慰他们后才开始表演。此外,由于祖宗崇拜的需要,客家人也很笃信风水。客家人重视家族意识和宗族思想,并努力平衡两者的关系,这体现了人与自然和谐共生教育的特色。

第六,广西 12 个世居民族文化发展表明是否集聚居住与生活是影响民族文化传承的重要因素。同一民族共同居住与生活与否会影响民族内部的空间距离和心理间距,其双重距离数值大小在一定程度上影响着一个民族的整体黏合度。其所在区域地位的强弱通过黏合度起作用,继而影响民族文化传承的顺畅程度。在广西 12 个世居民族中,处于主体民族地位的区域,其民族文化传承较为顺畅,处于边缘民族的区域,其学校和社区教育的民族文化传承程度相对较低。比如壮族、瑶族、侗族和苗族等是居住相对较为集中的民族,其学校教育中的民族文化传承较为明显;而水族、彝族等民族,在某个区域的人口总量不大,居住较为分散,其民族文化传承能力相对较弱。当然,民族文化在学校教育中的传承并不因人口的多寡而影响其民族文化传承,例如京族人口总量不大,但是居住相对集中,民族文化更容易凸显,学校教育对其传承的可能性就更大。显然,是否集聚居住与生活是影响民族文化传承的重要因素,而学校更是民族文化传承的主要推动力。如广西金秀瑶族自治县是瑶族聚居与生活之地,学校是传承民族文化的主要阵地,该区域基础教育利用得天独厚的民族文化特色,打造校园文化育人景致和开发民族文化校本课程,以课程为载体传播瑶族优秀传统文化,使学生浸润在瑶族文化中以此获得民族认同感,从而构建认知、情感、行为三层次、交互性的民族文化传承机制以传承本民族文化。

第七,教师队伍建设问题是广西 12 个世居民族村落教育面临的共同问题,解决了教师队伍建设问题就基本解决了乡村教育发展问题。教师队伍建设是事关教育改革发展的战略性、全局性的基础工程,也是实现教育发展的根本保障,关系着一个学校的生存发展与活力,教师在民族村落教育发展中发挥着重要的作用。少数民族地区教育事业的发展,离不开高素质教师队伍的支持。然而,在广西 12 个世居民族中,大部分学校教师队伍都不健全,存在着教师总体数量不足、专业素养不高、老龄化较严重、结构显著失衡、双语教师缺乏等问题。比如壮族地区学校学生多,教师少,教师往往担任两至三门课程的教学,涉及两至三个年级,教师的授课任务多而重,同时缺乏继续教育学习的机会,以至于教育方式和教学方法不能得到及时的更新。另外,由于多方面因素的限制,很多学校缺乏齐全的传承民族文化的师资队伍,比如侗族、瑶族、苗族等民族,学校的教师都没有经过专门的民族文化学习,不具备开展民族文化课程的条件,这不利于民族文化的传承与创新。在当今乡村振兴背景下,乡村人才振兴是关键所在。提高民族地区的教育质量,加强学校的教师队伍建设尤为重要。这就需要党和国家加大政策支持,采取多种措施加强民族地区的教师队伍建设,通过职前培养、职后培训、社会参与等形式来改善少数民族地区教师"下不去、教不好、留不住"的问题。显然,只有解决了广西少数民族地区的教师队伍建设问题,广西12个世居民族村落的教育状况才会得到极大的改善,民族村落的可持续发展才更容易实现。

第八,广西少数民族村落教育相对于非少数民族地区条件更为复杂和艰苦,是未来乡村教育振兴需要关注的重点领域。广西少数民族的学生在学校中虽然习得了主流文化与科学知识,但也因为这样的学习生活而失去了参与认识、了解民族文化的机会与空间,其民族传统、价值理念及行为方式逐渐被改变,成为本民族文化生活中的"不适应者",这并不利于学生的全面发展。从调研结果来看,很少有村级学校有能力开发乡土性、地方性的民族文化教材和课程,虽然受访学校在民族特色文化创建、民族文化进校园等政策推动下也做了一些本土化实践的尝试,比如位于沥尾村的东兴市京族学校一直把传承民族优秀文化作为教育办学工作的组成部分,在"民族文化进校园"的背景下,该校开发了校本教材,开设了相关的民族特色文化课程,这些教材和课程在传播民族文化、提高学生对京族的文化认同方面都起着重要作用,但是,由于师资、经费等多重条件的限制,该校民族文化类教材存在着开发不充分的问题,民族艺术及文化类课程设置面临着结构不科学的窘境。由于缺乏传统文化土壤和专家指导,这些自上而下的"乡土性回归"活动只能做到将部分民族文化进行封存保留而难以实现其传承发展。显然,广西少数民族村落教育相对于非少数民族地区条件更为复杂和艰苦,需要得到更多的关注。

第九,广西世居民族村落教育发展应当走本土化与现代化相结合的双重发展道路。广西12个世居民族中,处于主体民族地位的区域,其村落教育发展的本土化保存得较为完整,处于边缘民族的区域,本土化程度则相对较低。要促进广西世居民族村落教育整体的更好发展,除了加强对民族地区的历史、地理、人文、风俗、社区等各个方面内容的教育,还应该将主体民族和边缘民族的文化融入并植根于当地民族村落教育发展过程中,重视世居民族村落教育发展的现代化程度,使其更好地适应时代发展与要求,创设出一个人文共生的教育环境。因此,在尊重并注重当地人文环境建设的同时,当地学校教育应加强对地域民族文化的渗透与融入,尤其是边缘民族的民族文化,使得民族地区的人们亲身感受到身边的自然、人文、历史,在推动当地教育走向普及化、终身化、个性化和信息化的同时,世居民族村落教育发展应以实现民族人才的现代化为目标,使之得到充分、自由的发展。当然,广西世居民族村落教育的本土化发展与现代化发展并不是割裂的、矛盾的发展过程。相反,它们是一种在继承的基础上的创新发展。只有将具有民族特色的人文教育与现代科学教育有机结合起来,建立起对本土的情感认同和对自身的民族认同,民族村落教育才能培养出真正的民族"文化人",适应自身发展要求与时代发展要求。

第十,人与自然和谐共生教育是广西世居民族村落未来教育的可为方向。人与自然的关系是人类社会最基本的关系,人类也总是在同自然的互动中生产、生活、发展的。党的十八届五中全会审议通过的《中共中央关于制定国民经济和社会发展第十三个五年规划的建议》明确提出,坚持绿色发展,形成人与自然和谐发展现代化建设的新格局。① 因此,提升公民生态文明素养,增强公民对人与自然和谐共生关系的价值认同与行动自觉具有重要意义。提升公民生态文明素养的途径有很多种,而教育具有基础性、先导性和推动性作用,也是建设生态文明的保障。自然崇拜自原始社会开始便是广西瑶、彝等民族的信仰。先民依赖于自然,为了生存取之于自然,而当受到风、雨、雷、电、火以及各种自然灾害威胁时便会视其为神灵加以敬畏。尽管随着社会的发展,人们对自然界的认识加深,但瑶、彝族人在与自然和谐相处的过程中对后代的培养依旧保留着最初的信仰,这种臣服自然的文化心理已融入他们血脉中,在人们与自然交流过程中,逐渐形成人与自然和谐共生的特质,并通过日常生活教育实现传播与传承。当下乃至未来,只有对自然保持敬畏,才能实现可持续发展。因为人与自然是命运共同体,自然环境影响每一个人,任何一个人都不能置身事外、独善其身。广西世居民族村落中保有的原始风俗、信仰文化,是当下社会不可或缺的精神文化,继续传承发扬有利于进一步实现人与自然和谐共生教育,促进社会的良性发展。

三、广西世居民族人与自然和谐共生教育的发展途径

广西世居民族人与自然和谐共生模式,为教育的发展提供新的思路。人与自然的关系和人类社会内部的关系,是人类与生俱来的两大基本关系,人与自然,人与社会都是一种对立统一的关系②。广西世居民族人与自然和谐共生的智慧完美地诠释了人与

---

①中华人民共和国教育部.中华人民共和国国民经济和社会发展第十三个五年规划纲要[EB/OL].http://www.moe.gov.cn/jyb_xxgk/moe_1777/moe_1778/201603/t20160318_234148.html

②孙家驹.人、自然、社会关系的世纪性思考[J].北京大学学报(哲学社会科学版),2005(01):113-119.

自然、人与文化、文化与文化之间和谐共生的路径。人作为自然万物中的一部分,由自然孕育而生,顺应自然的同时探索自然的奥秘,与自然和谐共生;人是文化的产生者和传承者,文化的差异形成了不同的民族,接受并传承本民族文化是人的本能;包容其他民族文化,与其他民族共生的同时保持本民族文化是广西各民族和谐共生的关键。

(一)顺应自然环境

首先,经济的发展不应以破坏环境作为代价。习近平总书记说,绿水青山就是金山银山。广西世居民族人与自然和谐共生的智慧告诉我们,人与自然的关系不应是相互对立的,而应该是和谐共生的,经济的发展若是以破坏环境为代价,那么这条路将走不长远。环境的破坏将会导致人与自然关系的紧张对峙,造成意想不到的灾难。其次,从自然中探寻美好生活的源泉。与相对落后的经济状况相比,广西拥有其他地区不可比拟的自然财富,与其跟随他人的脚步发展,不如将目光投向广西的自然环境中。通过合理地开发本土丰富的自然宝库,顺应当地的自然环境,同样能创造出美好的生活。如广西罗城的仫佬族人,没有盲目跟随,而是通过种植当地独有的毛葡萄,将酿成的毛葡萄酒销往全国各地,同样过上了幸福的生活。

(二)发掘共生智慧

首先,教育应学会如何顺应自然。人和其他生物一样,是地球上世间万物中的一员,近代以来的科学技术发展,人类的生产力得到了极大的发展,逐渐从过去的顺应自然走向了征服自然的道路,人类与自然的关系由和谐共生走向了对抗。对自我与自然关系的认识发展慢于生产力的发展,导致人类急于向自然证明自己的力量,对大自然的态度由过去的虔诚转变为如今的傲慢,对自然环境的破坏,也是对自我生存环境的破坏。在中华民族的思想中,人与自然应是和谐共生的,儒家认为应实现社会和谐与自然和谐;道家批判功利主义,强调人应顺应自然。中华民族传统思想提倡热爱自然万物,和谐共生,是当今社会所缺乏的宝贵思想。其次,教育应学会与不同的文化和谐共生。文化与文化之间的和谐共生关键在于不同文化之间的异质共存,即不同文化背景下的民族的相互包容、相互尊重,在接受其他民族文化的同时保持自己文化的特色。应发掘广西各世居民族文化之间和谐共生的内在机制,并将其引入教育教学中。

(三)重视文化创新

人是文化的创造者和传承者,人生活的场域是不停变化的,随着社会的发展,人与人之间的沟通交流日益频繁,文化的传承也注定不会是一成不变的。苗族定居广西的时间晚于壮族和侗族,其无论是饮食文化和建筑文化都受壮族和侗族的影响。不同文化间相互竞争,相互学习彼此优秀的地方,能促进文化的历久弥新。在现代化的潮流下,用长远的眼光,在不改变文化特质的前提下对文化进行创新,能让古老的民族文化焕发出崭新的光芒。螺蛳粉是深受广西人喜爱的美食,但在过去,因其在煮的过程中会散发出浓郁的酸笋味,让许多人路过时都捏着鼻子走,不被广大人民接受。但在文化的创新下,用工厂制作袋装的螺蛳粉,省去了煮汤的过程,极大地减少了酸笋味的挥发,同时通过改进配方,减少酸笋的占比,最终螺蛳粉成为全国人民都乐于接受的美食。文化的创新在于顺应时代的潮流,但也不丢失本身的特征,这是共生思想的展现。

· 参考文献 ·

著作类

[1](法)莫里斯·哈布瓦赫(MauriceHalbwachs).论集体记忆[M].毕然,郭金华,译.上海:上海人民出版社,2002.

[2](美)L·弗-雷-罗-恩,陈恢钦.从弗洛伊德到荣格:无意识心理学比较研究[M].北京:中国国际广播出版社,1989.

[3](西汉)司马迁.史记[M].北京:中华书局,2006.

[4]《京族简史》编写组.京族简史[M].北京:民族出版社,2008.

[5]《毛南族简史》编写组,《毛南族简史》修订本编写组.毛南族简史[M].北京:民族出版社,2008.

[6]《瑶族简史》编写组.瑶族简史[M].北京:民族出版社,2008.

[7]《中国少数民族》修订编辑委员会.中国少数民族[M].北京:民族出版社,2009.

[8]爱德华·泰勒.原始文化:神话、哲学、宗教、语言、艺术和习俗发展之研究[M].连树声,译.桂林:广西师范大学出版社,2005.

[9]陈鼓应.庄子今注今译[M].北京:中华书局,1983.

[10]邓敏文,吴浩.没有国王的王国——侗款研究[M].北京:中国社会科学出版社,1995.

[11]灌阳县地方志编纂委员会.灌阳年鉴 2016[M].南宁:广西人民出版社,2017.

[12]灌阳县方志编纂委员会办公室.灌阳县志 1991—2005[M].北京:国家图书馆出版社,2018.

[13]广西壮族自治区编辑组.广西仫佬族毛南族社会历史调查[M].南宁:广西民族出版社,1987.

[14]贵州省文物考古研究所.水族墓群调查发掘报告[M].北京:科学出版社,2012.

[15]环江毛南族自治县志编纂委员会. 环江毛南族自治县志[M]. 南宁:广西人民出版社,2002.

[16]黄龙光.上善若水 中国西南少数民族水文化生态人类学研究[M].北京:商务印书馆,2017.

［17］教育大辞典编纂委员会.教育大辞典 第4卷［M］.上海：上海教育出版社,1992.

［18］李德洙,张山.中国民族百科全书8 苗族、瑶族、土家族、畲族、高山族卷［M］.世界图书出版西安有限公司,2015.

［19］李澜.波川村调查［M］.北京：中国经济出版社,2011.

［20］刘致平.中国建筑类型及结构［M］.北京：建筑工程出版社,1957.

［21］马明龙.广西回族历史与文化［M］.南宁：广西民族出版社,1998.

［22］蒙飞.侗情如歌［M］.南宁：广西民族出版社,2010.

［23］莫家仁.毛南族［M］.北京：民族出版社,1987.

［24］南丹县地方志编纂委员会.南丹县志［M］.南宁：广西人民出版社,1994.

［25］潘朝霖,韦宗林.中国水族文化研究［M］.贵阳：贵州人民出版社,2004.

［26］全国十二所重点师范大学联合编写.教育学基础［M］.北京：教育科学出版社,2002.

［27］全国政协文化文史和学习委员会,广西壮族自治区政协文史和学习委员会.仫佬族百年实录［M］.北京：中国文史出版社,2019.

［28］全国政协文化文史和学习委员会,广西壮族自治区政协文史和学习委员会.毛南族百年实录［M］.北京：中国文史出版社,2019.

［29］石朝江.中国苗学［M］.贵阳：贵州人民出版社,1999.

［30］苏国勋,张旅平,夏光.全球化：文化冲突与共生［M］.北京：社会科学文献出版社,2006.

［31］覃立新.毛南族史志概要［M］.桂林：广西师范大学出版社,1992.

［32］覃乃昌.广西的民族乡［M］.南宁：广西民族出版社,2003.

［33］覃乃昌.广西世居民族［M］.南宁：广西民族出版社.2004.

［34］滕星,哈经雄,民族教育学通论［M］.北京：教育科学出版社,2001.

［35］铁木尔·达瓦买提.中国少数民族文化大辞典(综合卷)［M］.北京：民族出版社,1999.

［36］韦宗林.释读旁落的文明——水族文字研究［M］.北京：民族出版社,2012.

［37］吴国富.仫佬族研究文集［M］.北京：民族出版社,2018.

［38］吴明海.中国少数民族教育史教程［M］.北京：中央民族大学出版社,2006.

［39］吴省兰纂.楚峒志略［M］.北京：中华书局,1985.

［40］吴鹏毅.侗族民俗风情［M］.南宁：广西民族出版社,2013.

［41］严风华.广西世居民族文化丛书 风起苗舞［M］.南宁：广西民族出版社,2010.

［42］杨玉林.侗乡风情［M］.贵阳：贵州民族出版社,2005.

［43］杨筑慧.侗族风俗志［M］.北京：中央民族大学出版社,2006.

［44］叶澜.教育概论［M］.北京：人民教育出版社,1991.

［45］玉时阶,等.现代化进程中的岭南水族：广西南丹县六寨龙马水族调查研究［M］.北京：民族出版社,2008.

［46］张记彪.中国民族风俗［M］.北京：企业管理出版社,2014.

［47］张泽忠,吴鹏毅,胡宝华,等.变迁与再地方化 广西三江独峒侗族"团寨"文化模式解析［M］.北京：民

族出版社,2008.

［48］郑杭生.民族社会学概论［M］.北京:中国人民大学出版社,2005.

［49］中国科学院民族研究所广西少数民族社会历史调查组.广西上思县十万大山南桂乡瑶族社会历史调查报告［M］.中国科学院民族研究所广西少数民族社会历史调查组,1963.

［50］中央民族学院少数民族语言研究所第五研究室.壮侗语族谚语［M］.北京:中央民族学院出版社,1987.

期刊论文类

［1］蔡其勇,郑鸿颖,李学容.新时代乡村教师队伍建设策略［J］.中国教育学刊,2018(12).

［2］常启明.广西回族文化教育史概述［J］.中国穆斯林,1996(06).

［3］陈碧,石维有.广西客家研究二十年［J］.广西社会科学,2014(05).

［4］陈刚,王烬.人类学视角下的饮食文化变迁——以云南省文山苗族为例［J］.民族学刊,2017,8(02).

［5］陈红艳,茹宗志.典型民族习俗在民族教育中的渗透［J］.贵州民族研究,2018,39(01).

［6］陈立鹏,李娜.我国少数民族教育60年:回顾与思考［J］.民族教育研究,2010,21(01).

［7］陈丽琴.论壮族服饰与生态环境［J］.社会科学家,2010(03).

［8］陈丽琴.民俗传统:京族民歌传承的文化生态［J］.广西师范大学学报(哲学社会科学版),2014,50(02).

［9］陈鹏,刘玉芳.京族人产业模式的变化及其对教育的诉求［J］.黑龙江民族丛刊,2010(01).

［10］陈文红.风水实践与客家传统社会的结构与运作［J］.江西社会科学,2005(12).

［11］陈月巧.苗族服饰文化传承与创新研究［J］.贵州民族研究,2021,42(02).

［12］程天君,王焕.从"文字下乡"到"文字上移":乡村小学的兴衰起伏［J］.教育学术月刊,2014(08).

［13］邓桦.文山瑶族女童教育问题及对策研究［J］.民族教育研究,2010,21(01).

［14］邓钧.苗族芦笙的应用传统及其文化内涵［J］.中国音乐学,1999(03).

［15］邓玲玲.侗族村寨传统建筑风格的传承与保护［J］.贵州民族研究,2008(05).

［16］邓如冰.服饰之战:绚烂下的悲凉——析《沉香屑第一炉香》［J］.名作欣赏,2008(23).

［17］邓文云.中国瑶族和东南亚瑶族文化发展的历史、现状及特点［J］.世界民族,2002(03).

［18］邓育文.客家山歌源流新探［J］.艺术百家,2011,27(04).

［19］丁亚东,刘益.乡村教师职业倦怠与学生成绩——基于CEPS2014的实证研究［J］.教师教育研究,2020,32(04).

［20］段成荣,吕利丹,郭静,等.我国农村留守儿童生存和发展基本状况——基于第六次人口普查数据的分析［J］.人口学刊,2013,35(03).

［21］段成荣,杨舸.我国农村留守儿童状况研究［J］.人口研究,2008(03).

［22］费孝通.中华民族的多元一体格局［J］.北京大学学报(哲学社会科学版),1989(04).

［23］冯发金,王岗.困境与出路:新时代民族传统体育与学校教育的共生研究［J］.北京体育大学学报,2018,41(12).

[24]高书国.中国家庭教育研究的理论缺失与自信重构[J].教育发展研究,2020,40(02).

[25]高向东,王新贤.中国少数民族人口分布与变动研究——基于1953—2010年人口普查分县数据的分析[J].民族研究,2018(01).

[26]高子涵,陈劲松.彝族服饰的艺术特色研究——评《西南彝族服饰文化历史地理》[J].上海纺织科技,2021,49(05).

[27]郭杰忠.生态保护与经济发展互动关系探析[J].江西社会科学,2008(06).

[28]何飞雁,程绍涛.论广西彩调剧目的审美历史文化变迁[J].戏剧文学,2012(08).

[29]何琼.论侗族建筑的和谐理念[J].贵州社会科学,2008(05).

[30]何自国.彝族饮食文化与川菜文化的比较研究[J].西南民族大学学报(人文社会科学版),2000(S3).

[31]贺云.侗歌"文本"的双层解读[J].西南民族大学学报(人文社会科学版),2012,33(05).

[32]胡宏伟,汤爱学,江海霞,等.撤点并校对不同收入家庭学生政策效应的比较评估[J].公共行政评论,2016,9(01).

[33]胡守钧.社会共生论[J].社会科学论坛,2001(01).

[34]胡小平,林华娟.粤东客家妇女绣花鞋的美学特征与文化寓意[J].丝绸,2018,55(11).

[35]黄安辉.中国京族研究综述[J].广西民族研究,2010,40(2).

[36]黄金.职业转换与水族家庭功能变迁——以广西南丹县龙马屯为例[J].铜仁学院学报,2007(03).

[37]黄平文.文化视野下的毛南族族群认同[J].广西民族研究,2009(03).

[38]黄润柏.壮族传统节日的文化内涵[J].广西民族研究,2015(06).

[39]黄胜,蒙秋明,陈凌,等.发展贵州毛南族地区的基础教育应处理好几对关系[J].贵州民族研究,2006(05).

[40]黄晓茜,程良宏.教师学习力:乡村教师专业发展的重要驱力[J].全球教育展望,2020,49(07).

[41]黄亚芬,魏菊芳.客家文化的"活化石"——评《客家村落》[J].东岳论丛,2016,37(05).

[42]贾晔,邵志忠.苗族传统节日文化[J].广西民族研究,1994(04).

[43]江日青.广西南丹土司文化旅游开发探讨[J].南方论刊,2014(11).

[44]兰寿春.文化资产活化的三维思考——以闽台客家村落文化为例[J].龙岩学院学报,2016,34(04).

[45]蓝克宽.广西仫佬族节日文化价值钩沉[J].广西大学学报(哲学社会科学版),1998(01).

[46]李春霞,程丽秋.论家族祠堂文化的教育与传承——以博白客家家族祠堂为例[J].玉林师范学院学报,2016,37(04).

[47]李春宴.试论赣南客家围屋文化[J].思想战线,2008,34(A3).

[48]李广义.广西毛南族生态伦理文化可持续发展研究[J].广西民族研究,2012(03).

[49]李杰.礼俗仪式音乐在乡村振兴中的价值及意义——以乌江流域仫佬族民间吹打乐为例[J].贵州民族研究,2020,41(05).

[50]李锦芳,阳柳艳.多语言接触下的隆林仫佬语变异研究[J].民族语文,2014(05).

[51]李强,叶昱利,姜太碧.父母外出对农村留守儿童辍学的影响研究[J].农村经济,2020(04).

[52]李斯颖.深耕瓯骆文化,共筑中华民族精神家园——读覃彩銮研究员新作《壮族简史》[J].广西民族

研究,2019(06).

[53]李筱文.瑶族历史进程中的亚文化[J].民族史研究,2008(00).

[54]李远龙,李婕.广西隆林彝族法文化研究——广西世居民族习惯法研究系列论文之八[J].广西民族研究,2018(04).

[55]李远龙,唐榕嫔.冲突与协调:隆林彝族传统婚姻习惯法研究[J].传承,2018(03).

[56]李卓华.龙岸镇教育综合改革成绩斐然[J].广西教育,1998(11).

[57]梁敏.关于水族族源和水书形成之我见[J].广西民族研究,2008(03).

[58]廖树群.广西毛南族传统文化生命教育理念的现代意义[J].现代商贸工业,2017(27).

[59]林安宁.广西三江县侗族中秋节习俗调查[J].广西师范学院学报(哲学社会科学版),2015(01).

[60]林开彬,农柳凤,黎琳,等.近代桂东南地区客家教育探析——以广西陆川乌石镇为例[J].广西梧州师范高等专科学校学报,2005(04).

[61]林毅红.贵州水族马尾绣背带"奢"与"朴"的文化解读[J].贵州民族研究,2010,31(05).

[62]林云.民族地区农村小规模学校教师队伍建设:问题与对策[J].教育与经济,2016(05).

[63]凌富亚.抗战时期回族知识分子的教育方略——基于报刊资料的考察[J].民族教育研究,2015,26(05).

[64]刘建平.京族唱哈节初探[J].广西民族研究,1992(03).

[65]刘志宏,李钟国.西南民族村落与韩国传统村庄保护和建设的比较研究——以广西洞井古村寨、韩国良洞传统村落为研究案例[J].西南民族大学学报(人文社科版),2015,36(11).

[66]刘竹.节日文化与精神补偿论析[J].云南师范大学学报(哲学社会科学版),1999(02).

[67]柳国强,王宏付.马尾绣背带纹样的艺术构思与情感表达[J].丝绸,2014,51(06).

[68]龙宝新.村小"消逝"现象的文化学思考[J].中国教育学刊,2012(06).

[69]龙连荣.中国侗族教育史略论[J].黔东南民族师专学报(哲学社会科学版),1997,15(02).

[70]卢德生,冯玉梓.民族文化传承与教师的文化自觉[J].教育探索,2010(11).

[71]罗春寒.从民间传说看水族的端节和卯节[J].中央民族大学学报(哲学社会科学版),2000(04).

[72]罗康智.侗族传统文化蕴含的生态智慧[J].西南民族大学学报(人文社会科学版),2012,33(01).

[73]罗薇丽.客家山歌引入中小学音乐课堂的探索与思考[J].四川戏剧,2015(12).

[74]罗之勇,谢艳娟.基于"多元文化教育三态说"的仫佬族民族文化传承系统的构建[J].湖南师范大学教育科学学报,2013,12(03).

[75]吕天.文化环境层面的乡村教师流失问题探查[J].教学与管理,2019(32).

[76]马富英,依乌,维色阿甲.藏彝族际通婚与文化认同——以四川省甘孜藏族自治州九龙县踏卡彝族乡为例[J].民族学刊,2020,11(05).

[77]马明良.回族经堂教育之得失及其出路[J].回族研究,1998(04).

[78]马行汉.回忆我的母校——成达师范学校[J].中国穆斯林,2003(04).

[79]蒙爱军.水族传统生计方式及其变迁[J].中央民族大学学报(哲学社会科学版),2008(03).

[80]欧光艳.人类学视野下的水族稻田祭祀仪式舞蹈文化解读[J].西南民族大学学报(人文社会科学

版),2011,32(03).

[81]彭海伦.教育人类学视野下毛南族祈子礼俗的教育审视[J].现代教育科学,2011(10).

[82]彭旭.客家教育发展的有效对策——以梅州市为例[J].教育现代化,2016,3(16).

[83]秦炜棋.百色世居民族影像撷珍——隆林仡佬族尝新节[J].百色学院学报,2019,32(04).

[84]青觉,吴鹏.国家通用语言文字教育:多民族国家认同建构的基础性工程[J].贵州民族研究,2020,41(09).

[85]曲木铁西,黄秀华.试论少数民族教育的分类[J].民族教育研究,2009,20(04).

[86]容中逵.当前我国乡村学校布局调整问题研究[J].中国教育学刊,2009(08).

[87]邵鹏,张荣华,陶磊.文化自信的力证:火文化与彝族社会的和谐发展[J].贵州民族研究,2019,40(06).

[88]史洁,冀伦文,朱先奇.校园文化的内涵及其结构[J].中国高教研究,2005(05).

[89]孙法鑫.彝族服饰艺术的文化内涵初探[J].中南民族大学学报(人文社会科学版),1996(06).

[90]孙家驹.人、自然、社会关系的世纪性思考[J].北京大学学报(哲学社会科学版),2005(01).

[91]孙杰远.侗、瑶民族的幸福感表征及其教育寓示[J].社会科学家,2016(10).

[92]孙杰远.教育的文化范式及其选择[J].教育研究,2009,30(09).

[93]孙杰远.论自然与人文共生教育[J].教育研究,2010,31(12).

[94]孙杰远.走向共生的民族文化发展与教育选择[J].教育研究,2012,33(09).

[95]覃彩銮.侗族传统节日文化[J].广西民族研究,1994(04).

[96]覃乃昌."那"文化圈论[J].广西民族研究,1999(04).

[97]覃世琦.水族端节仪式、功能与变迁微探[J].贵州民族研究,2010,31(06).

[98]覃晚萍,魏文松.仫佬族传统法文化的传承与发展探讨[J].广西民族研究,2018(02).

[99]覃晓航,孙文玲.广西隆林各民族及中小学的用语状况和趋势[J].民族教育研究,2008,19(06).

[100]唐添翼.构建"理想+民族特色"的心理健康校本教育体系——以湖南省江华瑶族自治县第二中学为例[J].民族教育研究,2008(04).

[101]陶长江,吴屹,王颖梅.文化生态视角下的非物质文化遗产保护性旅游开发研究——以广西瑶族盘王大歌为例[J].广西民族研究,2013(04).

[102]佟欣.壮族当代教育与传统教育的衔接探究[J].贵州民族研究,2014,35(12).

[103]王光荣.广西彝族支系浅析[J].广西民族大学学报(哲学社会科学版),1983(04).

[104]王萍丽,杨盛男.侗族的生态环境意识——与自然和谐相处[J].黑龙江民族丛刊,2001(01).

[105]王毓慕.学校教师激励机制理性剖析[J].教育导刊,2006(08).

[106]王哲.稻米与广西饮食文化[J].现代农村科技,2012(24).

[107]王卓敏.湘西苗族凿花的审美内涵[J].装饰,2006(06).

[108]韦姣.浅析广西壮族地区鬼节文化内涵[J].文学教育(上),2012(06).

[109]韦兰明.壮汉双语教育发展的困境与前景[J].广西民族大学学报(哲学社会科学版),2017,39(01).

[110]韦熙强,覃彩銮.壮族民居文化中的宗教信仰[J].广西民族研究,2001(02).

[111]魏小倩,魏泳琪,肖远斌.基于新媒体下客家美食文化的传承与推广研究[J].哈尔滨职业技术学院学报,2020(03).

[112]温远涛.仫佬族族源新探[J].广西民族研究,2010(02).

[113]文庆标,王凤良.边远山区村小办寄宿班的尝试——灌阳县洞井瑶族乡小河江村小寄宿班的调查报告[J].广西教育,2001(34).

[114]翁乾麟.广西回族和回族研究评述[J].广西民族学院学报(哲学社会科学版),1990(01).

[115]吴爱月.侗族传统教育与文化传承[J].广西民族大学学报(哲学社会科学版),2006(06).

[116]吴国富,林义雯.再论仫佬族族称、族源及其与周边民族的关系[J].广西民族研究,2014(06).

[117]吴梦宝,楼跃文.少数民族散杂居地区民族文化的保护与开发[J].中国民族,2004(11).

[118]吴鹏,秦冠英.就近入学原则与农村教育改革[J].行政管理改革,2012(09).

[119]吴晓蓉.共生理论观照下的教育范式[J].教育研究,2011,32(01).

[120]吴雪樵.谈农村中小学校舍建设[J].现代教育科学,2009(08).

[121]吴玉华,张庆红,罗梦龙.将"客家体育"引入学校体育的意义及其模式构思[J].教学与管理,2010(15).

[122]吴宗友,曹荣.论节日的文化功能[J].云南民族大学学报(哲学社会科学版),2004(06).

[123]萧放.传统节日:一宗重大的民族文化遗产[J].北京师范大学学报(社会科学版),2005(05).

[124]谢盛钜,颜庆梅.罗城仫佬族自治县:构建百年发展大局[J].当代广西,2005(15).

[125]许斌,周智生.西南边疆地区山地多民族聚居区社会空间分异与演变研究——基于桂西德峨镇的个案研究[J].黑龙江民族丛刊,2017(03).

[126]许艳.隆林彝族"祭送布谷鸟节"传承现状考察[J].攀枝花学院学报,2014,31(05).

[127]许艳.隆林彝族源流探析[J].钦州学院学报,2014,29(09).

[128]阳崇波.从民族习俗看仫佬族教育观[J].广西民族研究,2013(02).

[129]杨昌嗣,银军.略论侗文使用的局限性和可行性[J].中南民族大学学报(人文社会科学版),1988(05).

[130]杨军.京族海洋文化遗产活态保护模式研究[J].广西民族大学学报,2018,40(03).

[131]杨军.壮族节日文化的教育功能探究[J].民族教育研究,2017,28(04).

[132]杨丽萍.壮族乡村学校教育与壮族文化根脉的延续[J].教育科学研究,2018(04).

[133]杨梅.仫佬族民歌中蕴含的教育智慧[J].贵州民族研究,2013,34(02).

[134]杨兆云,单江秀.论彝族毕摩的角色[J].云南民族大学学报(哲学社会科学版),2007(03).

[135]杨筑慧.侗族传统社会教育内涵及其与民族文化传承的共生关系初探[J].民族教育研究,2013,24(01).

[136]易洪湖.农村小规模学校教师队伍建设探新[J].教学与管理(理论版),2019(11).

[137]余婧.乡村学校转型与复兴的路径选择[J].教学与管理,2019(08).

[138]禹晓成.扶知扶智断穷根　固本强基谋长远[J].中国民族教育,2018(10).

[139]玉时阶.传统裂变与现代超越——以广西南丹六寨龙马水族为例[J].西南民族大学学报(人文社科

版),2009,30(01).

[140]玉时阶.推进教育公平 和谐发展瑶族教育[J].广西民族研究,2009(02).

[141]袁定基,张原.苗族传统文化的保存、传承和利用[J].西南民族大学学报(人文社会科学版),2004(04).

[142]张灿.从节庆仪式到文化展演——京族哈节仪式音声中的民族文化认同[J].广西民族师范学院学报,2018,35(01).

[143]张福财.坚持科学发展观教育、促进人与自然的和谐[J].中国教育学刊,2012(A1).

[144]张海洋.中国的民族分布格局及其形成原因[J].宁夏社会科学,1985(04).

[145]张和平,唐兴芸.苗族文化中的数学智慧——兼谈与古典数学的共通性比较[J].贵州民族研究,2012,33(01).

[146]张璐.基于文化共同体构建的民族非物质文化遗产保护探究[J].贵州民族研究,2019,40(06).

[147]张茂梅.论毛南族的节日文化与毛南族的现代化[J].广西师范大学学报(哲学社会科学版),2001(02).

[148]张诗亚.共生教育论:西部农村贫困地区教育发展的新思路[J].当代教育与文化,2009,21(01).

[149]张爽.学校学习共同体的意蕴与创建[J].中国教育学刊,2011(07).

[150]张思琦,马惠兰.回族文化与筑牢中华民族共同体意识[J].中国穆斯林,2018(06).

[151]张熙,段超.关于加强京族优秀传统文化传承的思考[J].中南民族大学学报(人文社会科学版),2018,38(06).

[152]张艳敏,谢唯唯.仫佬族依饭节的道德教化思想与功能研究[J].民族教育研究,2019,30(04).

[153]张泽洪.中国西南的仡佬族及其宗教[J].贵州民族研究,2015,36(12).

[154]赵明仁.如何解决农村教师"留不住"的问题[J].湖南师范大学教育科学学报,2019,18(06).

[155]钟海青,江玲丽.本土化:边境民族地区乡村教师队伍建设的重要途径——基于广西边境民族地区的教育调查[J].民族教育研究,2017,28(06).

[156]钟华.从"饭稻羹鱼"探析水族文化之源[J].农业考古,2014(03).

[157]钟洁.浅谈广西水稻生产发展[J].广西农学报,2013,28(05).

[158]钟敬文.民俗学概论[M].上海:上海文艺出版社,1998.

[159]周建新.客家祖先崇拜的二元形态与客家社会[J].西南民族大学学报(人文社科版),2005(03).

[160]周菁.仡佬族食俗"三幺台"价值探讨[J].贵州民族研究,2015,36(05).

[161]周琼.神圣与世俗:仡佬族"冲傩"仪式音乐聚焦[J].贵州民族研究,2015,36(05).

[162]周晔.农村小规模学校教师队伍专业水平结构的问题与对策——基于甘肃省 X 县的调研[J].教育研究,2017,38(03).

[163]周作秋.论壮族歌圩[J].广西师范大学学报(哲学社会科学版),1985(04).

[164]朱英.从社会群体透视社会变迁[J].华中师范大学学报(人文社会科学版),2007(06).

参考文献

学位论文类

［1］曾新.农村中小学布局调整与义务教育均衡发展问题研究［D］.武汉:华中师范大学,2012.

［2］陈海燕.农村小学撤并对儿童社会化的影响研究——以广西三江侗族自治县 LX 乡为例［D］.南宁:广西大学,2012.

［3］崔慧彬.文化空间视域下传统村落非物质文化遗产保护研究——以广西三江林溪乡平岩村为例［D］.桂林:广西师范大学,2019.

［4］高楠."三月三"节日习俗对壮族学生文化传承的影响研究——基于南宁武鸣区壮族"三月三"的调查［D］.桂林:广西师范大学,2018.

［5］黄超.广西侗族程阳八寨民居建筑与地域文化探究［D］.哈尔滨:哈尔滨师范大学,2015.

［6］康崇.习近平关于人与自然和谐共生的理论及价值研究［D］.保定:河北大学,2019.

［7］卢静.民族地区农村小学教师短缺困境研究——以河池瑶族聚居区为例［D］.南宁:广西民族大学,2018.

［8］骆洋.海洋文化视角下的京族民间文学研究［D］.南宁:广西大学,2018.

［9］莫彬彬.三江侗族自治县"民族文化进校园"现状研究［D］.南宁:广西民族大学,2015.

［10］覃华静.侗族家庭伦理研究——以广西三江侗族自治县洋溪乡为例［D］.南宁:广西民族大学,2017.

［11］王景.民族地区中小学新教师入职教育研究——以广西壮族自治区为例［D］.桂林:广西师范大学,2008.

［12］邢丰丰.广西三江侗族自治县侗族婴幼儿家庭教育传统研究［D］.北京:中央民族大学,2010.

［13］熊伟.广西传统乡土建筑文化研究［D］.广州:华南理工大学,2012.

［14］叶倩.民族地区农村小学新任教师跨文化适应的个案研究［D］.昆明:云南师范大学,2014.

［15］张艾.民族地区农村教学点发展问题研究——以广西为例［D］.南宁:广西大学,2014.

·后　记·

2016 年工作以来就一直在重新定位自己的研究方向,这本书便是我在教学、科研和社会服务工作融合上的一次新尝试,也是一个较为明确的未来研究方向的开始。我从小生活在少数民族地区乡村,村落向我彰显了自然与人文共生的无穷魅力,其让我懂得生命生长的应有之貌。如今学成进入社会,总想为民族地区、为乡村教育做些事情。恰好,我在民族地区工作,自己也是少数民族,并且出生在乡村,对民族文化具有浓厚的兴趣。一切机缘融合,让我萌生了做民族地区乡村教育研究的念头,这几年也在这个领域有了一定的成果,这本书也是在寻找研究路向过程中的一个阶段性成果。

实际上,作为大学老师,我一直把教学作为最核心的工作。加之我本身是做课程与教学论研究出身,因此也就多了一些对课堂的关注。这本书就是我非常重要的教学成果之一。这本书是广西师范大学教育学部 2019 级民族教育专业研究生和我共同努力完成的成果。我的大学课堂,不仅仅要学习基础知识,阅读经典著作,还需要有一次深入的田野调查经历。因此,每一年的"人类学与教育研究"课程,我都会安排一次集体参与的田野调查。2019 年,我们的调研主题是"广西世居民族村落教育"调查研究。参与这次调查研究的同学有杨乐笛、陈瑶、韦佳鑫、粟超、王娟、韦思宇、赵月月、利萍、曾雪、巫文卉、柏振籴、陈光钰、王艺霖、陆俊良 14 人。这些同学共同参与制订研究计划和实地调查并撰写研究报告。其中王艺霖、陆俊良和我主要负责导论部分的撰写,另外 12 位同学每人负责一个民族的调研,并共同形成了广西十二个世居民族村落教育的研究报告,每位同学都完成了两万字以上的调研报告。本书正是由我在调研报告基础上修改而来。

我常常把课堂教学和社会实践结合,把科学研究与教学实践结合,把学生课程作业与学生科研创新结合,总结出"教学·科研·社会实践"三维沉浸式开放教学形式,取得良好的效果。非常值得高兴的是,我们的"课堂作业"产生了非常大的"效益"。就如在"人类学与教育研究"这门课程中,我跟学生共同确定选题,并在课堂学习中共同阅读文献,构建理论基础;在讨论学习中共同制订研究计划和调查地点;在暑假社会实践中全班分组开展社会调查,最后形成几十万字的研究报告。这项研究获得学校社会实践项目重点资助,获得全校社会实践报告一等奖,我也获得优秀社会实践指导老师荣誉。学生还基于调查研究基础参加广西师范大学第十九届"创新杯"大学生课外学术科技作品竞赛并获得立项,项目研究论文获得二等奖。学生在一门课的学习中充分明晰了学习知识的意义和明确了知识之于实践的真正价值,这也是作为大学老师,将教学与科研融合的应有姿态。

本书在形成过程中得到诸多帮助。首先感谢贺祖斌校长为本书作序;感谢学校社科处资助出版本书;感谢在书稿形成过程中,彭晓辉、陆俊良、郭红艳、谢水琴、赖妮、李梦蝶、刘宇珩、秦宇涵、张钰与、索畅、马全祥、付丽等同学参与书稿修改工作;感谢梁宇健、周润伍、魏凤银、童雨欣、庄岳彤、申英杰、金秋润、马芳芳等同学参与书稿校对工作。此外,还要特别感谢在调研中给我们提供帮助的村委相关工作人员和相关村落学校的老师;特别感谢广西师范大学出版社的陈玲编辑,本书正是在陈老师长期关心和催促下得以付梓。在书本形成过程中,始终有一个最为细心的"编辑"——谭天美博士提供默默无闻的帮助,因为有她的精诚付出,才让这本书保质保量地完成。本书得以出版,要感谢每一位提供帮助的师长、亲友和学生。

在成书过程中,资料多来源于实地调查,虽然尽力做到尽心、细致,还是难免会有些内容与现实情况不符,欢迎批评指正。书本还大量引用了相关文献,出处我们尽量注明,但难免挂一漏万,在此一并致谢!

对民族地区村落教育的研究是我的心向,也是理想,我和我的团队会继续向着这个清晰而又深邃的方向一步步迈进。

对于学问,我们从来都是尊崇和敬畏的,欢迎有志同行,批评指正。

欧阳修俊

2021 年 11 月 18 日于上海